Lieblings-plätze

NORD-SCHWARZWALD

Lieblings-plätze

NORD-SCHWARZWALD

GMEINER

MATTHIAS KEHLE

Für Walter Trefz, Wald- und Umweltschützer, Försterlegende

Autor und Verlag haben alle Informationen geprüft. Gleichwohl wissen wir, dass sich Gegebenheiten im Verlauf der Zeit ändern, daher erfolgen alle Angaben ohne Gewähr. Sollten Sie Feedback geben wollen, bitte schreiben Sie uns! Über Ihre Rückmeldung zum Buch freuen sich Autor und Verlag:
lieblingsplaetze@gmeiner-verlag.de

Sofern nicht im Folgenden gelistet, stammen alle Bilder von Matthias Kehle: Anja Sander 24; Daniel Müller (Nationalpark Schwarzwald) 42; Hotel Sackmann 76; Christoph Albert 92; www.andy-ridder.de 114; Matthias Kehle, mit freundlicher Unterstützung der Staatlichen Schlösser und Gärten Baden-Württemberg 116; Torben Beeg 118; Brennerei Höllberg 150; Seeger www.seeger-werbung.de 160; Staatsbad Wildbad 170; Teinachtal-Touristik 180; Hans-Joerg Haas Vogtsbauernhof 190

QR-Code einscannen und kostenloses E-Book anfordern.

Besuchen Sie uns im Internet:
www.gmeiner-verlag.de

1. Auflage 2021

Im Ehnried 5, 88605 Meßkirch
Telefon 07575/2095-0
info@gmeiner-verlag.de

Lektorat/Redaktion: Anja Kästle
Herstellung: Julia Franze
Bildbearbeitung/Umschlaggestaltung: Susanne Lutz
unter Verwendung der Illustrationen von © SimpLine – stock.adobe.com;
© Susanne Lutz
Kartendesign: © Maps4News.com/HERE
Druck: AZ Druck und Datentechnik GmbH, Kempten
Printed in Germany
ISBN 978-3-8392-2932-3

Vorwort • Eine Einladung
Wilde Heimat des Nationalparks 10

1 **Gernsbach** • Wildsee am Kaltenbronn
Schönstes Hochmoor im Schwarzwald 13

2 **Gernsbach** • Infozentrum Kaltenbronn
Spielend lernen 15

3 **Gernsbach** • Hohlohturm
Extremes Klima, weite Aussicht 17

4 **Gernsbach** • Altes Rathaus
Musik und Wein 19

5 **Loffenau** • Großes Loch Teufelsmühle
Wildromantisch und fast alpin 21

6 **Bad Herrenalb** • Bernsteinfels
Naturdenkmal mit Aussicht 23

7 **Forbach** • Hexenbrunnen bei Gausbach
Hexen, Heu und Hütten 25

8 **Forbach** • Historische Holzbrücke
Hölzernes Wahrzeichen 27

9 **Forbach** • Giersteine bei Bermersbach
Teuflische Steine 29

10 **Forbach** • Schwarzenbachtalsperre bei Raumünzach
Wellen, Wind, Motorräder 31

11 **Seebach** • Hornisgrinde
Der Höchste und Spektakulärste 33

12 **Seebach** • Mummelsee
Manchmal mystisch 35

13 **Seebach** • Vollmers Mühle in Grimmerswald
Es klappert die Mühle … 37

14 **Seebach** • Darmstädter Hütte
Ein fast alpines Haus 39

15 **Seebach** • Julius Euting und der Wildsee
Gelehrtengrab mit Traumblick 41

16 **Seebach** • Nationalparkzentrum
»Eine Spur wilder« 43

17 **Seebach** • Sessel- und Skilift am Ruhestein
Nostalgie pur! 45

18 **Oppenau** • Allerheiligen-Wasserfälle
Wilde und sagenumwobene Fälle 47

19 **Oppenau** • Kloster Allerheiligen
Malerische Frühgotik 49

20 **Ottenhöfen** • Karlsruher Grat
Für Kraxler und Alpinwanderer 51

21 **Ottenhöfen** • Rainbauernmühle in Furschenbach
Beliebtes Fotomotiv 53

22 **Sasbachwalden** • Schnapsbrunnen in Brandmatt
Schnaps und Schloss 55

23 **Bühlertal** • Luchspfad bei Plättig
Auf den Spuren des Pinselohrs 57

24 **Bühlertal** • Hertahütte bei Plättig
Wollsäcke und Blockhalden 59

25 **Bühlertal** • Gertelbachfälle
Rauschen, tosen, gluckern 61

26 **Bühl** • Mediathek Bühl
Entspannen zwischen Büchern 63

27 **Bühl** • Naturfreundehaus Badener Höhe bei Sand
Nachhaltig einkehren 65

28 **Bühl** • Hochkopf bei Unterstmatt
Schönster Grindenpfad 67

29 **Bühl** • Mehliskopf bei Sand
Der Spassberg schlechthin 69

30 **Baiersbronn** • Lotharpfad
Das Erbe von Orkan Lothar 71

31 **Baiersbronn** • Buhlbachsee
Romantisch und verwunschen 73

32 **Baiersbronn** • Glashütte Buhlbach
Mit der Delle im Boden! 75

33 **Baiersbronn** • Hotel-Restaurant Sackmann in Schwarzenbach
Hier leuchtet ein Stern 77

34 **Baiersbronn** • Rinkenkopf
Rätselhafte Mauerreste 79

35 **Freudenstadt** • Ellbachseeblick bei Kniebis
Der See mit den drei Fingern 81

36 **Freudenstadt** • Retro-Tankstelle in Kniebis
Tanken mit Elvis 83

37 **Freudenstadt** • Marktplatz
Der Größte der Republik 85

38 **Freudenstadt** • Besucherbergwerk Freudenstadt
Senkrecht in die Tiefe 87

39 **Freudenstadt** • Dorfmuseum Dietersweiler
Dorf im Dorf – »Museumsinsel« 89

40 **Dornstetten** • Barfußpark Hallwangen
Unten ohne durch den Wald 91

41 **Wörnersberg** • Seifenschule *Waldseifen*
Eine saubere Sache! 93

42 **Alpirsbach** • Brauereimuseum Alpirsbacher Brauwelt
Informativ und heiter 95

43 **Bad Rippoldsau-Schapbach** • Alternativer Wolf- und Bärenpark
Anrührend und traurig zugleich 97

44 **Karlsruhe** • Turmberg
Mit dem »Bähnle« hinauf 99

45 **Ettlingen** • Delfinbrunnen im Schloss Ettlingen
Ein rätselhafter Brunnen 101

46 **Ettlingen** • Alte Linde in Schluttenbach
Faszinierende Seniorin 103

47 **Marxzell** • Toter-Mann-Stein bei Fischweier
Grenzstein und Memento Mori 105

48 **Marxzell** • Fahrzeugmuseum Marxzell
Autos und viel mehr 107

49 **Marxzell** • Kloster Frauenalb
Kloster, Lazarett, Fabrik 109

50 **Muggensturm** • Federbachbruch
Weithin unbekannte Idylle 111

51 **Gaggenau** • Spaziergang durch Moosbronn
Postkartenidylle 113

52 **Gaggenau** • Unimog-Museum
Kultfahrzeug und Mythos 115

53 **Rastatt** • Schloss Favorite bei Förch
Lustschloss der Markgräfin 117

54 **Baden-Baden** • Casino Baden-Baden
Schönste Spielbank der Welt 119

55 **Baden-Baden** • Museum Frieder Burda
Architektur für die Ewigkeit 121

56 **Baden-Baden** • Battert-Felsen
Eldorado für Kletterer 123
57 **Baden-Baden** • Hausberg Merkur
Standseilbahn mit Flair 125
58 **Baden-Baden** • Verbrannte Felsen und Wolfsschlucht bei Ebersteinburg
Inspiration für eine Oper? 127
59 **Baden-Baden** • Yburg bei Varnhalt
Hoch über den Weinbergen Badens 129
60 **Baden-Baden** • Geroldsauer Wasserfall
Ein Gemälde machte ihn berühmt 131
61 **Baden-Baden** • Weingut Schloss Neuweier
Badische Weine sind Weltspitze 133
62 **Sinzheim** • Bergsee
Tulla, Tatort, Rhyolit 135
63 **Achern** • Klauskirchl
Die Rakete an der Bundesstraße 137
64 **Achern** • Waldfriedhof Illenau
Ein Ort der Stille 139
65 **Renchen** • Simplicissimus-Haus
Der »Simpl« und die Künstler 141
66 **Offenburg** • Hirsch-Apotheke am Fischmarkt
Ein Stück Demokratiegeschichte 143
67 **Ortenberg** • Schloss Ortenberg
Das badische Märchenschloss 145
68 **Gengenbach** • Sinneslabyrinth
Auf Umwegen zum Zentrum 147
69 **Zell am Harmersbach** • Storchenturm
Kuriosum im Zeichen des Storchs 149
70 **Oberkirch** • Höllberg Brennerei
Edles in der Schnapshauptstadt 151
71 **Oberkirch** • Ruine Schauenburg
Die Grimmelshausen-Burg 153
72 **Pforzheim** • Gasometer Pforzheim
Panoramen der Superlative 155
73 **Pforzheim** • Wallberg
Mahnmal mit Aussicht 157

74 **Pforzheim** • Büchenbronner Höhe bei Büchenbronn
Eine wackelige Angelegenheit 159

75 **Straubenhardt** • Landhotel Adlerhof
Rehbraten mit Aussicht 161

76 **Neuenbürg** • Ausstellung *Das kalte Herz* im Schloss Neuenbürg
Anrührender Märchenklassiker 163

77 **Höfen an der Enz** • Backhaus
Brot wie zu Omas Zeiten 165

78 **Dobel** • Eyachmühle
Einsamer Wiesengrund 167

79 **Bad Wildbad** • Baumwipfelpfad
Auge in Auge mit Eichhörnchen 169

80 **Bad Wildbad** • Palais Thermal
Orientalische Wellness 171

81 **Bad Liebenzell** • Trinkhalle im Kurpark
Gute Tropfen im Stil der 1960er 173

82 **Calw** • Kloster Hirsau
Gotteshaus und Sommerresidenz 175

83 **Calw** • Hermann-Hesse-Museum
In der Heimat des Kult-Autors 177

84 **Bad Teinach-Zavelstein** • Kirche Sankt Candidus bei Kentheim
1.000 Jahre und mehr 179

85 **Bad Teinach-Zavelstein** • Krokuswiesen
Ein Blütentraum im Frühling 181

86 **Neubulach** • Hella-Glück-Stollen
Wer hier grub, starb jung 183

87 **Altensteig** • Spaziergang durch die Altstadt
Schönstes Fachwerkdorf? 185

88 **Seewald** • Nagoldtalsperre
Heimat für den Eisvogel 187

89 **Nagold** • Keltenhügel
Rätselhafte Grabkammer 189

90 **Gutach** • Schwarzwälder Freilichtmuseum Vogtsbauernhof
Die letzten Originale 191

WILDE HEIMAT DES NATIONALPARKS

Eine Einladung

Vielleicht ist der Schwarzwald das berühmteste Gebirge der Welt. Jedenfalls kennt man seine Insignien wie Bollenhut, Kirschtorte, Kirschwasser oder den Mummelsee in Korea, Brasilien und den Vereinigten Staaten. Vielleicht ist nur noch das Matterhorn berühmter als der Bollenhut! Geografen teilen das südwestdeutsche Mittelgebirge ein in Nordschwarzwald und Hochschwarzwald. Wilder, einsamer, romantischer und vielfältiger ist die Heimat des jungen Nationalparks: der Nordschwarzwald. Im Norden wird er grob von der A7 zwischen Karlsruhe und Pforzheim, im Süden vom Kinzigtal begrenzt. »Wilder« ist die Gegend: Mit etwas Glück trifft man bei langen Wanderungen auf einen Auerhahn und vernimmt Vogelstimmen, die man sonst nicht hört. Hier ist der Wolf wieder zu Hause, selbst wenn ihn kaum ein Mensch zu Gesicht bekommt. »Einsamer« ist der Nordschwarzwald als sein südlicher »Bruder«: Stundenlang kann man durch dichte Wälder wandern, zu entlegenen Karseen oder merkwürdigen Felsformationen. Ganz im Gegensatz zu den Bereichen rund um die Schwarzwaldhochstraße, wo immer Trubel und Verkehr herrscht. »Romantischer« ist der Norden mit seinen unzähligen Wasserfällen, wie dem Gertelbachfall bei Baden-Baden, aber auch dem so beliebten Mummelsee. Vorausgesetzt man besucht ihn zu einer Zeit, wenn dort keine weiteren Touristen sind, etwa an einem kalten, nebligen Tag in der Vorweihnachtszeit.

Im Nordschwarzwald wachsen mit die größten Waldflächen Deutschlands. An der Westseite gedeiht schon junger Mischwald – die Fichtenmonokulturen hat Sturm Lothar im Jahr 1999 »beseitigt«. Es ist ein Wald im Wandel. Das zeigt etwa der Lotharpfad, ein Weg, auf dem der Besucher die Entwicklungen des letzten Vierteljahrhunderts nachvollziehen kann. Vertraute Bilder, wie sie auch in diesem Buch zu sehen sind, werden sich mit dem Klimawandel verändern – in welche Richtung ist kaum vorherzusagen. Zwischen diesen Wäldern liegen weltberühmte Orte. Das gilt vor allem für Baden-Baden mit seinen Thermen, dem Casino oder der Lichtentaler Allee. Berühmt wurden Calw und Kloster Hirsau – dank dem Literaturnobelpreisträger Hermann Hesse, der ein Kind des Nordschwarzwalds war. Viele seiner Texte sind hier angesiedelt. Klöster, Schlösser, Burgen und Ruinen finden sich zuhauf in dieser alten, vielseitigen Kulturlandschaft. Das schönste Schloss ist Favorite, die eindrucksvollste Burg Schloss Ortenberg, die prächtigste Ruine das verwunschene Kloster Allerheiligen. Am Rande des Nordschwarzwalds, in Karlsruhe, wurde das Auto erfunden und so ist es nicht verwunderlich, dass einige Sehenswürdigkeiten mit dem Auto zu tun haben: ein skurriles Fahrzeugmuseum in Marxzell, eine Retro-Tankstelle in Freudenstadt oder das Unimog-Museum in Gaggenau. In Baden übrigens hat der *Guide Michelin* die meisten Gourmet-Sterne vergeben, knapp hinter der württembergischen Grenze laden die Top-Restaurants Deutschlands ein, eines davon wird hier vorgestellt. Ganz normale, bürgerliche Gastronomie darf natürlich ebenfalls nicht fehlen. Wer am Westrand des Schwarzwalds entlangfährt, etwa auf der A5, sieht vor allem eines: Weinberge, Weinberge, nichts als Weinberge! Der badische Wein gilt als Weltklasse, vor allem einige Rieslinge, und so ist ein Blick in ein bekanntes Weingut ein Muss. Im Nordschwarzwald befindet sich zudem die »Europäische Schnapshauptstadt« Oberkirch mit vielen weithin bekannten Brennereien – die Zahl geht in die Hunderte!

Der Oberrhein und der Nordschwarzwald waren schon immer besiedelt, bereits Keltenfürsten haben hier ihre Grablege, ein uraltes Kirchlein in Kentheim zeugt von einer langen christlichen Tradition. Viele Kultur- und Architekturdenkmale, etwa die Hirschapotheke in Offenburg oder das Ettlinger Schloss mit seinem Delfinbrunnen, aber auch das Museum Frieder Burda in Baden-Baden bezeugen dies. Mühlen, Bergwerke, Stauseen – dem Nordschwarzwald fehlt eigentlich nichts. Na gut, vielleicht ein paar ganz hohe, vergletscherte Berge und ein Meeresstrand, aber das ist schon alles. Es ist die perfekte Gegend, um zu essen, zu trinken, zu wandern, für Freizeit, Kultur und Sport. Oder ganz einfach gesagt: zum Genießen!

Der lange umstrittene Nationalpark Schwarzwald ist der erste in Baden-Württemberg und wurde 2014 gegründet. Er ist 100,62 Quadratkilometer groß. Weit über 2.000 Tierarten leben hier.

1

Hochmoor Wildsee
Startpunkt für Wanderung:
Parkplätze um das Infozentrum Kaltenbronn
Kaltenbronner Straße 600
76593 Gernsbach-Kaltenbronn
07224 655197
www.infozentrum-kaltenbronn.de

Waldgaststätte Grünhütte
07081 8627
www.gruenhuette.de

SCHÖNSTES HOCHMOOR IM SCHWARZWALD

Wildsee am Kaltenbronn

Der Wildsee, auf etwa 900 Metern Höhe zwischen Bad Wildbad und Gernsbach gelegen, ist die mit 2,3 Hektar größte Hochmoorfläche im Schwarzwald und gilt als größter Hochmoorkolk Deutschlands. »Kolk« bedeutet, dass das Moor rein durch Wasseransammlung entstanden ist. Ein Teil ist mit Schwingrasen bedeckt, auf dem See haben sich kleine Inseln gebildet. Am Ende der letzten Eiszeit, vor etwa 10.000 Jahren, versumpfte die Hochfläche auf den wasserundurchlässigen Buntsandsteinschichten. Durch die Sauerstoffarmut zersetzte sich die anspruchslose Vegetation nicht vollständig und bildete eine bis zu acht Meter dicke Torfschicht. Hier gedeihen Überlebenskünstler wie Torfmoose und Wollgräser, das Moor ist umgeben von Bannwäldern mit zahllosen Birken.

Das streng geschützte Gebiet ist touristisch durch einen Bohlenweg erschlossen, der nur zu Fuß passiert werden darf, mitunter federt das Holz unter den Schritten auf dem weichen Torfuntergrund. Ein solches Moor ist hochsensibel. Schon Kalkstaub an Wanderstiefeln kann das System verändern, weshalb der kalkhaltige Schotter auf den Waldwegen der Umgebung durch kalkarmen ersetzt wurde. Auch das Füttern der Enten und das »Entsorgen« von Essensresten ist streng verboten. Vor allem unter der Woche kann der Wanderer, auf einer der Bänke sitzend, die Stille genießen und Libellen beobachten.

Ab dem 18. Jahrhundert schien das Ende des Moores besiegelt. Nachdem 1701 ein erster Weg und 1708 eine Anlage zur Holzflößerei gebaut wurde, kam 1829 ein Entwässerungssystem hinzu. Teile des Hochmoores wurden um 1850 abgebrannt und neu aufgeforstet, zweimal wurde Brenntorf abgebaut, zuletzt 1919. Zehn Jahre später jedoch erklärte man einen Teil des Moores zum Bannwald, aber erst im Jahr 2000 wurde das Wildseemoor großflächig zum Naturschutzgebiet.

Vom Wildsee aus kann man in verschiedene Richtungen wandern. Empfohlen sei ein Abstecher zum Gasthaus *Grünhütte* in etwa drei Kilometern Entfernung. Hier genießt man badisch-schwäbische Küche.

2

Infozentrum Kaltenbronn
Kaltenbronner Straße 600
76593 Gernsbach-Kaltenbronn
(L76 b von Gernsbach aus)
07224 655197
www.infozentrum-kaltenbronn.de

Hotel Sarbacher
Kaltenbronner Straße 598
76593 Gernsbach-Kaltenbronn
07224 93390
www.hotel-sarbacher.de

SPIELEND LERNEN

Infozentrum Kaltenbronn

Wer in der großartigen Landschaft rund um die Hochmoore von Hohloh und Wildsee wandert, sollte unbedingt das Infozentrum Kaltenbronn besuchen. Das ganze Gebiet liegt außerhalb des Nationalparks, dennoch bietet das Haus Wissen satt. Es ist kein simples Museum, sondern ein multimedialer »Lernort«. Das hört sich trocken an, doch in den sechs Räumen erfährt der Besucher spielerisch, wie Auerhühner – einst Jagdtrophäen adliger Jäger – leben, was alles in Totholz kreucht und fleucht oder mehr über die wechselvolle Geschichte der kleinen Ansiedlung auf dem abgelegenen und im Winter eisigen Kaltenbronn. Die Ausstellungsmacher arbeiten mit allen Medien. Mit Moosen und Schwämmen kann man experimentieren, vieles lässt sich anfassen, wer will, darf schnuppern und somit alles höchst sinnlich erleben. Mittels einer interaktiven Reliefkarte erfahren Besucher einiges über touristische Angebote wie beispielsweise Wanderrouten oder Naturparkwirte.

Im Zentrum jedoch stehen die Bäume, die Bannwälder sowie das Leben und Überleben in den Hochmooren während der letzten 10.000 Jahre. Besonders unterhaltsam ist ein Zeichentrickfilm über das Verhältnis zwischen Badenern und Württembergern, »Gelbfüßlern und Sauschwobe«: Sie erklären sich gegenseitig die Vorzüge ihres jeweiligen Landesteils, schließlich führt die »Grenze« mit unzähligen historischen Grenzsteinen mitten durch den Nordschwarzwald – hier oben verläuft sie direkt über den Wildsee. Neben eindrucksvollen Bildern stehen im Infozentrum die Klänge im Vordergrund: Melodiös klingen die Rufe von Waldohreulen, Fichtenkreuzschnäbeln oder Wintergoldhähnchen. Es lohnt sich immer wieder zu kommen, denn Wechselausstellungen, etwa über Insekten, sowie Vorträge, Führungen und Kinderprogramme runden das Angebot in dem historischen und stimmungsvollen Gebäude ab.

Voller Bauch studiert nicht gern, ein leerer auch nicht – schräg gegenüber des Infozentrums lohnt eine Einkehr ins Hotel-Restaurant Sarbacher, vor allem wegen der Schwarzwälder Kirschtorte.

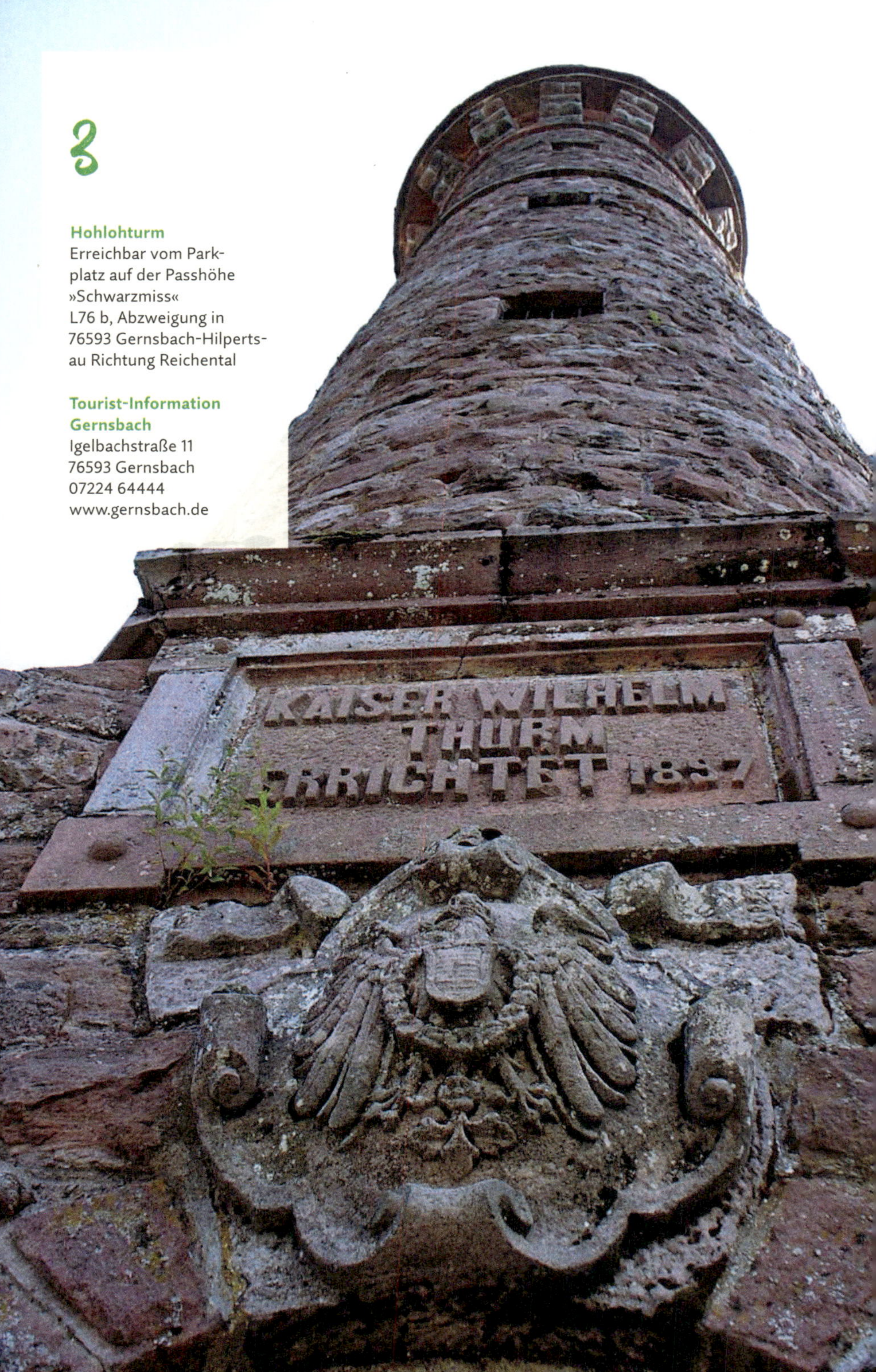

3

Hohlohturm
Erreichbar vom Parkplatz auf der Passhöhe »Schwarzmiss«
L76 b, Abzweigung in
76593 Gernsbach-Hilpertsau Richtung Reichental

Tourist-Information Gernsbach
Igelbachstraße 11
76593 Gernsbach
07224 64444
www.gernsbach.de

EXTREMES KLIMA, WEITE AUSSICHT

Hohlohturm

Der Hohloh (988 Meter) gehört wie die Hornisgrinde zu den klimatisch extremen Bergen des Schwarzwalds. Hier oben ist es immer »einen Kittel kälter«. Den höchsten Punkt des weitläufigen Gipfelplateaus zu finden, ist gar nicht einfach. Unweit von diesem jedoch steht ein markanter Sandsteinturm, den der Schwarzwaldverein 1897 hat errichten lassen. Es ist der nördlichste Punkt des Schwarzwalds mit Alpenblick – bei günstigen Sichtverhältnissen erkennt man in über 250 Kilometer Entfernung Eiger, Mönch und Jungfrau. Der Hohloh war so stark bewaldet, dass der Schwarzwaldverein den Turm 1968 um 6,4 Meter auf die heutige Höhe von 28,6 Metern erhöhen ließ. Die Bäume wuchsen weiter in die Höhe, in den 1990er-Jahren sah man vom Turm nur in Baumwipfel. Bis zum zweiten Weihnachtsfeiertag 1999 als der Sturm Lothar das Gipfelplateau nahezu komplett entwaldete. Den düsteren Fichtenwald haben heute Ebereschen, Birken, Tannen und Salweiden ersetzt – im Herbst ein Farbspektakel der besonderen Art, vor allem bei tiefstehender Nachmittagssonne.

Nicht zum Nationalpark gehört das Naturschutzgebiet rund um den südlich des Turms gelegenen Hohlohsee, Deutschlands höchstgelegenes Moorgebiet. Das »Hohlohmiss« ist mit seinen Regenmooren und mehreren Moorseen streng geschützt, aber auf einem breiten, barrierefreien Bohlenpfad zugänglich. Die genügsame Heidelbeere dominiert die Vegetation, die karge Landschaft mutet fast skandinavisch an. Der Hohloh gehört zu den beliebtesten Bergen, ist er doch bis zur von Rennradlern viel befahrenen Passhöhe Schwarzmiss (933 Meter) gut per Auto und Bus erreichbar, asphaltierte Spazierwege führen rund um den höchsten Punkt. West- und Mittelweg, die von Pforzheim nach Basel führen, sowie der Europäische Fernwanderweg E1 verlaufen über den Gipfel, ebenso einige Langlaufloipen.

Der sieben Kilometer lange Wanderweg vom Hohloh zur Teufelsmühle gehört zu den wenigen Strecken im Nordschwarzwald, die auch im Winter »besonnt« sind. Auch ein Abstieg nach Forbach lohnt.

4

Altes Rathaus
Hauptstraße 11
76593 Gernsbach

Jan Brauers-Stiftung für Fortschritt durch Harmonie
im Alten Rathaus
(nur zeitweise geöffnet)
07224 623607 (Museum)
www.janbrauers-stiftung.de

Weingut Iselin
im Alten Rathaus
07224 1666
www.weingutiselin.com

MUSIK UND WEIN

Altes Rathaus

Es ist das schönste Gebäude in Gernsbach, und es wird ungewöhnlich genutzt. Das Alte Rathaus (erbaut 1617/1618) beherbergt das *Museum der Harmonie* und das altehrwürdige Weingut Iselin. Jan Brauers, ein niedersächsischer Unternehmer (1923–2004), sammelte Kunstwerke rund um den Begriff »Harmonie« sowie mechanische Musikautomaten. Seit 2012 sind sie in Gernsbach zu sehen. Skurril ist zwar seine Idee, Kunstgegenstände, die das Instrument der Lyra abbilden, in einer Ausstellung mit historischen Abspielgeräten zu vereinigen. Dies ist aber höchst spannend, denn die Lyra war schon in der Urgeschichte nachgewiesen und ist in der gesamten europäischen Kulturgeschichte präsent.

Die Öffnungszeiten des Museums sind beschränkt und auf der Website nachzulesen. Man sollte sich mehr als eine Stunde Zeit nehmen, denn die obligatorische Führung ist unvergleichlich. Ein Mitglied des Kuratoriums erzählt kenntnisreich endlose Geschichten rund um einzelne Objekte. Mehr noch, er stellt die Urahnen des Plattenspielers vor. So hört man einzigartige Klänge im Original von einem Edison-Grammophon oder einem Polyphon, das damals so teuer war wie heute eine kleine Eigentumswohnung und eine Art mechanischer CD-Player in Schrankgröße darstellte.

In Gernsbach startet der Ortenauer Weinpfad, der 100 Kilometer durch teils weltberühmte Weinberge verläuft. Nach der Führung sollte man deshalb unbedingt die Weine des Weinguts Iselin im Parterre und Gewölbekeller des Rathauses probieren. Die Rebstöcke sind fast in Sichtweite, die Riesling- und Burgundertrauben von erlesener Qualität. Die Geschichte des Bio-Weinguts erzählt Winzer Rainer Iselin persönlich. Und natürlich auch die des Rathauses und dessen Bauherrn Johann Jakob Kast. Der war Vorstand der Murgschifferschaft, des bedeutendsten Unternehmens der Region, eine Art »badischer Fugger«.

Lohnenswert ist der Katz'sche Garten, ein Skulpturengarten aus dem Barock, angelegt von einem italienischen Gartenbaumeister im Auftrag der Murgschifferfamilie Katz. Hier gedeihen seltene Pflanzen.

5
Großes Loch
Teufelsmühle
Startpunkt: Wanderpark-
platz Risswasen
76597 Loffenau
www.schwarzwaldverein.de
Höhengasthaus
Teufelsmühle
Landstrasse L564
76597 Loffenau
07083 8302

WILDROMANTISCH UND FAST ALPIN

Großes Loch Teufelsmühle

Der Aussichtsturm der Teufelsmühle (895 Meter) ist eines der spektakulärsten Wanderziele im Nordschwarzwald. Nicht allein wegen der Aussicht ins Murgtal, sondern wegen des Aufstiegs von Bad Herrenalb aus. Es ist eine anspruchsvolle, oft alpin anmutende Tour, steil, teilweise mit Felsstufen versetzt. Oberhalb des Parkplatzes Risswasen bei Loffenau wird es ernst. Von dort aus führt der Wanderweg an den *Teufelskammern*, am *Großen Loch* vorbei. Man sollte den Weg kurz verlassen, um die gewaltigen Höhlen zu bestaunen, welche die Erosion im Laufe der Jahrmillionen aus dem Sandstein gewaschen hat. »Wildromantisch« möchte man die gesamte Nordseite nennen, aber auch der südseitige Abstieg nach Gernsbach ist zunächst recht steil, bevor er durch liebliche Streuobstwiesen führt.

Alternativ kann man vom Startpunkt Bad Herrenalb der 15,5 Kilometer langen *Großen Runde über die Teufelsmühle* folgen, dem am besten beschilderten Weg. Kenner steigen, vorbei an weiteren Sandsteinformationen, zur Plotzsägemühle ab – rund um die Teufelsmühle lassen sich schier endlos viele Naturwunder entdecken! Am höchsten Punkt erwartet den Bergfreund ein Aussichtsturm des Schwarzwaldvereins und eine Höhengaststätte. Sofern der Turm geöffnet ist, schweift der Blick weit über die Rheinebene und die Berge des Nordschwarzwaldes bis zum Pfälzer Wald. Auch unterhalb des Turms öffnet sich eine schöne Aussicht nach Westen. Mit etwas Glück sieht man hier den einen oder anderen *Teufelsflieger* starten, so der Name des 1977 gegründeten Drachenflugvereins von Loffenau. Ihren Namen verdanken die *Teufelskammern* und die Teufelsmühle einer Sage. Die vielen Felsblöcke der Gegend habe der Teufel zum Bau einer Mühle verwendet – so erklärten sich unsere Vorfahren die Entstehung des Naturwunders.

Fast wie in den Alpen mutet auch das rustikale und stimmungsvolle Höhengasthaus Teufelsmühle an in unmittelbarer Nähe des Aussichtsturms mit gutbürgerlicher schwäbischer und badischer Küche.

6

Bernsteinfels
Startpunkt für Wanderung:
Tourismus und Stadtmarketing Bad Herrenalb
Rathausplatz 11
76332 Bad Herrenalb
07083 500555
www.badherrenalb.de

Weitere Wanderrouten beginnen in Gaggenau und Gernsbach.

NATURDENKMAL MIT AUSSICHT

Bernsteinfels

Von allen Seiten führen Wanderwege auf den beliebtesten Punkt zwischen Murg- und Albtal, zwischen Gaggenau und Bad Herrenalb. Lange wandert man durch prächtigen Mischwald, bis man plötzlich unter einem beeindruckenden, zerklüfteten Buntsandsteinfelsen steht. Ein paar Treppenstufen führen auf das 25-Quadratmeter-Plateau des 200-Kubikmeter-Klotzes, der als Naturdenkmal geschützt ist. Hier trifft man sich, Familien nutzen den Grillplatz, junge Paare stoßen oben auf dem sechs Meter hohen Felsklotz inklusive steinernem Gipfelkreuz mit Sekt an. Wer ihn umrundet, dem fallen allenthalben runde Aushöhlungen auf, sogenannte »Geoden«, bei denen bestimmte Anteile des Buntsandsteins im Laufe der Jahrmillionen chemisch ausgefällt wurden.

Wie viele der markanten Felsformationen im Nordschwarzwald hat der Bernstein seine Entstehung der Absenkung des Rheingrabens vor etwa 50 Millionen Jahren zu verdanken. Vor »nur« fünf Millionen Jahren wurden die Ränder des Schwarzwalds dann nach und nach gehoben und gekippt – der Fels wurde freigelegt und durch Verwitterung in seine heutige Form gebracht. Der Bernsteinfels befindet sich ganz in der Nähe der »Badischen Wespentaille«, der mit 17,2 Kilometern schmalsten Stelle Badens. Wandervereine haben einen »Historischen Grenzweg« angelegt: Hier fallen zahllose Grenzsteine auf, welche die alte württembergische von der badischen Gemarkung trennten. Besserwisser, die die Landkarte genau studiert haben, können bei den Wanderern am Bernsteinfels damit prahlen, dass sie sich nicht auf dem höchsten Punkt des Berges befinden. Dieser liegt nämlich recht unspektakulär etwas weiter südöstlich im Wald. Der Name übrigens leitet sich nicht vom gelben Schmuckstein ab, sondern meint den »Bären«, ähnlich wie im Fall der schweizerischen Bundeshauptstadt Bern.

Ein weiteres Naturdenkmal ist der sagenumwobene *Mauzenstein*. Vom Bernstein führt ein Wanderweg nach Bernbach. Diesem bis zum Abzweig *Mauzenstein* folgen.

7

Hexenbrunnen
Ringbergweg
76596 Forbach-Gausbach

Tourist-Information
Gemeinde Forbach
Landstraße 27
76596 Forbach
07228 390
www.forbach.de

Hexen, Heu und Hütten

Hexenbrunnen bei Gausbach

Vom Forbacher Ortsteil Gausbach beginnen eine Reihe Wanderwege. Oder sie enden dort. Je nachdem hat der Wanderer eine schweißtreibende Tour vor oder hinter sich und ist froh um die vielen Trinkwasserbrunnen am liebevoll angelegten und gut ausgeschilderten *Brunnenweg*. Die Wasserquellen dienten früher teilweise als Viehtränken. Kurz vor dem Ortseingang wartet der unscheinbare Hexenbrunnen mit seiner »gnitzen« Hexe auf durstige Passanten. Hier sollte man unbedingt pausieren. Die Wiese gegenüber dem Brunnen heißt Ringwiese, in alten Chroniken ist die Bezeichnung »Ring tanzender Hexen« überliefert. Tatsächlich befindet sich inmitten der Ringwiese ein gewaltiger Felsen, auf dem der Künstler Rüdiger Seidt einen *Hexenbesen* montiert hat. Solche Felsen waren früher oft mit Ringen und Nägeln verziert.

Einmalig im Nordschwarzwald sind die Heuhütten rund um Gausbach. In früheren Jahrhunderten wurden Waldgebiete entlang der Bachläufe gerodet, da die Murgtäler mehr Landwirtschaftsfläche brauchten. Für das Vieh waren die Hänge zu steil, sie wurden im Sommer auf Waldweiden getrieben. Einwanderer aus Tirol waren es, die nach dem Dreißigjährigen Krieg die Kenntnis von den fast würfelförmigen Heuhütten mitbrachten, in denen die Bauern das Heu trockneten, um es im Winter ins Tal zu befördern. Sei es auf dem eigenen Rücken oder per Schlitten. Heute werden die offenen Täler der Gegend nicht mehr bewirtschaftet. Dennoch werden sie frei von Bewaldung gehalten, denn die Fallwinde schaffen ein angenehmes Mikroklima. Der Platz am Hexenbrunnen ist nicht nur Idylle, er erzählt ebenso vom Leben der Bauern früher sowie von ihren Sagen und Mythen.

Der *Brunnenweg* ist ein vier Kilometer langer Wanderweg mit einem Höhenunterschied von 100 Metern. Er startet an der S-Bahn-Haltestelle Forbach-Gausbach.

8

Historische Holzbrücke
Hauptstraße/Eckstraße
76596 Forbach

HÖLZERNES WAHRZEICHEN

Historische Holzbrücke

Das Murgtal ist das schönste Tal im Nordschwarzwald und Forbach liegt tief unten, eingerahmt von bis zu über 1.000 Meter hohen Gipfeln. Gewaltige Holzbrücken kennt man sonst nur aus den Alpen, hier überspannt eine den Fluss mit seinen schlohweißen Felsen. Von keiner Stelle der Umgebung zu übersehen, ist sie im heutigen Zustand vergleichsweise jung. Bereits vor 1570 soll hier ein hölzerner Steg über die Murg bestanden haben – in besagtem Jahr wurde die »holzern Bruck« von einer Flut mitgerissen. Die Murgschiffer machten die Gegend wohlhabend, und so sollte 1776 bis 1778 eine Brücke entstehen, die sich von allem abhob, die alle bisher gebauten Brücken in der Region in den Schatten stellte. »130 Schuh weit, im Licht gestreckt« sollte sie sein und ein Dach tragen, am Ufer musste man extra Fundamente graben, das Bauwerk kostete schließlich 1.150 Gulden.

Sie hielt bis zum Ende des Zweiten Weltkriegs, als deutsche und danach französische Truppen der Holzkonstruktion schließlich den Rest gaben. Das Forbacher Wahrzeichen wurde 1955 für 300.000 Deutsche Mark im Originalzustand wiederaufgebaut. Die Summe brachten Staat, Gemeinde und Bevölkerung auf, selbst der damalige Ministerpräsident Reinhold Maier setzte sich für den Wiederaufbau des einzigartigen Bauwerks ein. 37,8 Meter und 129 Tonnen schwer spannt sie sich seitdem eindrucksvoll, ohne Stützpfeiler und mit Holzschindeln gedeckt über die Murg. Brückenzoll muss der Passant heute nicht mehr entrichten, obwohl die Renovierung 1976 wieder Geld kostete. Natürlich führt weiter westlich eine Betonbrücke über die Murg nach Forbach, doch eine Nutzlast von 64 Tonnen macht die Holzbrücke auch für schwere Fahrzeuge passierbar. Am schönsten ist es, wenn man von der S-Bahn-Haltestelle zur Brücke hinabsteigt, sie zu Fuß überquert und dabei immer wieder einen Blick auf den Fluss wirft.

Spazieren Sie auf der Forbacher Seite entlang der Murg mit ihren hellen Granitblöcken im Flusslauf und am Ufer, dann durch den Forbacher Murggarten mit Spielplatz, Skulpturen und Wasserspielen.

9

Giersteine
Der Giersteinstraße bis zum Ende folgen
76596 Forbach-Bermersbach

Murgtal-Museum
Kirchstraße 15
76596 Forbach-Bermersbach
07228 390 (Tourist-Information Forbach)
www.murgtalmuseum-bermersbach.de

TEUFLISCHE STEINE

Giersteine bei Bermersbach

Ein weithin unbekanntes Dorf, wunderschön gelegen auf einer Terrasse 160 Meter steil oberhalb von Forbach, ist Bermersbach. Busse fahren nur gelegentlich, Touristen verirren sich hierher selten und wenn, dann zieht es sie zu den merkwürdigen, sagenumwobenen Giersteinen, von denen zwei besonders ins Auge fallen. Der größte misst 13 Meter im Umfang, auf ihm wurde 1905 eine Treppe angelegt. Der Teufel soll auf den Steinen aus Forbachgranit gestanden sein, um den satanischen Bannkreis zu verteidigen, als Missionare nahten – so erzählt eine Sage. Als ihm das nicht gelang, soll er mit seinen Krallen die Rillen in den Block gegraben haben. Eine andere Erzählung berichtet, der Teufel habe auf den Felsen Suppe gekocht, die übergelaufen sei und so die Rillen verursacht habe. Theorien von Tieropfern (»Blutrillen«) und Spekulationen über heidnische oder keltische Kultstätten haben sich als nicht haltbar erwiesen. Selbst Geologen rätseln, ob es stimmen kann, dass die Murg einst viel höher gelegen Richtung Rhein floss und die Felsen hinterließ, bevor sie sich im Laufe der Jahrmillionen nach und nach tiefer ins Gestein grub. Die Rillen und die Kugelform sind inzwischen immerhin eindeutig auf Verwitterungsprozesse zurückzuführen.

Jedoch ist nicht einmal der Name der unter Denkmalschutz stehenden Steine geklärt: Er mag von »Geiern« herrühren oder von »Kirren« (Kirchweg nach Forbach), in einer Karte von 1720 sind sie als »Irrsteine« eingetragen. Die Bermersbacher hegen und pflegen ihre rätselhafte Attraktion. Sie haben vom Dorfrand bis zu den Steinen eine Allee aus Dahlien angelegt. Ein großer Kinderspielplatz, ein überdachtes Rondell und ein »Insektenhotel« machen die Giersteine zu einem Ort, an dem man gerne länger verweilt, zumal der Ausblick ins Murgtal und nach Forbach traumhaft ist.

Im Murgtal-Museum in Bermersbach sind eine historische Feuerwehr, ein alter Kaufladen, eine ehemalige Dorfschule und viele Alltagsgegenstände aus der langen Geschichte der Dörfer im Murgtal zu sehen.

10

Schwarzenbachtalsperre
Von Raumünzach der
L83 folgen
76596 Forbach-
Raumünzach

WELLEN, WIND, MOTORRÄDER

Schwarzenbachtalsperre bei Raumünzach

Was gibt es Schöneres als einen glitzernden See, in dem sich Wolken, Hügel und tannengrüne Wälder spiegeln! Der See, den die Schwarzenbachtalsperre aufstaut, ist ein solcher. Doch er ist wie viele beliebte Attraktionen mit Vorsicht zu genießen, wenn man Ruhe sucht. Wer dem Massenandrang, insbesondere dem Biker-Treff, entfliehen möchte, sollte die Gegend rund um Parkplatz und Staumauer meiden und die Nordwestseite erkunden. Sofern der See genügend Wasser führt, finden sich dort gar zwei kleine Buchten. Hier kann man in die Sonne blinzeln und die Landschaft genießen oder einfach auf die umliegenden Gipfel steigen.

Der größte See im Nordschwarzwald ist rund 2,5 Kilometer lang. 65 Meter hoch ist die begehbare, 400 Meter lange Staumauer. Ihr Bau war in den 1920er-Jahren eine technische Meisterleistung, über die zahlreiche Schautafeln informieren. Mehr als 2.000 Mann aus aller Herren Länder arbeiteten an Deutschlands erster Gussbeton-Talsperre. Nach vier Jahren Bauzeit hatte das Land Baden 1926 ein neues Elektrizitätswerk. Im Zweiten Weltkrieg bombardierten die Alliierten die Staumauer, beschädigten sie aber nur leicht. Wie schnell sich moderne Mythen bilden, offenbarte sich hier. Es gab Berichte, denen zufolge am Grunde des Sees noch mehrere Gebäude und gar ein Kirchturm stehen sollten. Die Aufklärung erfolgte im Jahr 1997, in dem zuletzt das Wasser abgelassen wurde. Obwohl nicht schön anzusehen, strömten Neugierige scharenweise und fanden nur ein paar Münzen, Waffen und andere Gegenstände aus der Kriegszeit.

Die Südseite des Sees grenzt direkt an den Nationalpark. Die Schwarzenbachtalsperre wird eingefasst von zwei der zwölf Tausender des Nordschwarzwalds: der Badener Höhe und dem Hohen Ochsenkopf, beides attraktive Wanderziele. Vor allem auf dem steilen Pfad zur Badener Höhe genießt man immer wieder herrliche Blicke auf den glitzernden See.

Vom westlichen Ende des Stausees führt ein kurzer und einfacher Wanderweg zum Herrenwieser See, einem der zehn Karseen im Nordschwarzwald. Er gehört zu den wenig besuchten, stillen Plätzen der Region.

11

Hornisgrinde
Startpunkt für Wanderung:
Parkplätze am Mummelsee
B500 (Schwarzwald-
hochstraße)
77889 Seebach

Ski- und Wanderheim »Ochsenstall«
Hundsrücken 1
77815 Bühl-Unterstmatt
07226 920911
www.wanderheim-
ochsenstall.de

DER HÖCHSTE UND SPEKTAKULÄRSTE

Hornisgrinde

Es ist ein faszinierender und geschundener Berg, die Hornisgrinde, mit 1.164 Meter höchste Erhebung des Nordschwarzwalds. Fast das ganze 20. Jahrhundert herrschte hier das Militär, der Gipfel war bis 1997 Sperrgebiet. Unter den hochsensiblen Hochmoor- und Grindenflächen sind noch zahlreiche militärische Hinterlassenschaften verborgen, die zerfallenden Bunkeranlagen sind einmal im Jahr zugänglich. Ein gewaltiges Windrad und ein 206 Meter hoher Sendemast verunstalten den langen Bergrücken. Faszinierend jedoch ist der Blick von ganz oben hinab in die Tiefe, die Rheinebene liegt rund 1.000 Meter unter dem Betrachter. Wenn dort im Herbst und Winter dicker, kalter Nebel liegt, ist es auf der Hornisgrinde mild, sonnig und klar. Die Sicht reicht nach Norden bis zum Hochtaunus und nach Süden bis zu den Berner Alpen – eine Strecke von über 400 Kilometern.

Das Klima auf dem Gipfel ist extrem. Im Winter kann es so stürmisch und kalt werden, dass Eisfahnen an den beiden Aussichtstürmen waagrecht in den Wind ragen. Windschutz bieten eine neue Hütte und der Aussichtsturm des Schwarzwaldvereins am südlichen Ende des Plateaus. Er ist verglast und beheizt, sodass man die Fernsicht zu den Alpen ohne eisige Finger genießen kann. Besonders eindrücklich sind gelegentliche Fata Morganen, bei denen die Alpengipfel in der Ferne binnen weniger Minuten immer wieder andere, teils skurrile Formen annehmen.

Im Sommer und an schönen Wochenenden ist die Hornisgrinde dank des nahen Mummelsees überlaufen. Wer die ausgetretenen Wege verlässt, wird diesen exponierten Berg schnell lieben lernen und seine Geschichten erkunden. Während etwa der Gipfel badisch ist, findet sich einige Höhenmeter tiefer im Wald versteckt der historische Dreifürstenstein, der höchste Punkt des württembergischen Landesteils – früher mussten sich drei Fürstentümer die Hornisgrinde »teilen«.

Wer den Sonnenaufgang erleben möchte, übernachtet im Ski- und Wanderheim »Ochsenstall«, auf 1.036 Metern zwischen der Hornisgrinde und Unterstmatt gelegen. Die Hütte ist vom Gipfel in 30 Minuten erreichbar.

12

Mummelsee
B500 (Schwarzwaldhochstraße)
77889 Seebach

Tourist-Information Seebach
Ruhesteinstraße 21
77889 Seebach
07842 948320
www.seebach-tourismus.de

MANCHMAL MYSTISCH

Mummelsee

Ein Foto kann trügen: Ein romantischer See, auf dem allein zwei Mädchen rudern. Tatsächlich ist es am Mummelsee meist laut, der berühmte Ort völlig überlaufen. Der touristische Höhepunkt der Schwarzwaldhochstraße liegt 1.029 Meter hoch. Andenkenläden, Tretbootbetrieb und vor allem Parkplätze für Autos, Busse und Motorräder bestimmen die Realität, dazu kommt ein überdimensioniertes Hotel. Der Name des Sees geht zurück auf die »Mummeln«, Seerosen, die früher vom Volksmund so genannt wurden und heute verschwunden sind. Der 3,7 Hektar große und 17 Meter tiefe See ist der größte der zehn Karseen im Nordschwarzwald, um den sich viele Sagen ranken. Eine davon erzählt von einer Nixe, die nachts aus dem See stieg, Menschen half, mit ihnen sang und tanzte. Grimmelshausens Simplicissimus wurde von Seebewohnern zum Mittelpunkt der Erde entführt und folgte geheimnisvollen Kanälen und Höhlen. Berühmt wurde der See jedoch erst durch Eduard Mörike und sein Gedicht *Die Geister am Mummelsee* aus dem Jahr 1829.

Weshalb dieser »Rummelsee« doch ein Lieblingsplatz ist: Im Winter, an nebligen November- und Dezembertagen scheint über der Nebeldecke meist die Sonne. Das wissen natürlich auch andere Menschen, die dann wiederum zu Tausenden dem Ruf der Nordschwarzwaldberge folgen. Aber am Nachmittag unter der Woche, zum Sonnenuntergang, wenn andere ihre Weihnachtseinkäufe tätigen, herrscht hier Ruhe und Einsamkeit, ja sogar ein klein wenig magische Stimmung. Das gilt vor allem, wenn man Pech hat oder Glück, je nachdem: Wenn die Nebeldecke doch dicker ist als angekündigt und die ganze Tourismusindustrie rund um den See verschwunden scheint. Nun fröstelt man zwar noch ein wenig mehr als im Rheingraben, wenn man allerdings um den See flaniert, fühlt man sich ein wenig wie zu Zeiten Eduard Mörikes.

Rund um den Mummelsee führt ein barrierefreier Spazierweg. Entlang des Pfads wurden Werke verschiedener Künstler installiert. Beste Zeit für den Mummelsee: werktags im Spätherbst und Winter!

18

Vollmers Mühle
Hilsenhof 1
77889 Seebach-
Grimmerswald
www.vollmersmuehle.de

Es klappert die Mühle …

Vollmers Mühle in Grimmerswald

Hier trifft die bekannte Liedzeile wirklich zu: »Es klappert die Mühle am rauschenden Bach«. Schwarzwald-Idylle pur, weit weg vom Verkehrslärm. Man könnte sich stundenlang im meditativen Klang des drehenden und klappernden Mühlrads verlieren. Der Seebacher Ortsteil Grimmerswald liegt etwas abgelegen in einem Seitental. Der älteste Hinweis auf den Weiler stammt aus dem Jahr 1381. In Verbindung mit einer Lehensvergabe wird die Ortslage mit »sint gelegen zu Grymoldes walde hinder der Ecke« beschrieben. Nicht ganz so alt ist Vollmers Mühle, sie wurde um 1750 als Lohnmahlmühle erbaut. Die Eigentümer benötigten dafür vom Landesherren eine Konzession. Noch während des Zweiten Weltkrieges wurde hier jeden Tag Mehl für den eigenen Hof und die Nachbarshöfe gemahlen. Mit zunehmender Technisierung änderte sich das, aber erst 1970 wurde die Mühle mangels Rentabilität stillgelegt.

Heute sieht man das anders. 2004 wurde das Holzwasserrad erneuert und eine Anlage zur Stromerzeugung integriert. Seit Juli 2005 erzeugt die Mühle nun stündlich etwa drei Kilowattstunden Strom, der teils selbst genutzt, teils ins Netz eingespeist wird. Doch nicht das macht Vollmers Mühle zu einer Attraktion. Die Seebacher Bürger haben in dem Haus ein kleines Museum eingerichtet. Der Heimatverein bietet zudem Brauchtumsabende an, etwa den *Lichtgang*, einen Spinnstubenabend, bei dem der Besucher zum Beispiel das Buttern im Fass nacherleben kann oder das Schneiden von Kienspänen beziehungsweise eben das Spinnen am Spinnrad. Dazu gibt es Ziehharmonikamusik und *Mühlengeister* (Edelbrände und Schnäpse). Von Mai bis Oktober oder nach Vereinbarung kann die Mühle auch besichtigt werden.

Der schönste Weg auf die Hornisgrinde führt von Vollmers Mühle über den aussichtsreichen Hohfelsen mit seinem weithin sichtbaren Gipfelkreuz. Der Wanderer passiert hierbei mehrere (!) Schnapsbrunnen.

14

Darmstädter Hütte
Schwarzwaldhochstraße 5
77889 Seebach
07842 2247
www.darmstaedter-huette.de

EIN FAST ALPINES HAUS

Darmstädter Hütte

Ein wenig fühlt man sich hier, als sei man in den Alpen, zumal die Darmstädter Hütte einen ähnlichen Namen trägt wie normalerweise dort die Berghäuser. Es ist die einzige Möglichkeit, mitten im Nationalpark fernab des Trubels der Schwarzwaldhochstraße zu übernachten. Die Hütte, die am Rand des Westwegs liegt, ist nur zu Fuß erreichbar, der nächste Parkplatz ist zwei Kilometer entfernt. An milden Tagen gibt es nichts Schöneres, als auf der Terrasse zu sitzen und bei einem Wein oder Bier in die Sonne zu blinzeln. Auch die Höhe von 1.030 Metern mutet fast alpin an und so wird es abends schnell kühl. Doch im Gastraum ist es ebenfalls gemütlich, ja urig. Die Speisekarte ist klein, selbst das hat die Nordschwarzwald- mit einer Alpenhütte gemeinsam. Das klassische Bergsteigeressen (Spaghetti bolognese) darf natürlich nicht fehlen, aber auch Typisches aus der Region (Maultaschen mit Kartoffelsalat) bietet die Küche an.

Egal ob man auf dem Westweg unterwegs ist oder nur kleine Spaziergänge unternehmen will: Das Haus liegt ideal. Einer der schönsten Karseen, der Wildsee, ist in einer halben Stunde zu Fuß erreichbar, eine Stunde entfernt liegt das Herz des Nationalparks, das Besucherzentrum am Ruhestein. Beliebte Ziele wie Schliffkopf, Mummelsee und Hornisgrinde sind in weniger als einem halben Tag zu erwandern. Im Winter ist die Hütte ebenfalls ein beliebter Treffpunkt. Ein Skilift ist in unmittelbarer Nähe, 20 Kilometer Loipen sind bei günstigen Verhältnissen gespurt. Abends, wenn es still wird, kann das geschulte Ohr die Rufe der Auerhähne hören. Nicht nur das: Am Rande der Grindenhochfläche lauscht man Fröschen, Kröten und Vögeln. Auch ein spätabendlicher Spaziergang rund um die Hütte lohnt bei sternenklarem Firmament. »Lichtverschmutzung« gibt es nahe dem Himmel und fernab größerer Orte keine.

Wer im Spätherbst oder Winter Sonne genießen möchte, wandert den Westweg vom Mummelsee über die Darmstädter Hütte bis zum Ruhestein. Ab dem späten Vormittag ist hier »Lichttanken« angesagt!

15

Eutinggrab und Wildseeblick
Startpunkt:
Darmstädter Hütte
Schwarzwaldhochstraße 5
77889 Seebach

GELEHRTENGRAB MIT TRAUMBLICK

Julius Euting und der Wildsee

Julius Euting (1839 bis 1913) war Orientalist, Bibliothekar und Forschungsreisender. In seiner Freizeit wanderte er gerne, bevorzugt in der Gegend des Ruhesteins im heutigen Nationalpark. Er erhielt deshalb den Namen »Ruhesteinvater«. In den Vogesen begründete er einen Wanderverein und war im Vogesenclub für die Erschließung von Wanderwegen aktiv. Im Jahr 1901 wurde der Gelehrte, der 16 Sprachen beherrschte, Vorsitzender des Verbands Deutscher Touristenvereine. Der begabte Maler fertigte Tausende Skizzen, Aquarelle und auch erste Wanderkarten und -führer an. Der leutselige Euting war zu Lebzeiten eine Berühmtheit und verfügte, oberhalb des Wildsees am Seekopf (1.055 Meter) bestattet zu werden. Das Urnengrab nebst Gedenksteinen und Ruhebänken kann heute noch besucht werden, es findet sich einige Meter abseits des Westwegs etwas erhöht und ist leicht erreichbar. An seinem Geburtstag, dem 11. Juli, wird dort gemäß Eutings Testament arabischer Mokka ausgeschenkt.

Von hier aus bietet sich ein großartiger Tiefblick die steile 120 Meter hohe Karwand hinab zum Wildsee. Doch nicht nur das dunkle, fast runde »Auge« des Sees beeindruckt, sondern auch die weite Sicht über die Höhenzüge mit ihren schier endlosen Wäldern, die kaum unterbrochen werden von Siedlungen oder Dörfern – hier erscheint der Nordschwarzwald besonders urwüchsig. Wer gut zu Fuß ist und entsprechendes Schuhwerk trägt, kann auf einem schmalen, ja alpin anmutenden Pfad zum Wildsee absteigen, vorbei an knorrigen, uralten Bäumen, darunter die besonders markante »Großvatertanne«. Das Gebiet um den Wildsee, seit 1911 Bannwald, ist das älteste Naturwaldreservat Baden-Württembergs. Dass der Wildsee heute Nationalpark ist, dürfte den Ruhesteinvater freuen, galt er doch als Vorkämpfer für den »sanften Tourismus«.

Das Eutinggrab erreicht man in einer leichten Wanderung vom Ruhestein oder von der Darmstädter Hütte. Man folgt der roten Raute der Westweg-Markierung. Abstieg zum See nur für Geübte in Bergschuhen!

16

Nationalparkzentrum Schwarzwald
Schwarzwaldhochstraße 2
77889 Seebach
07449 929980
www.nationalpark-schwarzwald.de

»EINE SPUR WILDER«

Nationalparkzentrum

Das neue Nationalparkzentrum ist das Herz des Nationalparks Schwarzwald. Steigt man vom Ruhesteinberg hinab zur gleichnamigen Passhöhe, erkennt man von Weitem gewaltige »Holzriegel« – die Architektur soll an umgestürzte Bäume, an Totholz erinnern.

Hell und großzügig ist bereits der Eingangsbereich gestaltet, die Wände sind mit Weißtannenholz vertäfelt. Der Besucher soll sich fühlen wie auf einer lichtdurchfluteten Waldlichtung. Die lang gezogenen Gebäude enden jeweils auch tatsächlich im Wald, das Nationalparkzentrum wurde beim Bau regelrecht zwischen einzelne Bäume »geschoben«. In drei der Gebäuderiegel ist die Dauerausstellung installiert: Zu Beginn des Rundgangs berichtet der Protagonist, der Wald höchstselbst, in einem kurzen Film vom Werden und Vergehen. Gleich danach flaniert man an einem 40 Meter langen, in Stücke geteilten Stamm entlang, an dem anhand von einzelnen Pflanzen, Pilzen und Tieren, etwa dem Waldkauz, erzählt wird vom Geborenwerden, vom Leben und vom Sterben, von der Verbindung und Vernetzung aller Lebewesen. »Eine Spur wilder« ist das Motto der Ausstellung, die auch schildert, was mit dem Wald passiert, wenn ihn der Mensch in Ruhe lässt. Richtig interessant wird es im Waldboden: In jenem Ausstellungsteil werden Kleinstlebewesen an den Wänden riesengroß und Mäusepfoten huschen über den Köpfen der Besucher entlang. Kinder können in einen Dachsbau kriechen, auf einen Baum klettern oder über den Schwarzwald »fliegen«, als seien sie ein Vogel.

Das Besucherzentrum ist barrierefrei, auch gehörlose und blinde Besucher kommen auf ihre Kosten. Zu den 1.000 Quadratmetern Dauerausstellungsfläche gesellt sich ein Restaurant mit Waldterrasse, ein Shop, ein Kino sowie ein Skywalk, der 34 Meter in die Höhe über die Baumwipfel führt und einen weiten Ausblick erlaubt.

Eine schöne Rundwanderung von acht Kilometern Länge ist der markierte 1.000-Meter-Weg. Er verläuft um den Melkerei- und Vogelskopf.

17

Sessel- und Skilift Ruhestein
Ruhestein 2
77889 Seebach
www.skilift-ruhestein.de

NOSTALGIE PUR!

Sessel- und Skilift am Ruhestein

Wie viele Kindheitserinnerungen sind aus unserem Leben verschwunden! Graue Telefone mit Kabeln, Tonbandgeräte und: Sessellifte! Man schwebte in einem wackligen Gestell mit hartem Holzsitz gefährlich drei, fünf, zehn Meter über dem Boden, nur gesichert durch einen Bügel, den man tunlichst bis zum Einschweben in die Station geschlossen hielt. Es klackerte und ruckelte beim Passieren der Stützpfeiler. Heute fährt man geräuschlos und eilig auf die Gipfel. Auch im Schwarzwald, auf dem Belchen und dem Feldberg. Sie sind überall verschwunden. Überall? Nicht am Ruhestein! Etwa 100 Meter vom Herzen des Nationalparks, dem Naturschutzzentrum Ruhestein entfernt, bergauf, vorbei am Trubel der Berggastronomie und den Parkplätzen, etwas versteckt am Waldrand findet sich die Talstation eines Sessellifts. Es ist eine Einpersonenbahn und zur Überwindung der etwa 100 Höhenmeter braucht es eine gefühlte Ewigkeit, so mancher Jogger ist schneller. In Zeiten, wo Achtsamkeit und Entschleunigung zur Stressbewältigung propagiert werden, muss diese Nostalgiebahn Wunder wirken – sie fährt allerdings nur am Wochenende in der Sommersaison.

Der clevere Besucher fährt nicht nur von der Tal- zur Bergstation mit Blick auf den Rasen des Skihangs. Nein, er schwebt auch umgekehrt zu Tale und schaut hinüber zu den Höhen des Vogelskopfes und Schliffkopfes. Mit etwas Glück glitzern in der Ferne die Glarner Alpen mit der markanten Kuppe des Tödi. Und unter dem schaukelnden Gestell aus Stahlrohren schieben Mütter ihre Kinderwägen, klappern Walker mit Wanderstöcken und leider dröhnen auch Motorräder. Hier reibt man sich ein wenig die Augen ob des so widersprüchlichen Nationalparks: Auf der einen Seite wird streng die Natur geschützt und nur ein paar 100 Meter weiter lässt man Lärm, Gestank und Massentourismus zu.

Der Sessellift ist nur im Sommer in Betrieb (1. Mai bis 31. Oktober). An der Talstation findet sich die Ruhestein-Schänke. Hier kann man in uriger Atmosphäre den Wandertag ausklingen lassen.

18

Allerheiligen-Wasserfälle
Startpunkt: Parkplatz
Allerheiligen-Wasserfälle
an der Kreisstraße 5370
Allerheiligen
77728 Oppenau

Renchtal-Tourismus: Servicestelle Oppenau
Rathausplatz 1
77728 Oppenau
07804 4836
www.renchtal-tourismus.de

WILDE UND SAGENUMWOBENE FÄLLE

Allerheiligen-Wasserfälle

Sie sind nicht lieblich-romantisch wie die anderen Wasserfälle im Nordschwarzwald. Die Allerheiligen-Fälle haben im Laufe der Erdgeschichte eine tiefe Schlucht gegraben, über 100 Meter ragen die Porphyr-Felswände empor. In sieben Stufen stürzt der Lierbach 66 Meter in die Tiefe – es ist der höchste Wasserfall des Nordschwarzwalds. Das Wasser hat unterhalb jedes Falls Strudeltöpfe ausgewaschen, weshalb sie auch »Sieben Bütten« (»Bottiche«) genannt werden.

Nur einen halben Kilometer vom Allerheiligen-Kloster entfernt, zu dem dieses Naturschauspiel über die Jahrhunderte gehörte, wurde es erst am Anfang des 19. Jahrhunderts erforscht. Die Forstverwaltung sorgte 1840 für einen Pfad mit Treppen und Brücken, das zunehmende Interesse an der Klosterruine machte die Fälle bekannt, 1964 wurde ein gemauerter Treppenweg angelegt. Als prominentester Besucher war Mark Twain hier im Jahr 1878 unterwegs. Heute führt ein Rundwanderweg von der Klosterruine durch die Schlucht und wieder zurück. Er ist Teil eines Sagenwegs, und so finden sich an mehreren Stellen immer wieder Tafeln mit mehr oder weniger rührenden und schaurigen Geschichten, etwa jener vom jungen Steinmetz, der hier mit einer »Zigeunerin« in einer Höhle hauste. Als sie ihn verließ, seilte er sich an einer Felswand ab und meißelte ihr Antlitz in den Stein. Dann schnitt er das Seil durch und stürzte zu Tode.

Am Beginn des Weges vom Kloster zu den Wasserfällen entdeckt der Wanderer linker Hand ein Wildgehege und ein markantes Rondell auf einem Hügel. Eine Info-Tafel am Wegrand klärt auf: Der offene Rundtempel mit überlebensgroßem Standbild eines Kriegers mit Schwert ist ein Ehrenmal des Schwarzwaldvereins, errichtet 1925, ursprünglich um den im Ersten Weltkrieg gefallenen Mitgliedern zu gedenken. Heute ist es allen Verstorbenen des Vereins gewidmet.

Die Allerheiligen-Fälle sind erreichbar über die Kreisstraße 5370, die von Oppenau zur Schwarzwaldhochstraße (B500) führt, und über die Kreisstraße 5371 von Ottenhöfen.

19

Kloster Allerheiligen
Allerheiligen
77728 Oppenau

Kloster Allerheiligen
Allerheiligen 6
77728 Oppenau
07804 1200
www.kloster-allerheiligen.de

MALERISCHE FRÜHGOTIK

Kloster Allerheiligen

In seinen Anfangstagen, im 12. Jahrhundert, war das Kloster Allerheiligen nur über einen schmalen Pfad erreichbar. Die frühgotische Ruine aus Buntsandstein liegt malerisch im hinteren Lierbachtal. Gegründet wurde das Gotteshaus um 1195 von Uta von Schauenburg – die Fertigstellung erlebte sie nicht mehr. Uta berief den Orden der Prämonstratenser nach Allerheiligen. Sie verwalteten die zum Kloster gehörenden Güter und betreuten die umliegenden Pfarreien. Ab dem späten 13. Jahrhundert entwickelte sich das Kloster zum Wallfahrtsort. In dieser Zeit erwarb es weitere Höfe in den angrenzenden Schwarzwaldtälern bis ins Elsass.

Die Reformation konnte dem Klosterleben nichts anhaben: Trotz politischer Auseinandersetzungen, wie etwa der »Straßburger Kapitelstreit«, erlebte es eine wirtschaftliche Blütezeit, weshalb Allerheiligen 1657 zur Abtei erhoben wurde. Die Abgeschiedenheit bewahrte das Kloster vor Zerstörungen im Dreißigjährigen Krieg. Erst die Säkularisation 1803 beendete den Glanz des Klosters – bis dahin suchten an bestimmten Feiertagen bis zu 2.000 Pilger hier ihr Heil. 1804 wurde die Kirche vom Blitz zerstört. Das Schicksal des Klosters ähnelt dem vieler anderer, obwohl der badische Staat die Kirche wiederaufbauen ließ. Die Kunstschätze wurden zwar verkauft, aber immerhin die Buchbestände gesichert.

Um 1820 entdeckten Touristen Allerheiligen, Mark Twain war dort im Jahr 1878, Karl Baedeckers Reiseführer folgte. Kurz darauf schrieb Twain über das Kloster in seinem Reisebericht *A Tramp Abroad*: »Hier waren die braunen und anmutigen Ruinen ihrer Kirche und ihres Konvents, die bewiesen, dass auch die Priester vor siebenhundert Jahren bereits den gleichen guten Riecher hatten, die besten Winkel und Ecken eines Landes aufzuspüren, wie heute.«

Der hungrige Besucher kehrt im Restaurant *Kloster Allerheiligen* ein. Geboten wird eine kleine, aber feine, regionale Speisekarte (etwa »Kartoffelspalten mit Bibbeleskäs«).

20

Karlsruher Grat
Startpunkt für Wanderung:
Parkplatz Edelfrauengrabwasserfälle
Obere Edelfrauengrabstraße
77883 Ottenhöfen

Tourist-Information Ottenhöfen
Großmatt 15
77883 Ottenhöfen im Schwarzwald
07842 80444
www.ottenhoefen-tourismus.de

FÜR KRAXLER UND ALPINWANDERER

Karlsruher Grat

Wer gerne richtig klettert, mit »Schlosserei«, also Seil und Haken, der findet im Schwarzwald reichlich Kletterfelsen, ja sogar regelrechte Klassiker wie den Battert bei Baden-Baden oder die Falkenfelsen bei Bad Herrenalb. Alpinwanderer haben es da schon schwerer. Wer einfach ein wenig kraxeln und beinharten Fels unter den Füßen spüren und in den Händen halten will, kann sich nur am Karlsruher Grat bei Ottenhöfen austoben. Es ist ein alpiner Klettersteig ohne Sicherungsmöglichkeiten wie Drahtseile oder Tritthilfen. Man muss deshalb trittsicher und schwindelfrei sein, es kam tatsächlich bereits zu Todesfällen.

Der etwa 400 Meter lange Grat besteht aus Quarzporphyr und entstand vor 290 Millionen Jahren, als eine Magmafüllung in einer damals vier Kilometer langen und 750 Meter breiten Spalte erkaltete. An einigen Stellen sieht man sogar noch Fließspuren. Während die weicheren Sedimente der jüngeren Erdgeschichte wieder abgetragen wurden, blieb der harte Karlsruher Grat erhalten.

Die Kletterpartie beginnt oberhalb der Edelfrauengrabwasserfälle, ebenfalls beliebt bei Wanderern. Das Gebiet ist naturgeschützt, grenzt an den Nationalpark und gehört zu den »wildesten« Ecken des Nordschwarzwalds. Ursprünglich hieß der Felsgrat Eichhaldenfirst wegen seiner Ähnlichkeit mit einem, allerdings sehr steilen, Dachfirst. Als im 19. Jahrhundert das Klettern populär wurde und es in den 1920er-Jahren zu ersten Todesfällen aus dem Karlsruher Raum kam, benannte ihn die Gemeinde Ottenhöfen zur Erinnerung an die Verunglückten um. Eine Kletterroute ist nicht markiert. Wer sich mit entsprechend gutem Schuhwerk aufmacht, sucht je nach Können seine eigenen Wege. Ungeübte können am Grat entlang wandern und den Kletterern zuschauen.

Vom Parkplatz Edelfrauengrabwasserfälle wandert man auf einem Wanderweg ansteigend entlang der Edelfrauengrabwasserfälle, bevor man zum Karlsruher Grat gelangt. Die Wasserfälle gibt es dabei als »Zugabe«.

21

Rainbauernmühle
Am Rain 2
77883 Ottenhöfen-Furschenbach

Beliebtes Fotomotiv

Rainbauernmühle in Furschenbach

Sie gehört zu den beliebtesten Fotomotiven im Schwarzwald: die Rainbauernmühle am Rande des »Mühlendorfes« Ottenhöfen, genauer im Ortsteil Furschenbach. Sie ist dort also nicht das einzige Exemplar, und so kann man auf einem »Mühlenweg« rund um Ottenhöfen gleich mehrere der historischen Gebäude erwandern, die teilweise noch in Betrieb sind. Etwa 13 Kilometer ist die Tour lang, die neun Mühlen unterschiedlich: Mal ist es eine Mahl-, mal eine Schleif-, mal eine Hammermühle. Auch wenn die Benz-Mühle heute noch im Privatbesitz der namensgebenden Familie ist und ein gastronomisches Angebot hat: Die Rainbauernmühle ist die schönste. Wann sie erbaut wurde, ist unklar. Fest steht, dass das Mahlwerk aus dem Jahr 1875 stammt. Die beiden Mühlsteine wiegen 250 und 400 Kilogramm. Die Rainbauernmühle hat im Gegensatz zu den anderen Mühlen der Gegend ein unterschlächtiges Wasserrad mit einem Durchmesser von 4,20 Metern. Das Wasser aus dem Flüsschen Acher fließt über einen angelegten Kanal zur Mühle und wird unten auf die Radschaufeln geleitet.

Lange war die nur zum Eigenbedarf genutzte Mühle nicht in Betrieb, im Laufe des letzten Jahrhunderts verfiel sie. Der örtliche Schwarzwaldverein hat sie 1974 gründlich und liebevoll restauriert. Heute ist sie zu Fuß und per Auto gut erreichbar und der Inbegriff der romantischen Schwarzwaldmühle, selbst wenn sie nur noch gelegentlich im Schaubetrieb läuft. Dann wird auch deutlich, woher das berühmte Klappern rührt. Das Mahlwerk besteht aus einem sogenannten Trübel, in den das Getreide geschüttet wird. Ein Rüttler bringt es zwischen die Mühlsteine, die Getreidemenge wird durch einen sogenannten Klöppel geregelt – und dieser verursacht das Klappern! Besichtigt werden kann die Mühle auf Anfrage.

Auf dem Mühlenweg liegt die Hammerschmiede (Ruhesteinstraße 122), die auf Anfrage besucht werden kann. Das alte Handwerk wird während der Besichtigung vorgeführt.

22

Schnapsbrunnen
Brandmatt 7
77887 Sasbachwalden

Tourist-Information Sasbachwalden
Kurhaus »Zum Alde Gott«
Talstraße 51
77887 Sasbachwalden
07841 1035
www.sasbachwalden.de

Schnaps und Schloss

Schnapsbrunnen in Brandmatt

Rund um Sasbachwalden kann man sich auf zwei Schnapsbrunnenwegen einen Vollrausch erwandern. In gut einem Dutzend Brunnen lagern Getränke, die vom fließenden Schwarzwaldwasser gekühlt werden und für Erfrischung oder einen dicken Schädel sorgen. Man muss es ja nicht übertreiben, sondern kann die Wanderung mit anderen Sehenswürdigkeiten verbinden. Hierzu bietet sich der Besuch eines Schnapsbrunnens am Rand des Ortsteils Brandmatt an.

Man beginnt die Wanderung jedoch in Sasbachwalden und steigt gemächlich durch die Gaishölle, einem tosenden Schwarzwaldbach mit 13 Holzbrücken. Stets folgt man der Markierung Richtung Brigittenschloss, bis auf einer Lichtung der überdachte Schnapsbrunnen *Brandmatt 7* auftaucht, der Teil eines Gehöfts ist und liebevoll gepflegt wird. Alkoholfreie Getränke kosten weniger als einen Euro, ein Kirsch-, Mirabell- oder Zwetschgenschnaps einen Euro, ein kleines Bier 1,50 Euro. Es empfiehlt sich Maß zu halten, denn in der Folge sollte man in einem knappen Kilometer Entfernung noch der Ruine Brigittenschloss einen Besuch abstatten. Von der Burg sind nur noch markante Reste der Schildmauer übrig. Erbaut wurde sie im 11. Jahrhundert als Flieh- und Signalburg, aufgegeben bereits 1524. Die Nachfahren des Erbauers kauften 1881 die Ruine und sicherten sie. Der ursprüngliche Name lautet »Hohenrode«, doch um 1820 wurde sie nach der Heiligen Brigitta benannt, der Patronin der Kirche von Sasbach. Nur einen Steinwurf entfernt findet sich der Fuchsschrofen, ein imposantes Granitsteingebilde, das 315 Millionen Jahre alt, in unzählige Klüfte und Blöcke verwittert ist. Angeblich hausten hier früher Füchse, die ihre gestohlenen Hühner versteckten. Auf dem gleichen Weg geht es wieder zurück, vielleicht kann man sich zur Belohnung noch einen Schnaps gönnen.

Rund um Sasbachwalden liegen zahlreiche Schnapsbrunnen, die durch zwei Schnapsbrunnenwege verbunden sind. Auch die anderen Wanderwege lohnen.

23

Luchspfad
Startpunkt: Parkplatz Plättig
Schwarzwaldhochstraße 1
77830 Bühlertal-Plättig
www.nationalpark-schwarzwald.de

AUF DEN SPUREN DES PINSELOHRS

Luchspfad bei Plättig

Wer zum ersten Mal am Höhenkurhaus Plättig und dem legendären Hotel Bühlerhöhe ankommt, sei es mit dem Auto oder mit dem Bus, wird an glanzvolle Zeiten erinnert. Man glaubt nicht, dass nur wenige Meter entfernt einer der wildesten Pfade des Nordschwarzwaldes angelegt wurde. Festes Schuhwerk, am besten Bergstiefel, und robuste Kleidung sind obligatorisch – wie in den Alpen. Der Luchspfad ist einer der schönsten Themenwege, liebevoll konzipiert führt er durch dichten, naturbelassenen Mischwald auf verschlungenen Steigen vorbei an umgestürzten Bäumen und moosbewachsenen Felsen. Die Route säumen zahlreiche Schautafeln zum »Pinselohr«, der scheuen Raubkatze, die sich in den Wäldern Baden-Württembergs wieder angesiedelt hat. Ein Infopavillon klärt auf über die Forschung, die im Nationalpark Nordschwarzwald die Wiederansiedelung des Luchses begleitet: vom »Luchs-Monitoring«, also der Erforschung des Bestandes, bis hin zu sozialwissenschaftlichen Erhebungen zur Akzeptanz in der Bevölkerung. Vier Kilometer lang ist der Pfad ein Erlebnis vor allem für Familien mit Kindern, die an interaktiven Stationen unter dem Motto »Schleichen – Spähen – Ohren spitzen« zum Mitmachen animiert werden. Höhepunkte sind Fernrohre, ein Hör-Trichter mit Tierstimmen und eine Weit- und Hochsprunganlage.

Nicht zu übersehen ist ein Kleinod zu Beginn des Weges, das so gar nichts mit dem Luchs zu tun hat: die 1897 vom Erbauer des Kurhauses Plättig Reiner Kern errichtete St.-Antonius-Kapelle. Konrad Adenauer hatte diese einst während seiner häufigen Aufenthalte im Hotel Bühlerhöhe zur Sonntagsmesse besucht. Der Luchspfad und seine Umgebung veranschaulichen, wie nahe Zivilisation und Wildnis im Nordschwarzwald beieinanderliegen.

Start des Luchspfades am Parkplatz Plättig. Hier zweigt ein zweiter Themenweg ab, der Wildnispfad. Beide sind Top-Erlebnisse für Kinder. Informationen auf der Website des Nationalparks (Suchbegriffe: »Wildnispfad«, »Luchspfad«).

24

Hertahütte
Startpunkt für Wanderung:
Parkplatz Plättig
Schwarzwaldhochstraße 1
77830 Bühlertal

Waldgasthaus Kohlbergwiese
Kohlbergstraße 4
77815 Bühl-Sand
07226 250
www.waldgasthaus-kohlbergwiese.de

Wollsäcke und Blockhalden

Hertahütte bei Plättig

Sie ist spektakulär hoch oben auf einem Granitfelsen gelegen und weithin sichtbar: die Herta-Hütte auf dem Kohlfelsen (756 Meter), der wohl schönste Rastplatz im Nordschwarzwald. Auch wenn sie schwer zugänglich erscheint, von Plättig aus ist sie zu Fuß schnell und leicht erreichbar, Wanderer mit etwas Ausdauer nehmen sie freilich auf dem neun Kilometer langen Gertelbach-Rundweg »mit«, der in Bühlertal startet. Kurz vor der Hertahütte kommt man an einer der eigentümlichsten Felslandschaften des Nordschwarzwalds vorbei, den Falkenfelsen mit ihren Blockhalden und »Wollsackverwitterungen«. Im Lauf der Jahrmillionen ist in die Ritzen, Spalten und Klüfte der Granitfelsen immer wieder Wasser eingedrungen und hat Teile herausgewaschen oder durch Frostsprengungen (gefrierendes Wasser dehnt sich aus) bearbeitet. So entstanden gerundete Gesteinsblöcke, die an gestapelte Matratzen, Kissen oder eben Wollsäcke erinnern.

Die bizarren Felsformationen sind Lebensraum für hoch angepasste Pflanzen und Tiere, etwa den Wanderfalken und die seltene Mauereidechse. Der aufmerksame Wanderer entdeckt Moose, Flechten, Heidel- und Vogelbeeren. Von der Hertahütte aus hat man einen herrlichen Blick über das Bühlertal und eine nahezu geschlossene Mischwaldfläche, die vom Klimawandel und den Stürmen der letzten Jahrzehnte noch nicht zerstört wurde. Hier oben den Sonnenuntergang über den Vogesen zu genießen, ist ein unvergessliches Erlebnis. Benannt wurde die Hütte nach Herta Isenbart, der Bauherrin des nahe gelegenen, ehemaligen Luxushotels Bühlerhöhe. Sie ließ die Hütte 1913 errichten. Nach einem Brand 1983 wurde sie ein Jahr später wiederaufgebaut. Etwa 20 Gehminuten entfernt findet sich auf einer großen Lichtung das Waldgasthaus Kohlbergwiese mit gutbürgerlicher Küche. Der Weg ist beschildert.

Den schönsten Blick auf Hertahütte und Falkenfelsen hat man vom Wiedenfelsen an der L83 gelegen zwischen Sand und Bühlertal auf knapp 700 Metern Höhe.

25

Gertelbachfälle
Startpunkt: Wanderparkplatz Gertelbach
Gertelbachstraße
77830 Bühlertal

Tourist-Information Bühlertal
Hauptstraße 92
77830 Bühlertal
07223 7101180
www.buehl-buehlertal-ottersweier.de

RAUSCHEN, TOSEN, GLUCKERN

Gertelbachfälle

Man braucht schon ordentliche Wanderschuhe, etwas Kondition und Trittsicherheit. Denn die Wanderung von Bühlertal durch die Gertelbachschlucht, an den Gertelbachfällen entlang, hat alpine Dimensionen. Vor allem nach starkem Regen wird aus dem idyllischen Bach ein reißender Gebirgsfluss, überall rauscht, tost und gluckert es, von allen Seiten füllen Rinnsale den Gertelbach. An einigen Passagen bekommt man nasse Schuhe – bei Regen sind die vermoosten Felsen und Baumwurzeln rutschig und somit gefährlich. Über 300 Höhenmeter geht es zwischen gewaltigen Granitbrocken hindurch, endlos viele Kaskaden überwindet der Bach am stets kühlen und feuchten Nordwesthang des Schwarzwalds. Der Wanderpfad wurde bereits 1889 vom Verschönerungsverein Bühl und der badischen Forstverwaltung angelegt, bis zur Mitte des 19. Jahrhunderts wurde der Gertelbach von Flößern genutzt. Zahlreiche Treppenstufen wurden entlang des Wildbaches in die Felsen gehauen, Holzbrücken ebenso wie Rastplätze angelegt.

Seit einigen Jahren gibt es den etwa neun Kilometer langen, in Teilen anspruchsvollen Gertelbachrundweg. Oberhalb der Fälle führt er zum Aussichtspunkt Wiedenfelsen, wo sich nach der engen, dunklen Schlucht eine weite Sicht bis ins Rheintal öffnet. Weiter geht es zu den zerklüfteten Falkenfelsen, unterhalb derer man im Waldgasthaus Kohlbergwiesen einkehren kann, zurück nach Bühlertal. Die nordseitige Lage des Gertelbaches lässt einen typischen Schluchtwald gedeihen, der geprägt ist von Weißtannen, Fichten, Rotbuchen, Bergahorn und Eschen. Die kühlen Temperaturen und stets hohe Luftfeuchtigkeit schaffen ein Paradies für Farne und Moose aller Art – das intensive Grün am Rand des Gertelbaches ist eine Augenweide.

Im oberen Bereich des Wanderpfades führt ein Weg zum Sickenwalder Horn (751 Meter), von dem man eine prächtige Aussicht auf Bühlertal genießt. Besonders lohnend ist die markierte Wanderung zur Hertahütte.

26

Mediathek Bühl
Platz Vilafranca 3A
77815 Bühl
07223 911153
www.buehl.de

ENTSPANNEN ZWISCHEN BÜCHERN

Mediathek Bühl

Bühl ist eigentlich für seine Zwetschgen berühmt und für sein Zwetschgenfest. Es steht also für Schwarzwälder Tradition. Die Stadt hat jedoch einen Erholungsort der besonderen Art, nämlich eine der benutzerfreundlichsten und schönsten Mediatheken Baden-Württembergs. Der Architekt hat sich offenbar etwas mehr Gedanken gemacht als mancher seiner Kollegen bei ähnlichen Bauten. Die ganz in Weiß gehaltene Bibliothek ist weiträumig angelegt mit zahlreichen großen Fenstern. So ausladend und hell, dass die Buchregale fast nebensächlich erscheinen. Zusammen mit den Treppen und verglasten Nischen ergeben sich an sonnigen Tagen hochästhetische Symmetrien, Spiegelungen und Lichtspiele, die die räumliche Tiefenwirkung betonen.

Der Normalleser, der vielleicht einen Nachmittag mit spannender Lektüre verbummeln will, weil er am Abend zuvor beim Zwetschgenfest war, findet eine überdachte, südseitige Terrasse und eine ganze Etage, die gar nicht wie eine Bücherei anmutet, in der mehr oder weniger dicke Schmöker vor sich hin stauben. Komfortable Stühle, gemütliche Sofas und Liegestühle, der inzwischen obligatorische Kaffeeautomat – all das lässt mehr an ein Strandbad ohne Strand denken. Mit einem weiteren Unterschied, denn die Bühler Mediathek umgibt ein weitläufiger Platz, der *Platz Vilafranca* getauft wurde. Besonders an sonnigen Tagen ist ein südländisches Flair zu spüren, auch wenn nach Osten und Süden hin der Blick zu den dunklen Schwarzwaldhügeln und Sandsteingebäuden der Altstadt schweift. Über 40.000 Bücher, Hörbücher und andere Medien sowie Zugang zum Internet: Ein entspannter Lesenachmittag ist garantiert. Nur den Longdrink samt Strohhalm muss man selbst mitbringen, sonst nichts.

Das seit 1927 im September stattfindende Bühler Zwetschgenfest zieht jährlich Zehntausende Besucher an. Dabei wird eine Zwetschgenkönigin erkoren, auch *Blaue Königin* genannt.

27

Naturfreundehaus Badener Höhe
Erreichbar vom Parkplatz Sand
77815 Bühl-Sand
07226 238
www.naturfreunde-karlsruhe.de

NACHHALTIG EINKEHREN

Naturfreundehaus Badener Höhe bei Sand

Im Gebiet des Nationalparks kann man an vielen Orten einkehren, doch nirgends so nachhaltig wie im Naturfreundehaus Badener Höhe. »Lokal, ökologisch, nachhaltig« ist die Devise und so stehen auf der Speisekarte ausschließlich Produkte von Erzeugern der näheren und weiteren Umgebung. Es gibt alles von selbstgemachtem Brot, eigener Marmelade bis zur Wurst vom Ökobauern und Wein aus der Region. Vor allem Veganer bekommen bei der Speisekarte leuchtende Augen. Insgesamt 44 Betten hat das Naturfreundehaus, Selbstversorger sind ebenso willkommen wie Vollpensionsgäste, Westwegwanderer, ganze Schulklassen oder Tagungsgruppen. Vom Parkplatz hinter dem Kurhaus Sand an der Schwarzwaldhochstraße sind es knapp zwei Kilometer Spaziergang, die es zu bewältigen gilt.

Das Haus liegt auf 880 Metern direkt am Westweg, der »Mutter aller Fernwanderwege«, der von Pforzheim nach Basel führt, andere beliebte Wanderwege wie der Luchspfad sind ganz in der Nähe. Es ist der ideale Stützpunkt zu jeder Jahreszeit: Eine Loipe und ein Schneeschuhwanderpfad finden sich in nur wenigen 100 Metern Entfernung, am Mehliskopf sind eine Sommerrodelbahn und ein Hochseilgarten.

Doch vor allem lässt sich in dieser Gegend die Ruhe des Waldes genießen. Besonders empfehlenswert ist eine Wanderung auf die 1.002 Meter hohe namensgebende Badener Höhe mit ihrem lichten Jungwald – hier hat Orkan Lothar am zweiten Weihnachtsfeiertag 1999 ganze Arbeit geleistet. Monatelang gab es kein Durchkommen mehr zum weithin sichtbaren 30 Meter hohen Aussichtsturm aus Sandstein, fast kein Baum blieb stehen. Heute wandert man nicht mehr durch düstere Fichtenmonokulturen, sondern vorbei an vielen Passagen, wo Fingerhut oder Schmalblättrige Weidenröschen wachsen, im Frühsommer summt und zwitschert es überall.

Am Parkplatz Sand steht das ehemalige Kurhaus Sand, in dem Adelige und Promis logierten, etwa 1892 die damalige Königin der Niederlande. Ein Gerücht besagt, dass dort auch Kaiserin Sissi tanzte.

28

Hochkopf
Startpunkt: Parkplatz Unterstmatt
Schwarzwaldhochstraße
77815 Bühl-Unterstmatt

Tourist-Information Bühl
Hauptstraße 41
77815 Bühl
07223 935332
www.buehl-buehlertal-ottersweier.de

SCHÖNSTER GRINDENPFAD

Hochkopf bei Unterstmatt

Fast skandinavisch muten sie an, die Grindenhochflächen auf den höchsten Gipfeln des Nordschwarzwalds. Sie sind einzigartig in Deutschland, die fast waldfreien Bergheiden im und rund um den Nationalpark. Am schönsten sind sie auf dem Hochkopf ausgeprägt, die charakteristische Mischung aus Latschenkiefern, Torfmoosen, Beerensträuchern, Pfeifen- und Wollgras oder Heidekraut. Von Hundseck führt ein schmaler, aber einfach zu begehender Pfad über den lang gezogenen, bis zu 1.038 Meter hohen Gipfel, der sich am Ende nach Unterstmatt absenkt. Es ist die größte zusammenhängende Grindenfläche auf einem der hohen Nordschwarzwaldgipfel. Der Weg lädt förmlich zum langsamen Gehen ein, denn hier gibt es unzählige Insektenarten und Schmetterlinge zu beobachten. Aber auch Kreuzottern lassen sich manchmal blicken und wer besonders viel Glück hat, kann ein Auerhuhn sehen oder zumindest hören.

Die Hochlagen wurden bereits im 14. Jahrhundert gerodet und von den Bauern der umliegenden Täler mit Rindern und Ziegen beweidet und immer wieder abgebrannt (»Weidbrennen«). Reichlich Niederschläge über das ganze Jahr und der Buntsandstein als Grundgebirge sind die natürlichen Voraussetzungen für die Bildung dieser besonderen Feuchtheidelandschaft im Laufe der Jahrhunderte. Im Verlauf des 20. Jahrhunderts zogen sich die Bauern mit ihren Nutztieren nach und nach in tiefere Lagen zurück, der Wald »drohte« wie etwa auf den Enzhöhen den Grindenflächen ein Ende zu bereiten. Heute werden die 200 Hektar (von ehemals 2.000) wieder von Rindern und vor allem Schafen, gesäubert, also waldfrei gehalten. Von Juni bis September kann man hier sogar die seltenen Hinterwälder Rinder grasen sehen. Der seltsam anmutende Name »Grinde« stammt übrigens aus dem Althochdeutschen und bedeutet »Kahler Kopf«.

Die Gegend ist so »wild« und geschützt, dass man nicht alle Tausender erwandern kann/darf. Immerhin führt noch ein verwunschener Pfad zum Pfrimackerkopf (1.036 Meter, nördlicher Abzweig am Hochkopf).

29

Mehliskopf
Startpunkt: Parkplatz an der Schwarzwaldhochstraße oder
Am Stadtwald 4
77815 Bühl-Sand

DER SPASSBERG SCHLECHTHIN

Mehliskopf bei Sand

Wie kein anderer der zwölf Tausender im Nordschwarzwald hat der Mehliskopf (1.008 Meter) zwei Gesichter: ein – je nach Geschmack – hässliches und ein schönes. Es ist ein »Spaßberg«, der das ganze Jahr über Touristen anzieht. Den Nordhang »ziert« ein Skilift und eine Ganzjahresbobbahn, außerdem wurden ein Klettergarten und Abenteuerspielplatz gebaut. Im Sommer transportiert der Skilift spezielle Dreiräder mit schräg gestellten Reifen, sogenannte »Bullcarts«, nach oben, mit denen die Funsportler hangabwärts donnern. Auch die Südwestseite ist nicht schön anzusehen – hier tummeln sich im Winter die Skifahrer.

Das schöne Gesicht des Mehliskopfs sind die stillen Pfade vor allem im Spätherbst und an schneelosen Wintertagen, die auf den Gipfel mit seinem Aussichtsturm führen. Von hier hat man den besten Blick auf Straßburg und den dunklen Dorn des Münsters. Den elf Meter hohen Turm hat der Schwarzwaldverein bereits 1880 errichten lassen, lange bevor der Westweg am Gipfel vorbeiführte. Wer sich nach Osten orientiert, überschreitet bald die Grenzen des Nationalparks, wandert über einen Platz mit dem schönen Namen *Dreikohlplatten* zu einem weiteren Tausender, dem Hohen Ochsenkopf (1.055 Meter).

Trotz der unschönen Seite ist der Mehliskopf ein Lieblingsplatz – Westwegwanderer sollten ihn unbedingt als kleinen Abstecher mitnehmen. Zwischen Sand und Hundseck führt ein Pfad erst durch den Wald, dann kurz über den Skihang und schließlich steil zum Gipfel. Und dann ist da noch die Geschichte von Kaiserin Sissi, die in den Glanzzeiten der Kurhotels unterhalb des Mehliskopfs angeblich im Hotel Sand das Tanzbein schwang. Es ist nur ein Gerücht, verbürgt ist immerhin, dass dort 1892 die Urgroßmutter der 2013 abgedankten Königin Beatrix von den Niederlanden nebst anderen Adligen logierte.

Wanderer mit Kondition steigen von Sand auf den Mehliskopf (1.008 Meter) nach Hundseck, über den Hochkopf (1.036 Meter) nach Unterstmatt über die Hornisgrinde (1.163 Meter) zum Mummelsee. Drei Tausender in einem Rutsch!

30

Lotharpfad
Startpunkt: Parkplatz an der B500 zwischen Schliffkopf und Alexanderschanze
72270 Baiersbronn

Nationalpark Schwarzwald
Schwarzwaldhochstraße 2
77889 Seebach
07449 92998444
www.nationalpark-schwarzwald.de

Das Erbe von Orkan Lothar

Lotharpfad

Nichts veränderte den Schwarzwald so sehr wie Orkan Lothar am zweiten Weihnachtsfeiertag 1999. Das Entsetzen war groß, denn in Baden-Württemberg fiel dem Sturm die dreifache Menge an Bäumen zum Opfer, die sonst innerhalb eines Jahres geerntet wird. 30 Millionen Kubikmeter Holz lagen auf 60.000 Hektar flach. Betroffen waren vor allem die Westhänge. Schuld daran war aber nicht allein der Sturm, sondern die Fichtenmonokulturen. Heute wächst junger, gesunder Mischwald heran. Nirgends ist dies eindrücklicher zu sehen als auf dem Lotharpfad, der zwischen Schliffkopf und Alexanderschanze am Rande der B500 im Nationalpark angelegt wurde. Der Lehr- und Erlebnispfad ist etwa einen Kilometer lang und führt über Treppen, Stege und Brücken. Zwischen den Bäumen finden sich verrottende Baumstämme. Wurzelteller ragen senkrecht empor – allmählich verschwindende Relikte des Sturms, die neu belebt sind mit Pilzen, Moosen und Insekten. Von einer Aussichtsplattform blickt man über den Schwarzwald in die Rheinebene zu den Vogesen und den Alpen.

Ein wenig hat der Lotharpfad an Attraktivität verloren, das spektakuläre Chaos aus umgestürzten Bäumen ist den Weg alles Irdischen gegangen. Deshalb hat die Nationalparkverwaltung einen neuen Weg geschaffen und mit dem 2003 eröffneten Lotharpfad verbunden: Den Spechtweg, der mit nur geringen Steigungen und ohne Hindernisse auch für Kinderwagen und Rollstuhlfahrer zugänglich ist. Die Ranger des Nationalparks bieten im Sommer geführte Touren an. So groß 1999 das Entsetzen war: Orkan Lothar war ein Segen. Es ist beeindruckend, wie schnell die Natur sich im Bannwald, ohne Bewirtschaftung wieder erneuert. Der Pfad macht nachdenklich, ja demütig: Wie wild und schön wäre doch die Natur ohne den Menschen!

Der südlichste Tausender des Nordschwarzwalds ist der Schliffkopf (1.054 Meter) mit spektakulärer Aussicht vom Gipfel. Einige Höhenmeter unterhalb befindet sich das gleichnamige Hotel und vorzügliche Restaurant.

31
Buhlbachsee
Startpunkt: Parkplatz
Bärenteich
Schwarzwaldhoch-
straße B500
72270 Baiersbronn
Tourist-Information
Baiersbronn
Rosenplatz 3
72270 Baiersbronn
07442 84140
www.baiersbronn.de

ROMANTISCH UND VERWUNSCHEN

Buhlbachsee

Weite Teile des Schwarzwalds waren während der letzten Eiszeit vergletschert. In der Würmeiszeit lag das heutige Mittelgebirge unter einer rund 1.000 Quadratkilometer großen Eisdecke, das ist etwa die zwölffache Fläche des heute größten Alpengletschers. Viele Landschaftsformen zeugen noch davon, etwa die zahllosen Kare mit oder ohne Karseen. Wenn Gletscher talwärts gleiten, nehmen sie reichlich Geröll mit. Entweder sie transportieren Steine und Felsen auf ihrer Oberfläche oder schieben diese vor sich her. Gleichzeitig wird der Hang, über den der Gletscher fließt, ausgehobelt. Das Geschiebe an der Vorderseite formt einen Wall, der die Bildung eines Sees nach dem Abschmelzen der Gletscher begünstigt – ein Vorgang, der heute im Zuge der Klimaerwärmung in den Alpen häufig zu beobachten ist.

Unspektakulär, düster oder idyllisch, jedenfalls romantisch, liegen die zehn Karseen, die sich im Nordschwarzwald erhalten haben – am Ende der letzten Eiszeit sollen es 35 gewesen sein. Ohne Zweifel der schönste ist der Buhlbachsee, den man am schnellsten in einem steilen Abstieg vom Parkplatz Bärenteich an der Schwarzwaldhochstraße erreicht. Mitten im Nationalpark genießt man hier die Wildnis, meist ist man in dunklem, nordseitig gelegenem Wald allein unterwegs. Am Ende leuchtet vor einem plötzlich der See in der Sonne. Das Besondere: Mitten im See schwimmt eine mit Birken bewachsene Insel, die aus sogenanntem »Schwingrasen« entstanden ist. Darunter bildet sich allmählich Torf, der den etwa 10.000 Jahre jungen Buhlbachsee unterhalb der Insel langsam auffüllt. 160 Meter breit und 200 Meter lang ist das idyllische Gewässer, für dessen Umrundung man sich Zeit nehmen sollte, um die Stille auf sich wirken zu lassen.

Neben den Sterne-Restaurants in Baiersbronn empfehlen sich zahlreiche weitere Gastronomiebetriebe auf hohem Niveau. Im nahen Ortsteil Obertal ist das *Lamm* einen Besuch wert (Ellbachstraße 4).

32

Kulturpark Glashütte Buhlbach
Schliffkopfstraße 46
72270 Baiersbronn
07442 84140
www.baiersbronn.de

Hauffs Märchenmuseum
Alte Reichenbacher
Straße 1
72270 Baiersbronn

MIT DER DELLE IM BODEN!

Glashütte Buhlbach

Hier wurde sie erfunden: die Champagnerflasche mit der Delle im Boden! Sie sorgt dafür, dass der *Buhlbacher Schlegel* dem Innendruck standhält. Die Glashütte Buhlbach der Firma *Böhringer* war von 1758 bis zu ihrem Ende 1909 die größte im Schwarzwald, heute ist sie die einzige noch erhaltene und zugleich vorbildlich restauriert. So nennt sich der Museumsbetrieb auch *Kulturpark*. Zu sehen sind in vier erhaltenen Gebäuden unter anderem ein gewaltiger Schmelzofen und eine Scherbenwäscherei. Im »Turbinenhaus« erzählen 24 handbemalte Glastafeln die Geschichte der berühmten Flasche, von der einst zwei Millionen mundgeblasene Exemplare pro Jahr in alle Welt gingen – bis zum Zaren in Sankt Petersburg. Historische Werkstätten, wie Schmiede, Gesteinsmühle und eine Schleiferei sind ebenso zu bestaunen wie zwei originale Arbeiterwohnungen. Bei akustischen Führungen lässt sich die Lebenswelt »live« nachempfinden.

Nicht zu vergessen: Zur damaligen Zeit besuchte Wilhelm Hauff seinen Onkel im nahegelegenen Ort Schwarzenberg. Im Gasthaus *Sonne* unterhielt er sich mit Flößern, Holzhändlern und Glasmachern, die ihn zu dem Märchen *Das kalte Herz* inspirierten. Auf dem großen Gelände lässt es sich wunderbar flanieren, etwa im *Garten des Holländer-Michl*. Ein neun Kilometer langer Rundweg berichtet vom Leben eines »Glasträgers«, der mit einer besonderen Kraxe die Flaschen auf schmalen Pfaden zu den Märkten und Handelszentren brachte. Ausprobieren sollte man unbedingt eine »Ambiente-Führung«, die nach Vereinbarung stattfindet. Die Vorsitzende des Fördervereins schlüpft dabei in historische Tracht und erzählt höchst unterhaltsam und emotional von den Höhen und Tiefen der Glashütte. Dazu gibt es Kaffee und hausgemachten Kuchen sowie allerlei Überraschungen.

Das Wilhelm-Hauff-Museum in Baiersbronn zeigt mehr über das Leben und Wirken des Autors. Mehr Informationen auf der Website der Gemeinde Baiersbronn.

33

Hotel-Restaurant Sackmann
Murgtalstraße 602
72270 Baiersbronn-Schwarzenberg
07447 2890
www.hotel-sackmann.de

HIER LEUCHTET EIN STERN

Hotel-Restaurant Sackmann in Schwarzenberg

In Baiersbronn leuchten die Michelin-Sterne. Einen davon hat sich Jörg Sackmann im Ortsteil Schwarzenberg erkocht. Manch einer traut sich jedoch nicht in Gourmet-Restaurants, weshalb Jörg Sackmann und sein Sohn Nico die *Anita-Stuben* betreiben, und zwar neben dem Sterne-Restaurant *Schlossberg*. In den *Anita-Stuben*, benannt zu Ehren der Mutter des Senior-Chefs, setzt man auf Nachhaltigkeit. Dem Familienbetrieb ist es wichtig zu wissen, woher die Produkte kommen. Das Wild stammt aus heimischer Jagd, Forellen, Saibling und Huchen direkt aus dem Murgtal. Die Chefs des Hauses sind »Naturburschen« durch und durch: Nico Sackmann pflanzt die verwendeten Kräuter im eigenen Garten, die Küche orientiert sich an den Jahreszeiten. Im Dezember wird man vergeblich Erdbeeren oder Spargel auf der Speisekarte suchen. »Alte Rezepte, neu interpretiert« – dieser Philosophie folgen die Köche der *Anita-Stuben*, und so ist der Gast sehr angenehm überrascht von den Varianten der Gerichte, die man von der eigenen Großmutter zu kennen glaubt, sei es eine Forelle Müllerin Art, ein Entrecote vom Murgtaler Weiderind oder ein Flammkuchen mit Jakobsmuscheln. Die Auswahl an Weinen zu den Speisen ist übrigens nahezu grenzenlos.

Den ganz dicken Geldbeutel muss man allerdings nicht unbedingt mitnehmen. Wer nachmittags als Wanderer in Schwarzenberg vorbeischaut, kann Kuchen und Torten aus der eigenen Konditorei genießen, für deren Rezepte Jörg Sackmanns Gattin und seine Mutter verantwortlich sind. Gastlich, ja herzlich, wird man in den *Anita-Stuben* empfangen, man spürt die familiäre Tradition, die mit Nico Sackmanns Nachwuchs in die fünfte Generation geht. Nicht zu vergessen, dass man bei Familie Sackmann auch Kochkurse belegen und in dem Hotel vorzüglich übernachten und Spa genießen kann!

Das Hotel-Restaurant *Bareiss* (Hermine-Bareiss-Weg 1) verfügt ebenfalls über Michelin-Sterne.

34

Rinkenkopf
Startpunkt: Bahnhof Baiersbronn
Freudenstädter Straße 40
72270 Baiersbronn
Im Bahnhofsgebäude befindet sich eine Zweigstelle der Tourist-Information. Hier gibt es kostenlose Wanderkarten und Wanderführer.

Glasmännlehütte Baiersbronn
Stöckeropf 1
72270 Baiersbronn
www.glasmaennlehuette.de

RÄTSELHAFTE MAUERRESTE

Rinkenkopf

Der Rinkenkopf ist kein sehr hoher Berg, aber er dominiert zusammen mit dem Stöckerkopf das Panorama von Baiersbronn. Für Wanderer ist er ein besonders lohnender Gipfel. An seiner Ostflanke befindet sich das »Murgleiter-Portal«, nur etwas mehr als einen Kilometer vom Bahnhof entfernt. Die berühmte, 110 Kilometer lange *Murgleiter* gilt als einer der schönsten »Premiumwanderwege« Deutschlands. Er beginnt beim Unimog-Museum in Gaggenau, führt über die Höhen am Rande des Murgtals bis auf den Schliffkopf.

Wer es kürzer möchte, dem sei der 11,5 Kilometer lange *Satteleisteig* ans Herz gelegt, eine der Wanderungen im »Baiersbronner Wanderhimmel« – die Touristiker haben hier eine ganze Reihe attraktiver Routen geschaffen. Der *Satteleisteig* ist ein Rundweg, der mit vielen Aussichtspunkten gespickt über den Rinkenkopf führt. Unterwegs lädt die Wanderhütte *Sattelei* zu einem deftigen Vesper mit regionalen Spezialitäten und einem Viertel Wein ein. Der mittelschwere Steig ist ebenfalls als Premiumwanderweg zertifiziert. Auf dem 760 Meter hohen Rinkenkopf selbst steht ein Aussichtsturm mit formidablem Blick auf Baiersbronn und weite Teile des Nordschwarzwalds. Dem aufmerksamen Wanderer fallen rund um den Rinkenkopf große, aufeinander geschichtete Sandsteinblöcke auf, die sogenannte Rinkenmauer. Der Forschung gibt sie bis heute Rätsel auf. Noch ist nicht klar, ob hier schon eine keltische Fluchtburg stand, ob es ein germanisches Refugium war oder ob der Wall erst sehr viel später gebaut wurde. Ein Schenkungsbuch des Klosters Reichenbach lässt vermuten, dass die Mauer schon vor dem 11. Jahrhundert existierte beziehungsweise im Hochmittelalter errichtet wurde. 115 Meter lang und bis zu 40 Meter breit ist die rätselhafte Anlage, die Steinblöcke wiegen teilweise über eine Tonne.

Ebenfalls vom Bahnhof Baiersbronn starten Wanderwege auf den Stöckerkopf. Für Geübte empfiehlt sich ein alpiner Steig auf der Nordseite des Berges.

85

Ellbachseeblick
Startpunkt: Heimatpfad
72250 Freudenstadt-Kniebis

Tourist-Information Baiersbronn
Rosenplatz 3
72270 Baiersbronn
07442 84140
www.baiersbronn.de

DER SEE MIT DEN DREI FINGERN

Ellbachseeblick bei Kniebis

Von oben betrachtet, sieht er aus wie eine Hand mit drei Fingern: Der Ellbachsee, eigenwilligster der zehn Karseen, etwas mehr als einen Kilometer nördlich des Ortes Kniebis gelegen. Es ist zwar ein Karsee, doch ist er schon stark verlandet. Bestaunen kann man ihn am besten von einer Aussichtsplattform, die barrierefrei vom Kniebiser Ortsrand aus erreichbar ist. Fast 20 Meter wurde sie über den steilen Hang der Karwand hinaus gebaut, eine elegante Holzkonstruktion, die einen weiten Blick über schier endlose Wälder bis zu den höchsten Gipfeln des Nordschwarzwaldes wie der Hornisgrinde und dem Schliffkopf freigibt. Von hier aus gut zu sehen sind die Torfinseln, die auf dem See schwimmen und die drei »Finger« ausgebildet haben. In erdgeschichtlich naher Zukunft wird der nur maximal zwei Meter tiefe See sich zunehmend in ein Hochmoor verwandeln. In einigen tausend Jahren wird sich aus abgestorbenen Pflanzenresten eine dicke Torfschicht entwickeln, die den See derzeit als Schwingrasengürtel umgibt und der immer tiefer in den See hineinwächst. Fast wäre der Ellbachsee schon heute ganz verlandet, denn im 18. Jahrhundert hat der Mensch eingegriffen und das Wasser abgelassen, um über die Moräne, die den See aufstaut, einen Fahrweg anzulegen.

Natürlich kann man bei trockenen Verhältnissen den wurzeligen, steinigen und vor allem steilen Pfad zum See hinabsteigen, doch je weniger er von Menschen besucht wird, desto ungestörter ist die komplexe Tier- und Pflanzenwelt. Molche, Grasfrösche und sogar die empfindliche Erdkröte wurden in stabilen Populationen beobachtet. Für Fische ist das Wasser zu sauer. Unter den Vögeln ist hier der sehr seltene Zwergtaucher anzutreffen, von dem im Nordschwarzwald nur wenige Paare gezählt wurden.

Von Kniebis aus führt ein Weg zum Sankenbachfall. Eine Holzkonstruktion ermöglicht Besuchern einen kleinen See aufzustauen, um so den Fall zu »steuern«. Der einzige handbetriebene Wasserfall der Welt!

36

Avia-Tankstelle und Bistro
Straßburger Straße 304
72250 Freudenstadt-Kniebis
07442 2657

Tanken mit Elvis

Retro-Tankstelle in Kniebis

Elvis hören beim Tanken und danach einen Kaffee am Nierentisch trinken? Im Freudenstädter Stadtteil Kniebis gibt es eine in Deutschland einmalige Retro-Tankstelle ganz im Stil der 1950er- und 60er-Jahre. Den verdutzten Autofahrer empfängt während der Sommersaison ein Tankwart in Retro-Montur und auch die Zapfsäulen sind verblüffend altmodisch.

Unscheinbar und für die Anforderungen eines modernen Tankbetriebs viel zu klein war das 1954 gegründete Kleinunternehmen mit den Jahren geworden. Also machte man aus der Not eine Tugend und eröffnete nach zwei Jahren Planungs- und Bauzeit im August 2016 mit viel Unterstützung aus der Bevölkerung und der Firma *AVIA* die »Tanke« mit Bistrobetrieb samt gefliesten Wänden und Böden, Email-Schildern und Jukebox. Alles erinnert an eine Bar aus den guten alten Zeiten, ein Nebenraum mit einer Original-Zapfsäule, einem alten Motorrad und Öldosen im Regal, gar an eine Werkstatt, in der gleich Peter Kraus oder James Dean in schwarzer Lederjacke auftauchen könnten. Im kleinen Shop der Tankstelle gibt es *Oldtimer-Oil* und andere Dekodosen zu kaufen, doch überall, wo Technik erforderlich ist, kehrt man zurück in die Gegenwart: Die Preisschilder sind digital, die Jukebox spielt CDs ab und der Sprit kostet so viel wie überall.

Die kleine Tankstelle an der B28 kann von keinem LKW angefahren werden, was dem entspannten Ambiente natürlich förderlich ist. Wer etwas Zeit und Hunger mitbringt, dem sei eines der Menüs der übersichtlichen Speisekarte empfohlen, typisch schwäbisch etwa Linsen mit Spätzle und Saitenwürstchen – da stimmt das Preisleistungsverhältnis! Einmal im Jahr ist Pflichttermin für echte Nostalgiker: Wenn die Rallye *Baiersbronn Classics* an der B28 vorbeiführt und knatternde, stinkende Oldtimer, Baujahr 1920 bis 1970, hier tanken.

Etwa 200 Meter bergabwärts bei der Bushaltestelle Kniebis-Dorf ist das im Jahr 1513 zerstörte Kloster Kniebis zu besichtigen. Von der Tankstelle der *Alten Passstraße* bis zur Ruine folgen.

37
Marktplatz Freudenstadt
Freudenstadt Tourismus
Marktplatz 64
72250 Freudenstadt
07441 864730
www.freudenstadt.de

DER GRÖSSTE DER REPUBLIK

Marktplatz

Obwohl Freudenstadt im Zweiten Weltkrieg schwere Zerstörungen erlitt, gehört die Stadt heute zu den schönsten im Schwarzwald. Dies liegt nicht nur an ihrer Umgebung, sondern vor allem am größten Marktplatz Deutschlands. Etwa 4,7 Hektar ist das Wahrzeichen der Stadt groß und mit 219 mal 216 Metern fast quadratisch. Geprägt wird der Charakter des Marktplatzes von den Arkaden, die ihn fast vollständig umlaufen. Kleine Geschäfte, Cafés und eine Buchhandlung sind unter und hinter diesen Laubengängen zu finden. Drei Brunnen haben den Krieg überstanden, die Stadtkirche und das Rathaus mit seinem 43 Meter hohen Turm runden das harmonische Bild ab.

Freudenstadt ist (wie Karlsruhe) eine am Reißbrett entstandene Stadt, und zwar 1599 nach den Bauplänen von Heinrich Schickhardt. Auftraggeber war Herzog Friedrich I. von Württemberg. Der Ort schien ihm strategisch günstig, zumal er daran interessiert war, weitere Gebiete westlich davon zu erwerben.

Der Grundriss des Marktplatzes orientiert sich am Mühlespiel. Er wird von Straßen durchkreuzt und ist in die drei Teile Oberer Marktplatz, Unterer Marktplatz und Postplatz gegliedert. 1999 wurde zur 400-Jahrfeier der Untere Marktplatz neu gestaltet. Auf seiner leicht schiefen Ebene wurden in einer beeindruckenden Fläche von 45 auf 18 Metern 50 Wasserfontänen integriert. Bei der Wasserfläche sind die Bodenplatten als Mühlebrettspiel verlegt, die Spielsteine können bei der Tourist-Information ausgeliehen werden. Das einzige Gebäude, das sich direkt auf dem Platz befindet, ist das Museum im Stadthaus. Es zeigt die Geschichte des Landkreises Freudenstadt im Ambiente der 1950er-Jahre, im Ludwig-Schweizer-Saal wird man regelrecht in diese Zeit zurückkatapultiert. Wer diese Ära mag, wird sich in die Räume regelrecht verlieben.

In der *Teddy-Oldiethek* (Lauterbadstraße 5) sind etwa 1.500 Teddys und andere Kuscheltiere zu bestaunen. Es ist eine kuriose, private Sammlung. Unbedingt sehenswert!

38

Besucherbergwerk Freudenstadt
Straßburger Straße 57
72250 Freudenstadt
www.freudenstadt.de

Friedrichs am Kienberg
Herzog-Friedrich-Straße 33
72250 Freudenstadt
07441 3013
(Reservierungen)
www.friedrichs-kienberg.de

SENKRECHT IN DIE TIEFE

Besucherbergwerk Freudenstadt

Zufällig wurde es im Jahr 1996 wiederentdeckt und in mehr als 3.000 Arbeitsstunden freigelegt: das heutige Besucherbergwerk *Heilige Drei Könige* mitten in Freudenstadt. Rund 270 Jahre lang war es vergessen, obwohl ein Hotel über Jahrzehnte in einer benachbarten Felshöhle Bier und Wein kühlte – einer der Zugänge war hinter einer Mauer verschwunden und damit aus dem Blick. Im Gegensatz zu den anderen Schaubergwerken des Nordschwarzwaldes geht es bei den *Heiligen Drei Königen* in engen Schächten senkrecht in die Tiefe.

Wer mit einem Führer 30 Meter absteigt, darf keine Platzangst haben, sollte trittsicher und schwindelfrei sein. Warm anziehen heißt es überdies, denn die Temperatur in den Schächten beträgt ganzjährig acht Grad, die Luftfeuchtigkeit liegt bei unangenehmen 98 Prozent. Zu Beginn weist ein 35 Meter langer Stollengang den Weg in den Berg, der vor dem ehemaligen Weinkeller und Luftschutzbunker endet. Bei der Führung erfährt man viel über das Schicksal der Stadt am Ende des Zweiten Weltkriegs und deren völlige Zerstörung. Dann geht es auf fest verankerten Stahlleitern hinab. Man folgt den Spuren des Abbaus von Schwerspat, Kupfer und Silber während des 15. bis 17. Jahrhunderts. Zuletzt blickt man in einen weiteren, 18 Meter tiefen Schacht, der nicht zugänglich ist.

Die Abbauversuche begannen um das Jahr 1267, der erste schriftliche Nachweis stammt aus dem Jahr 1478. Die württembergischen Herzöge dieser Zeit, vor allem Ulrich I. (1487–1550), waren große Förderer des Bergbaus, auch wenn die einheimischen Gruben vergleichsweise wenige Schätze hergaben, die Grube *Heilige Drei Könige* so gut wie nichts – sie galt nur als »Erkundungsbergwerk«. Die Ausbeutung der Arbeiter (die im Gegenzug viele Privilegien genossen, in der Kirche gab es eigens für sie kreierte Bänke) hatte 1728 ein Ende.

Vom Besucherbergwerk ist es nicht weit auf den Kienberg samt Aussichtsturm, Spielplatz, Erholungsanlage und Restaurant *Friedrichs*. Die weitläufige Kuppe kulminiert im höchsten Punkt der Stadt.

39

Dorfmuseum Dietersweiler
Pfluggasse 5
72250 Freudenstadt-Dietersweiler
07441 869781
www.dorfmuseum-dietersweiler.de

DORF IM DORF – »MUSEUMSINSEL«

Dorfmuseum Dietersweiler

Leiterwägen, Kartoffelsäcke, Milchkannen – das sind Gegenstände, die nur noch in Heimat- und Dorfmuseen wie dem in Freudenstadt-Dietersweiler existieren. Etwa 1.000 Ausstellungsstücke haben engagierte Dietersweiler Bürger in mehreren historischen Gebäuden gesammelt, es ist ein kleines Dorf im Dorf, eine »Museumsinsel«. Im Erdgeschoss des Fruchtspeichers sind beispielsweise Fotografien zu sehen, welche die Hotellerie der Gegend dokumentieren, im Obergeschoss wird die Geschichte der Dorfkirche und diverser alter Häuser gezeigt. Der Fruchtspeicher ist das markanteste Gebäude des Ensembles, erbaut zwischen 1450 und 1500, ein spätgotisches Sandsteinhaus mit Schlitzfenstern und Rundbogentür.

Eine Schmiede, ein Bienenhaus, eine Backstube, eine Ausstellung von Sandsteinarbeiten – all das ist in Dietersweiler zu sehen. Schuhmacher, Glasbläser und viele andere Berufe prägten damals den Dorfalltag. Im Zentrum steht natürlich die Land- und Waldwirtschaft. Die mühevolle Arbeit der Bauern ist an allerhand Fotos und Gerätschaften nachzuvollziehen, so etwa in der Sammlung originaler Pflüge, wie sie früher zur Arbeit auf dem Feld eingesetzt wurden. Fast schon modern sind historische Traktoren und »antike« Fahrräder. Es muss anstrengend bis schmerzhaft gewesen sein, mit ihnen durch die hügelige Landschaft auf holprigen Straßen zu fahren.

Gegründet wurde der Förderverein des Museums im Jahr 1979, in dem auch die erste Teilausstellung eröffnet wurde. Interessierte dürfen das Museum nach Vereinbarung erkunden, einmal wöchentlich finden Führungen statt. Der rege Förderverein organisiert zweimal im Jahr ein Museumsfest mit Vorführungen alteingesessener Handwerker. Besucher können live erleben, wie man früher auf dem Feld mähte und pflügte.

Nur wenige Kilometer von Dietersweiler entfernt liegt Dornstetten. Sehenswert ist das Fachwerk des Stadtkerns. Die Besonderheit: viele Rundbögen, etwa beim Rathaus und dem benachbarten ehemaligen Gasthaus Ochsen.

40

Barfußpark Hallwangen
Silberwaldstraße
72280 Dornstetten
www.barfusspark.de

Tourist-Information Kulturamt
Marktplatz 1+2
72280 Dornstetten
07443 962030

UNTEN OHNE DURCH DEN WALD

Barfußpark Hallwangen

»Unten ohne« ist trendy. Beim Barfußwandern werden die Füße gefordert, Muskeln, Sehnen und Bänder gestärkt, Gefäße besser durchblutet. Außerdem trugen unsere Vorfahren gar keine Schuhe, der Mensch sei quasi für das Barfußgehen ausgelegt – so die Philosophie der Barfußpuristen. In den letzten Jahren haben deshalb viele Barfußparks eröffnet. Der vielleicht schönste findet sich in der Nähe von Dornstetten. Der Weg führt an einem Bach entlang und durch den Wald. 2,4 Kilometer umfasst die Strecke, für »Anfänger« gibt es eine kurze Runde von 1,4 Kilometern. Fantasievoll aufgebaute Stationen wechseln sich ab mit kurzen Abschnitten über Kies, abgerundete Glasscherben, Blähton, Holz oder Lehm. Der kostenlose Park ist auch ein Erlebnis für Kinder dank Attraktionen wie einem Riesentrampolin, einer Seilpyramide oder einem Wassererlebnisspielplatz.

»Bodenhaftung« und »Naturverbundenheit« – diese Begriffe erfahren eine ganz neue Dimension. Ungeübten Gehern allerdings schmerzen am Ende des Parcours schon mal die Füße. Eine »Fußwaschanlage« verschafft dort Kühlung und Linderung, ein Handtuch sollte man dabeihaben. Für Stärkung sorgt (bei schönem Wetter) ein Kiosk. Selbstversorgern steht ein Grill- und Picknickplatz zur Verfügung, dazu gibt es Sitzmöglichkeiten und eine kleine Schutzhütte. Info-Tafeln vermitteln Gesundheitstipps für Barfußgeher (Hallwanger Venenschule), denn auch Patienten mit Bluthochdruck, Durchblutungsstörungen oder Erschöpfungszuständen können vom Gehen »unten ohne« profitieren. Wer eine professionelle Begleitung schätzt, wählt Die-große-Barfußpark-Führung oder die Brain-Fit-Erlebnis-Führung. Spiel und Spaß für den Nachwuchs garantieren die buchbaren Kindergeburtstagsführungen. Selbstverständlich kann man die Strecke aber auch für sich allein in aller Stille gehen.

Ganz in der Nähe lohnt der Besuch des Besucherbergwerks, zwei Gruben mit den schönen Namen *Himmlisch Heer* und *Irmgardsglück* (www.bergwerk-hallwangen.de). Abgebaut wurden hier Silber, Kupfer und Schwerspat.

41

Seifenschule & Manufaktur Nordschwarzwald – Waldseifen
Hauptstraße 23
72299 Wörnersberg
0152 09880150
www.waldseifen.de

Seewald Freizeitpark Enzklösterle Riesenrutschbahn
Poppeltal 1
75337 Enzklösterle-Poppeltal
07085 7812
www.riesenrutschbahn.de

EINE SAUBERE SACHE!

Seifenschule *Waldseifen*

An einem verregneten Tag einmal etwas Handfestes machen? Zum Beispiel eigene Seifen herstellen? In der Seifenschule von Susanne Albert in Wörnersberg bei Freudenstadt ist das möglich. Inspiriert von einem Seifenladen in Berlin hat sie vor vielen Jahren begonnen, selbst Seifen zu sieden. Nach zahlreichen erfolgreichen Seminaren in Volkshochschulen in ganz Baden-Württemberg hat Susanne Albert im Mai 2019 im 175 Jahre alten, ehemaligen Schulhaus eine eigene, kleine Manufaktur eingerichtet. Bei ihr kann jeder Kurse buchen. In vier bis fünf Stunden erlernt man dabei die Grundkenntnisse. Susanne Albert vermittelt in Kursen und Seminaren für Fortgeschrittene das Herstellen von Seifen mit bestimmten Ölen sowie spezielle Fertigkeiten im Schneiden der Produkte, im Stempeln und »Schönen«. »Es gibt so viele Menschen mit Hautproblemen«, sagt Susanne Albert, »das Bedürfnis nach natürlicher Pflege ist gestiegen«. Und das Vermeiden von Müll sowie chemischen Zusatzstoffen, wie sie ergänzt.

Wer nur einen Tag »Schlechtwetterprogramm« bei Susanne Albert bucht, darf sich die Seifen von der Kursleiterin stempeln, schönen und dann nach Hause oder in die Ferienwohnung schicken lassen. »Es gibt auch Hotels, die mit ihren Gästen zum Schausieden kommen«, und wer nur wenig Zeit hat, kann bei Susanne Albert natürlich auch einfach Seifen erwerben. Mit 38 Rezepten und 15 Düften arbeitet sie; die Kosten der reinen Herstellung variieren je nach Zusatzstoffen – vom günstigen Rapsöl, über Olivenöl und Kokosfett bis zur exquisiten Shea-Butter. Wer einmal »auf den Geschmack« gekommen ist und ein Seminar in der Seifenschule besucht hat, ist künftig in der Lage, für wenig Geld in seiner eigenen Küche Seife herzustellen und Körperpflege und Haushaltsreinigung selbst in die Hand zu nehmen.

In dieser entlegenen Ecke finden sich wenige Attraktionen. Eine davon ist in 20 Kilometer Entfernung die Riesenrutschbahn in Poppeltal, die längste Süddeutschlands.

42

Alpirsbacher Brauwelt
Marktplatz 1
72275 Alpirsbach
07444 67149
www.alpirsbacher.de

INFORMATIV UND HEITER

Brauereimuseum Alpirsbacher Brauwelt

Emil Stopp hieß die vielleicht erste Alkoholkontrolle im Straßenverkehr überhaupt. Wenn der Kutscher es nicht schaffte, sein Pferdefuhrwerk hier zum Stehen zu bringen, wurde er nach Hause geschickt, um seinen Rausch auszuschlafen. Diese Geschichte jedenfalls erzählt der Gästeführer im Alpirsbacher Brauereimuseum. Knapp zwei Stunden dauert der Rundgang durch die Traditionsbrauerei, die Johann Gottfried Glauner im Jahr 1877 übernahm, als sie noch unter dem Namen *Löwenbräu* firmierte. Höchst unterhaltsam ist die Führung, denn der Besucher erfährt nicht nur nüchterne Fakten zum Bierbrauen, sondern Hintergründe über das Leben der Arbeiter und den Alltag der Menschen, die ihr Bier noch in Kühlschränken mit Eisblöcken kühlen mussten. Die neue Eisenbahnlinie im Kinzigtal und der Wunsch, »das beste Bier weit und breit« zu brauen, ließen Glauner zum Unternehmer werden – heute gehört die Brauerei aus dem Schwarzwald zu den bekanntesten in Deutschland.

Im Museum zu sehen sind eines der ersten Kältegeräte überhaupt, ein Braukessel aus Kupfer von wahrhaft gewaltigen Dimensionen und über hundert Jahre alte Maschinen deutscher Wertarbeit, die heute noch funktionstüchtig wären. Sehr eindrücklich ist ein Handautomat zum Befüllen der Bierflaschen aus dem Jahr 1905: Die Monotonie der Arbeit ließ sich wohl tatsächlich nur mit ein paar Bier intus ertragen. Mittlerweile verbindet eine Pipeline das Sudhaus mit der räumlich entfernten, vollautomatischen Abfüllanlage – die weite Trennung ist eine Besonderheit. Am Ende der Führung werden übrigens frisch gezapfte Biere verkostet, sie endet also auf jeden Fall heiter. Im historischen Sudhaus aus dem Jahr 1912 kann man heute übrigens zwischen den Kupferkesseln standesamtlich heiraten. Angeblich hat bislang jede Ehe gehalten, die hier geschlossen wurde.

Viel Zeit sollte man sich für die Gesamtanlage nehmen. Auch das Kloster, eine ehemalige Benediktinerabtei, ist unbedingt eine Führung wert, der Klostergarten lädt zum Flanieren und Staunen ein.

48
Alternativer Wolf- und Bärenpark
Rippoldsauer Straße 36/1
77776 Bad Rippoldsau-Schapbach
www.baer.de

Anrührend und traurig zugleich

Alternativer Wolf- und Bärenpark

Sie sind anrührend und machen zugleich traurig: Die neun Braunbären im Alternativen Wolf- und Bärenpark in der Nähe von Bad Rippoldsau-Schapbach. Sie waren Zirkus- oder Restaurantbären, haben alle ein schlimmes Leben hinter sich und wurden in aufwändigen Rettungsaktionen befreit. *Agonis* etwa wurde früh seiner Mutter entrissen und war in einem albanischen Restaurant angekettet, *Arian* und *Arthos* wurden von Touristen an einem heißen Strand begafft und dienten als Selfie-Motiv. Auch *Jurka*, die Mutter des 2006 in Bayern erschossenen »Problembären« Bruno, lebt hier naturnah auf dem zehn Hektar großen Gelände. Die Tiere können sich in Bärenhöhlen vergraben, toben, baden, sich zurückziehen oder Winterruhe halten. Hier, mitten im Schwarzwald, finden sie natürliches Futter wie Gras, Löwenzahn, Waldbeeren oder Knospen von Bäumen, aber auch Kadaver von Kälbern, Rehen und Hirschen, welche die Bären selbst zerteilen.

Auf einem leichten, zwei Kilometer langen Rundweg kann man die Tiere in Ruhe beim Fressen oder Spielen beobachten und sich über ihr Schicksal informieren. Betrieben wird das Tierschutzprojekt von der Stiftung für Bären, die zudem wissenschaftliche Tagungen organisiert oder Fachberatungen durchführt. Erklärtes Ziel ist, dass Tierfreunde erleben können, wie verhaltensgestörte und misshandelte Tiere – einer der Bären ist blind – wieder ein Stück weit ein natürliches Leben führen können. Daneben finden sich Wölfe und Luchse in den Freianlagen. Die Mitarbeiter sind teils fest angestellt, teils ehrenamtlich tätig, Spenden oder Patenschaften sind jederzeit willkommen. Es ist ein stiller Ort, an dem man lange verweilen und beim Tierebeobachten darüber nachdenken kann, wie sehr der Mensch mitunter seine Mitkreaturen quält.

Von der Ortsmitte in Bad Rippoldsau-Schapbach führt ein markierter, teils steiler Wanderweg zum Kastelfelsen. Die tischförmige, überhängende und bizarre Felsformation besteht aus Sandstein.

44

Turmbergbahn
Turmbergstraße 18
76227 Karlsruhe
0721 61075885
www.kvv.de (Suchbegriff: Turmbergbahn)

MIT DEM »BÄHNLE« HINAUF

Turmberg

Wenn es die Karlsruher himmelwärts zieht, geht's auf den Turmberg. Der 256 Meter hohe »Buckel« ist der nördlichste Vorposten des Schwarzwalds, manche rechnen den Hausberg der Fächerstadt zum Kraichgau, denn er besteht untypisch für den Schwarzwald aus Muschelkalk. Trotz der bescheidenen Ausmaße ist es ein »Lieblingsplatz«, der seinesgleichen sucht. Die Aussichtsterrassen und der 30 Meter hohe Turm bieten einen grandiosen Blick über die Stadt, beeindruckend vor allem bei Sonnenuntergang in den Pfälzer Bergen. Wenn es klar ist, blickt der Schweif bis zu den Vogesen und dem Odenwald. Der Turm ist übrigens ein Relikt einer Burganlage, deren Geschichte bis ins elfte Jahrhundert zurückreicht – weit vor der Stadtgründung Karlsruhes im Jahr 1715.

Um auf den Turmberg zu gelangen, gibt es mehrere Möglichkeiten: drei markierte Weinwanderwege, unter anderem durch das Staatsweingut Karlsruhe-Durlach, über eine elend lange Steintreppe oder über die Autostraße. Der Kenner nimmt freilich das »Bähnle«, Deutschlands älteste noch in Betrieb befindliche Standseilbahn. Es überwindet einen Höhenunterschied von 100 Metern bei einer Steigung von bis zu 36,2 Prozent. Eröffnet wurde die Anlage 1888 als Wasserballastbahn – die talwärts fahrende Kabine wurde mit 4.000 Litern Wasser befüllt, sodass sie die bergauf fahrende nach oben ziehen konnte. Ursprünglich zweigleisig wurde die Turmbergbahn 1966 umgebaut zu einer eingleisigen Bahn mit Ausweichstelle. Mit dem gelb-roten »Bähnle« kann man die Langsamkeit wiederentdecken, die man auf dem Turmberg selbst mit Wanderungen in fast alle Himmelsrichtungen fortsetzen kann. Oder man besucht den Waldseilgarten, lässt seine Kids auf dem Waldspielplatz toben, trinkt im *Schützenhaus* ein Bier und genießt die ersten oder letzten Sonnenstrahlen des Tages.

Mit den Sehenswürdigkeiten in Karlsruhe befassen sich ganze Reiseführer. Am Fuß des Turmbergs liegt der Stadtteil Durlach, der älteste der Fächerstadt, mit sehenswerter Karlsburg und Altstadt.

45

Delfinbrunnen im Schloss Ettlingen
Schlossplatz 3
76275 Ettlingen

Stadtinformation Ettlingen (im Schloss)
Hier gibt es Flyer mit Vorschlägen für einen Rundgang durch die Altstadt
07243 101380
www.ettlingen.de

EIN RÄTSELHAFTER BRUNNEN

Delfinbrunnen im Schloss Ettlingen

Ettlingen, die Nordwestpforte des Nordschwarzwalds, ist eine der schönsten Städte in Baden. Schon die Römer siedelten hier, aus dem Mittelalter, der Renaissance und der Barockzeit sind prächtige Gebäude erhalten, zuvorderst das Schloss. Während das Prunkstück, der Asamsaal, ein legendärer Konzertsaal für klassische Musik, nicht immer zugänglich ist, steht einem der Innenhof stets offen. Wer ihn betritt, staunt über die kunstvoll bemalte Fassade und entdeckt am linken Ostflügel schnell einen eigenwilligen, sandsteinroten Brunnen am Bergfried, dem ältesten Gebäudeteil aus dem 13. Jahrhundert.

Inmitten des roten Brunnens schlängelt sich ein wasserspeiender, güldener Delfin beziehungsweise ein Wesen, von dem der Schöpfer des Brunnens, Johannes Schoch, im Jahr 1612 glaubte, er ähnele einem solchen – Vorbild war wohl ein Wels. Ursprünglich befand sich der Brunnen am Westflügel, doch im Zuge der langwierigen Schlosserneuerung wurde er 1964 sorgsam abgebaut und an seinen jetzigen Standort versetzt. Das halbierte Achteck des Beckens ist reich verziert, über ihm sitzt ein geschweifter Giebel, in dessen Ornamenten Kunsthistoriker das beginnende Barock erkennen, während die Pfeiler in der Mitte dem strengeren Stilempfinden der Renaissance folgen. Über dem Brunnen ist das Doppelwappen Baden-Pfalz angebracht, das ursprünglich nichts mit dem Brunnen zu tun hatte, sondern einen Gewölbeschlussstein bildete. Bis ins Jahr 1979 war der prächtig rote Brunnen grau-weiß gestrichen – schwer vorstellbar, dass bis in diese Zeit das gesamte Schloss, ja die gesamte Altstadt in einem erbarmungswürdigen Zustand war. In einem außerordentlichen Kraftakt wurde damals alles saniert – mit europaweitem Vorbildcharakter wurden früh die Autos aus der Altstadt verbannt.

Kaum 500 Meter vom Schloss entfernt steht die barocke Martinskirche mit einem modernen Deckengemälde von Emil Wachter – samt Motorrad und Hochhäusern. Auf dem Weg dorthin ist auch das markante Rathaus sehenswert.

46

Alte Linde
Am Lindenbrunnen
76275 Ettlingen-Schluttenbach

FASZINIERENDE SENIORIN

Alte Linde in Schluttenbach

Sehr alte Lebewesen faszinieren immer. Doch wenn ein Baum über 1.000 Jahre alt ist, dann steht man mit besonderen Gefühlen vor ihm. Im Jahr 937 soll die Linde im Ettlinger Höhenstadtteil Schluttenbach gepflanzt worden sein. Doch Heimatforscher zweifeln dieses Alter an, denn Schluttenbach selbst wurde erst um 1200 gegründet. Im Jahr 937 wuchs hier wohl dichter Laubwald bestehend aus Rotbuchen und Eichen. Woher die Jahreszahl 937 kommt, weiß niemand mehr, die Überlieferung erfolgte von Generation zu Generation, mündlich. Fest steht, dass die gewaltige Sommerlinde in der Nähe des Dorfeingangs zu den ältesten Bäumen Deutschlands gehört.

Ein paar Meter unterhalb der Linde haben die Schluttenbacher an einer Quelle den Lindenbrunnen errichtet. Erwähnt wurde er erstmals 1485 im Schluttenbacher Dorfrecht. Es ist also zu vermuten, dass die Linde auch deshalb alle Dürreperioden überstanden hat, weil sie ebenfalls aus dieser Quelle ihre Wasserversorgung bezieht, wie überhaupt die Buntsandsteinschichten des Nordschwarzwalds gute Wasserspeicher sind.

Hätte der Baum Augen und Ohren, er hätte viel gesehen und gehört, auch wenn Schluttenbach ein eher beschaulicher und unauffälliger Ort ist. Die Linde selbst hatte einen schweren Schicksalsschlag zu verkraften, als bei einem Unwetter im Jahr 1867 ihre Krone vom Sturm abgerissen wurde. Die umliegenden Häuser wurden schwer beschädigt. Die Dorfbewohner gaben ihre Linde jedoch nicht auf und führten die verbliebenen Äste in die Höhe. Die Baumseniorin musste in den 1930er-Jahren mit Eisenringen stabilisiert werden, 1940 wurde ein Hohlraum im Stamm ausgemauert, die Steine wurden 1976 wieder entfernt. Fast menschlich mutet der Umgang mit der Linde an: Alle zwei Jahre reist ein bekannter Baumchirurg nach Schluttenbach und behandelt den greisen Baum, sei er nun rund 1.100 oder »nur« 900 Jahre alt.

Von Schluttenbach dem Wanderweg nach Ettlingen folgen. Er führt am Westhang der Schwarzwaldrandberge entlang mit weiter Aussicht in die Rheinebene. Oder umgekehrt ab Ettlingen-Horbachpark.

47

Toter-Mann-Stein
Startpunkt: S-Bahn-Haltestelle »Fischweier«
76359 Marxzell-Fischweier

Tourist-Information
Karlsruher Straße 2
76359 Marxzell
07248 91470
www.albtal-tourismus.de

GRENZSTEIN UND MEMENTO MORI

Toter-Mann-Stein bei Fischweier

Nur eine Viertelstunde zu Fuß unterwegs ist man von der S-Bahn-Haltestelle »Fischweier« der Albtalbahn. Man folgt dem Wanderschild »Toter-Mann-Stein«, irrt vielleicht noch ein wenig über die schmalen Waldpfade und erschrickt plötzlich: Eine mannsgroße Sandsteintafel zeigt ein Skelett, das eine Sanduhr und eine Sense in den Händen hält, darüber die Inschrift: »VON ALTTERS HER ZUM TOTTEN MANN WERDT ICH VON DER STAD ETTLINGEN GENANT«. Nun fängt die Fantasie an zu arbeiten, wie bei den Wissenschaftlern, die jahrzehntelang nach Erklärungen suchten. Überliefert ist die Mär von einem Mann, der vom Baum zu Tode stürzte, weil er ein Vogelnest ausraubte. Man überlegte weiter, ob der Stein ein Hinweis auf Bergbau sei, fand aber schnell heraus, dass aufgegebene, eingestürzte Bergwerke »Alter Mann« genannt wurden. Die wahre Erklärung ist banaler. In einer Grenzbeschreibung eines Lagerbuches der Stadt Ettlingen findet sich erstmals im Jahr 1461 ein »Toter Mann«. Es handelt sich also schlicht um einen recht außergewöhnlichen Grenzstein. Ein auf der Rückseite des Steins abgebildetes, heute nicht mehr vorhandenes, Wappen markierte den Ettlinger Waldbesitz, während der Schädel auf Schöllbronner Terrain blickt (heute ein Ettlinger Stadtteil).

Entstanden ist der Stein um 1570, das Original steht mittlerweile im Ettlinger Albgaumuseum, wo es vor weiterer Verwitterung geschützt ist. Spätere Lagerbücher legen nahe, dass der »Tote Mann« einst koloriert war. Der jetzige Stein bei Fischweier ist eine Nachbildung. Gemarkungen mit dem Namen »Toter Mann« sind nicht selten. Heute lassen sich an diesem etwas makabren Ort seltsame Erfahrungen machen. Während die Gedanken um dieses uralte »memento mori« kreisen, in dessen Nähe wohl schon die Römer ihrer Wege zogen, donnern mitunter Mountainbiker den steilen Waldweg hinab.

Circa 200 Meter von der S-Bahn-Haltestelle befindet sich in der Moosalbstraße der *Imbiss Fischweier* mit legendärer, weithin bekannter Currywurst. Kenner empfehlen, die »Spezial-Soße« zu wählen.

48

Fahrzeugmuseum Marxzell
Neuenbürger Straße 1
76359 Marxzell
www.fahrzeugmuseum-marxzell.de

Autos und viel mehr

Fahrzeugmuseum Marxzell

Vor dem Eingang blickt man zunächst »nur« in das Kanonenrohr eines angerosteten Panzers. Betritt man jedoch das Fahrzeugmuseum in Marxzell, wird man von der Fülle an Ausstellungsstücken schier erschlagen. Im letzten halben Jahrhundert hat Familie Reichert nämlich so ziemlich alles gesammelt. Historische Filmprojektoren, Erste-Hilfe-Kästen, Taschenlampen, Emaille-Werbeschilder, Schlüssel, Telefone, Parkuhren, Registrierkassen und vor allem: etwa 140 Automobile, 16 Feuerwehrautos, 70 Motorräder, 150 Fahrräder, 23 Traktoren, ja sogar einen Feuerwehrhubschrauber. Vermutlich 100.000 Exponate sind hier auf 3.600 Quadratmetern versammelt – es ist wohl Deutschlands größtes und engstes Technikmuseum.

Wer eine Ordnung oder didaktische Aufbereitung erwartet, wird enttäuscht. Hier und da findet sich mal ein improvisiertes Schild mit Informationen wie »Rolls-Royce, Phantom III, Bauj. 1936, 7340 ccm ca. 200 PS, Höchstgeschw. 150 Km, Erstbesitzerin: Queen Mary«. Ansonsten ist Staunen angesagt: Was es nicht alles gab, und was man nicht alles sammeln kann! Glanzlichter unter anderem: Ein Citroën von 1919, der erste Unimog oder ein Kettenfahrzeug, das 1931 den Himalaya durchquerte und nur noch in drei Exemplaren existiert. Entstanden ist das Museum im beschaulichen Albtal, weil die Stadt Karlsruhe, Geburtsort von Automobil-Erfinder Carl Benz, kein Interesse an der Sammlung hatte, berichtet Museumsgründer Bernhard Reichert in einem Videomitschnitt von 1981. Die kleine Gemeinde Marxzell sei die Urheimat von Carl Benz – sein Vater sei Lokomotivführer der ersten badischen Staatsbahn gewesen. Diese und viele andere Geschichten erfährt man in Kurzfilmen in einem historisch eingerichteten Kinoraum. Die Betreiber und Eigentümer Hubert und Wolfgang Reichert erzählen noch viele weitere Geschichten. In breitem Badisch, versteht sich.

Einige Male pro Jahr fährt ein historischer Dampfzug von Ettlingen durch das Albtal nach Bad Herrenalb: Nostalgie pur! Infos und Termine unter: www.historischer-dampfzug.de

49

Kloster Frauenalb
Klosterstraße
76359 Marxzell
www.klosterruine-frauenalb.landkreis-karlsruhe.de

Landgasthof König von Preußen
Klosterstraße 8
76359 Frauenalb
07248 1617
www.koenig-von-preussen.eu

Kloster, Lazarett, Fabrik

Kloster Frauenalb

Die beiden Türme der Westfassade der Ruine des Klosters Frauenalb dominieren über lange Strecken die Fahrt mit der S-Bahn oder mit dem Auto durch das Albtal. In der großen, stillen Ruinenanlage kann man sich regelrecht verlieren, etwa im Kreuzgang, von dem allerdings nur noch die Grundmauern vorhanden sind.

Die Historie des Frauenalber Gotteshauses ähnelt der anderer Klöster, doch interessant sind Details der Geschichte des Benediktinerinnen-Stifts. Berthold von Eberstein sei mit einigen Adligen auf der Jagd gewesen und habe dabei eine »gespenstische Erscheinung« gehabt, wird in einer Chronik berichtet, worauf er schlagartig ergraute und gelobte, eine Kirche zu bauen – das ist stark verkürzt der etwas skurrile Gründungsmythos des Klosters, datiert auf das Jahr 1134. Das Kloster wurde also errichtet und nahm (maximal) 30 adlige Nonnen auf. Die Anlage überstand sämtliche kriegerischen Auseinandersetzungen, wurde aber mehrfach umgebaut, zuletzt 1751 durch Peter Thumb, auf den auch die beiden Türme der Westfassade zurückgehen.

Die Pracht hatte mit der Säkularisation ein Ende. Für einige Jahre wurde das Kloster als Militärlazarett genutzt, danach verkaufte es die badische Regierung an mehrere Eigentümer und zersplitterte damit die Liegenschaft. In den Gebäuden wurden nun Fabriken untergebracht, in denen Mitte des 19. Jahrhunderts vier Brände ausbrachen und das Kloster mehr und mehr zerstörten, zuletzt 1853. Zeitweise wohnte der renommierte Chemiker Lambert Heinrich von Babo in den Abteigebäuden, sein Wappen ziert bis heute eines der erhaltenen Tore. Auch die Nazis nutzten die noch intakten Räumlichkeiten für Schulungen, und erst 1960 wurde eine Stiftung gegründet, die sich um den Erhalt des Klosters kümmert und einen kleinen Wanderweg, den Klosterpfad, eingerichtet und beschildert hat.

Der Marxzeller Ortsteil Frauenalb ist eine Ansammlung von wenigen Gebäuden. Nach dem Klosterbesuch lohnt die Einkehr ins Restaurant *König von Preußen* gegenüber.

50

Federbachbruch
Am Federbach
76461 Muggensturm
Informationen zur Route:
www.tourismus-bw.de

WEITHIN UNBEKANNTE IDYLLE

Federbachbruch

Otto-Normal-Radler mit einem Dreigangfahrrad haben es im Schwarzwald nicht leicht. Ihnen sei geholfen, denn am Rande des Nordschwarzwalds gibt es herrliche Radwege, fast eben in der Senke des Oberrheins. Das Radeln zwischen Ettlingen und Rastatt, vielleicht noch weiter nach Baden-Baden oder Offenburg, hat den Vorteil, dass man den Nordschwarzwald von unten bestaunen kann. Stille, versteckte Schönheiten warten darauf entdeckt zu werden zwischen all den Glanzlichtern in den vielen Städten und Orten, die man durchquert.

Wenige Kilometer nördlich von Rastatt liegt indes der schmucklose Ort mit dem kuriosen Namen Muggensturm. Auf dem Rad- und Fußweg nach Malsch entdeckt der Naturfreund den Federbachbruch, ein Moor- beziehungsweise Feuchtgebiet, das seit 1982 als Schutzgebiet ausgewiesen ist und rund 43 Hektar umfasst. Man sollte den Feldstecher mitnehmen, denn hier tummelt sich eine vielfältige Fauna. Naturschützer haben über 100 Vogelarten, 30 Schmetterlings- und elf Libellenarten gezählt, so etwa die Gebänderte Prachtlibelle, die ihrem Namen alle Ehre macht. Die beste Sicht hat man von einer Besucherplattform, die der NABU zusammen mit der Gemeinde angelegt hat.

Der Federbachbruch ist wie die Rheinauen ein Relikt der letzten Eiszeit, der sogenannten Kinzig-Murg-Rinne. Ohne den Schwarzwald, auf den man hier so wunderbar blickt, und die Tatsache, dass die Oberrheinebene aufgrund der Kontinentaldrift immer tiefer absinkt, bis in ferner Zukunft hier Meerwasser einfließen wird, wäre dieses weithin unbekannte Kleinod nicht denkbar. Das Fahrrad sollte man auf dieser kurzen Strecke also sehr langsam schieben. Eine Route findet sich im Netz unter der Suchanfrage: »Radtour von Malsch nach Bietigheim durch das Federbachbruch und entlang der Murg«.

Wer zwischen Ettlingen und Rastatt im Sommer unterwegs ist, möge Badesachen mitnehmen. Auf der Strecke reiht sich ein Baggersee an den anderen – stets im Blick die Hügel des Nordschwarzwaldes.

51

Moosbronn
Startpunkt für Spaziergang und Parkmöglichkeit:
Friedhof
L613/Herrenalber Straße
76571 Gaggenau-Freiolsheim

Stadt-Info im Rathaus
Hauptstraße 71
76571 Gaggenau
07225 962444
www.gaggenau.de

Postkartenidylle

Spaziergang durch Moosbronn

Wer im Schlafzimmer zur Welt kam, war Württemberger, wer sein Dasein in der guten Stube begann, Badener. So jedenfalls wurde die Landeszugehörigkeit in einem Haus unmittelbar neben der Moosbronner Wallfahrtskirche festgelegt. Das galt bis ins Jahr 1972, denn seitdem gehört die Ortschaft Moosbronn zu Gaggenau im Landkreis Rastatt, vorher war es geteilt, ein Teil war badisch, der andere württembergisch.

Moosbronn ist die Idylle schlechthin, vom Anblick her scheinbar im 19. Jahrhundert erstarrt. Das Dorf ist von Streuobstwiesen umgeben, auf denen stets Pferde oder Kühe grasen. Wer vom etwas oberhalb gelegenen Friedhof hinabwandert, blickt über diese Wiesen hinweg, das bauchig-spitze Türmchen der Kapelle überragt die Häuser, der dunkle Tannschachberg bildet den Hintergrund – kein Wunder, dass zahlreiche Maler diese Idylle als Motiv wählten und Postkarten den Schwarzwald hier als besonders typisch darstellen.

Dieses »Idealdorf«, durch den der *Historische Grenzweg* mit zahlreichen Grenzsteinen führt, verfügt über die bedeutendste Wallfahrtskirche des Nordschwarzwalds mit dem Namen *Maria Hilf*. Die Marienverehrung geht an diesem Ort zurück bis ins Jahr 1683. Der Legende nach geriet ein Knecht in den markanten und steilen Bergen um Moosbronn mit seinem Fuhrwerk in Not. Er betete zur Mutter Gottes, flehte »Maria hilf«, und schon ging es weiter auf dem Weg. Dankbar ließ er daraufhin eine Kapelle errichten, die 1749 durch die heute noch bestehende Wallfahrtskirche ersetzt wurde. Wem weniger christlich zumute ist, erfreut sich an der Gastronomie des Dorfes, an den Wanderwegen auf Bernstein und Mahlberg oder beobachtet die Drachenflieger der Fliegergemeinschaft *Althofdrachen e. V.*, gegründet 1981, eine der ältesten der Republik. Von Moosbronn aus blickt man direkt zur Startrampe am Tannschachberg.

Es lohnt eine Wanderung von Moosbronn auf den Mahlberg (613 Meter), den höchsten Berg des Landkreises Karlsruhe. Von seinem Aussichtsturm hat man einen herrlichen und weiten Ausblick. Der Weg ist beschildert.

52

Unimog-Museum
An der B462/Ausfahrt
Schloss Rotenfels
76571 Gaggenau
07225 981310
www.unimog-museum.com

Rotherma
Kurgesellschaft Bad Rotenfels
Badstraße 9
76571 Gaggenau
07225 97880
www.rotherma.de

Kultfahrzeug und Mythos

Unimog-Museum

Auch das gibt es im Nordschwarzwald: ein Unimog-Museum, ein Lieblingsort für Autofreaks aller Generationen. In Gaggenau, wo die Firma Daimler-Benz ansässig ist, wurden von 1951 bis 2002 immerhin rund 320.000 Unimog-Modelle produziert, eines der Kultfahrzeuge schlechthin. Der »allradbetriebene Geräteträger« war universell einsatzfähig, so bei der Getreideernte, bei der Bundeswehr, als Schneefräse oder als Zugfahrzeug auf Schienen (!).

Als die Fertigung nach Rheinland-Pfalz verlegt wurde, kam man schnell auf die Idee, dem legendären Fahrzeug und seiner Geschichte ein Museum zu widmen. In dem markanten Gebäude sind nicht nur die verschiedenen Modelle didaktisch aufbereitet zu sehen. Im Außengelände sind sogar Schienen verlegt, um den sogenannten »Zwei-Wege-Einsatz« zu demonstrieren. Auch eine »Alttypenberatung« wird angeboten, in der Eigentümer lang gedienter Unimogs erfahren, wie sie an Ersatzteile kommen. Mehr noch: In einem recht anspruchsvollen Parcours kann man sich buchstäblich über Stock und Stein und allerlei Hindernisse kutschieren lassen oder gleich selbst ein Fahrtraining absolvieren.

Fahrzeuge, Fahrzeugteile, Schnittmodelle, Bilder, Filme – das Universalfahrzeug ist vom Prototypen bis zu den neuesten Modellen erlebbar. Selbst der Frage nach der Zukunft des Dieselfahrzeugs wird nachgegangen. Das barrierefreie Museum bietet ein spezielles Kinderprogramm und ist sogar für Automuffel interessant, ist es doch gleichzeitig eine Erinnerungsstätte zur Zeitgeschichte ab 1945, zu Wirtschafts- und Arbeitsleben. Schon allein das 2006 eröffnete Ausstellungsgebäude ist sehenswert mit seiner auffälligen Holzfassade aus heimischen Hölzern. Entsprechend wurde es mit einem renommierten Architekturpreis ausgezeichnet.

Wer etwas frische Luft genießen möchte, spaziere zum Schloss Rotenfels, ein schmucker Weinbrenner-Bau, und weiter zum Kurpark Bad Rotenfels. Empfehlenswert auch das Thermalbad *Rotherma*.

58

Schloss Favorite Rastatt
Am Schloss Favorite
76437 Rastatt-Förch
07222 41207
www.schloss-favorite-rastatt.de

Residenzschloss Rastatt
Herrenstraße 18–20
76437 Rastatt
07222 978385
www.schloss-rastatt.de

Lustschloss der Markgräfin

Schloss Favorite bei Förch

Schloss Favorite bei Rastatt ist in jeder Hinsicht besonders. Das prächtigste Schloss im Nordschwarzwald hatte, untypisch für diese Zeit, eine Bauherrin: Sibylla Augusta von Baden-Baden (1675–1733), Witwe des Markgrafen Ludwig Wilhelm, der als »Türkenlouis« in die Geschichte einging. Das barocke Gesamtkunstwerk samt umfangreicher Gartenanlage, Teich, Wasserspielen, Orangerien und Eremitage diente nicht der Herrschaft, sondern allein ihrem Vergnügen und der Geselligkeit. Das älteste deutsche Porzellanschloss, erbaut 1710 bis 1730 von Johann Michael Ludwig Rohrer, beherbergt umfangreiche Sammlungen von chinesischem Porzellan und illustriert die Vernarrtheit des damaligen Adels in asiatische Kunst.

Die Innenräume sind an Pracht kaum zu überbieten. Ein Gartensaal reicht durch alle Stockwerke und wird von einer Kuppel überwölbt, alle kunsthandwerklichen Fertigkeiten kamen zum Einsatz – Stuckmarmor, Stuckdecken, Fresken, Fayencefliesen. Die Wände des Florentiner Kabinetts sind mit 758 Bildtafeln verziert, teils in kostspieligen Steineinlegetechniken. Obwohl das Volk darbte, genoss Sibylla Augusta – nach dem Tod des Gatten war sie 1707 bis 1727 Markgräfin – außerordentliche Beliebtheit. Heute flaniert man staunend durch den Prunk, der nur mit den bayerischen Königsschlössern vergleichbar ist. Bemerkenswert, dass alle Exponate, Kunstwerke wie Interieur, in ihrem ursprünglichen Kontext zu sehen sind.

Die Gartenanlage wurde lange nach dem Tod Sibylla Augustas in einen Landschaftsgarten umgestaltet mit Wiesen, Teichen und Bächen. Die Markgräfin ließ im Fasanenwäldchen noch Wild in Brut- und Futterhäusern züchten und ging jagen. Daneben war sie auch verantwortlich für den Bau des Ettlinger Schlosses und der Rastatter Schlosskirche, was ihre Bedeutung als Regentin unterstreicht.

Im Stadtzentrum vom Rastatt wurde 1701/02 das erste Barockschloss am Oberrhein nach Versailler Vorbild errichtet. Es beherbergt heute unter anderem das Wehrgeschichtliche Museum.

54

Casino Baden-Baden
Kaiserallee 1 (im Kurhaus)
76530 Baden-Baden
07221 30240
www.casino-baden-baden.de
www.kurhaus-badenbaden.de

Schönste Spielbank der Welt

Casino Baden-Baden

Es war Marlene Dietrich, die das Casino Baden-Baden »die schönste Spielbank« der Welt nannte. In der Tat: Man kommt hier aus dem Staunen nicht mehr heraus. Im Kurhaus reiht sich ein prunkvoller Raum an den nächsten, vom barocken Spielsaal, der Madame Pompadour gewidmet ist, über einen düster-gemütlichen Clubraum bis hin zum lichten und großzügigen Wintergarten des Restaurants. Im Gegensatz zu anderen Casinos wird in Baden-Baden nicht nur gespielt und gezockt. Für einen relativ geringen Eintritt kann man dort auch speisen, Lesungen besuchen, einfach Kaffee trinken oder die schönen und reichen Menschen beim Spielen beobachten. Mal findet ein klassisches Konzert statt, mal ein Jazzabend. Wer übrigens nachlässig gekleidet ist und ohne Sakko, dafür aber mit Turnschuhen vor den Türsteher tritt, wird abgewiesen. In Baden-Baden wird Wert auf Stil gelegt! In die Geschichtsbücher gingen die Besuche Tolstois und Dostojewskis ein, die in einem Fiasko endeten – für die Dichter, nicht für die Spielbank.

Die Wurzeln des Glücksspiels in der Kurstadt reichen zurück bis ins Jahr 1801, als in einigen Hotels gepokert und gezockt wurde. 1824 entstand der Weinbrennerbau des heutigen Kurhauses, in dessen rechtem Flügel das Casino beheimatet ist. Glanzzeiten hatte das Casino viele, insbesondere in den Jahren zwischen 1838 und 1872, als der Pariser Spielbankpächter Jacques Bénazet und sein Sohn das Casino Baden-Baden betrieben. 1855 weihte Edouard Bénazet die von Pariser Innenarchitekten und Künstlern gestalteten Spielsäle im Kurhaus ein: den Wintergarten, den Roten Saal, den Florentiner Saal und den Salon Pompadour. Pausieren musste das legale Glücksspiel im Deutschen Reich von 1872 bis 1933. Von 1944 bis 1950 war das Casino ebenfalls geschlossen. Heute gehört die prachtvolle Spielstätte dem Land Baden-Württemberg.

Baden-Baden lädt immer zum Flanieren ein! Ganz besonders lohnt sich das Areal rund um das Casino, vor allem das historische Kurhaus samt Trinkhalle, entworfen von Friedrich Weinbrenner, erbaut 1766.

55

Museum Frieder Burda
Lichtentaler Allee 8 B
76530 Baden-Baden
07221 398980
www.museum-frieder-burda.de

MUSEUM FRIEDER BURDA

ARCHITEKTUR FÜR DIE EWIGKEIT

Museum Frieder Burda

Das Museum Frieder Burda ist ein Bau der architektonischen Extraklasse. Kaum betritt man das großzügige, offene und lichte Gebäude, ist man entzückt von der eleganten Linienführung des Architekten. Mit jedem Schritt erblickt man neue Parallelen, goldene Schnitte, Schattenspiele der Mauern, Säulen und begehbare Rampen, besonders eindrücklich vormittags bei tiefstehender Sonne. Der Kunstsammler und Mäzen Frieder Burda hat mit Richard Meier einen Architekten ausgewählt, der ihm ein Denkmal für die Ewigkeit schuf. Eröffnet wurde der markante Bau 2004. Seitdem sind hier nicht nur die Werke aus der Sammlung zeitgenössischer Kunst des Stifters zu sehen, sondern vor allem spektakuläre, jährlich wechselnde Sonderausstellungen mit Werken aus aller Welt. Furore machten unter anderem *Chagall in neuem Licht* oder *Emil Nolde – Die Pracht der Farben* sowie die weltweit erste Präsentation des geschredderten Bildes *Love is in the Bin* von Banksy im Jahr 2019.

Frieder Burdas eigene, etwa 1.000 Exponate umfassende Sammlung, gehört zu den bedeutendsten Privatsammlungen in Deutschland. Sie enthält Gemälde von Pablo Picasso über Gerhard Richter bis hin zu Markus Lüpertz und Skulpturen von Wilhelm Lehmbruck bis Stephan Balkenhol, die wechselnd präsentiert werden. Es ist kein allzu großes Museum, das traumhaft in der weltberühmten Lichtentaler Allee angesiedelt und durch eine gläserne Brücke verbunden ist mit der benachbarten Kunsthalle Baden-Baden. Nach dem Kunst- und Architekturgenuss kann man ein wenig draußen flanieren, das Gebäude von außen inspizieren, zurückkehren und weiter staunen, denn das private Museum ist didaktisch erstklassig und besucherfreundlicher als die meisten Häuser in öffentlicher Hand.

Neben der benachbarten Kunsthalle sollte man dringend einen Spaziergang durch die weltberühmte Lichtentaler Allee einplanen, ein Traum vor allem im Frühling zur Zeit der Krokusblüte.

56

Battert-Felsen beim Alten Schloss Hohenbaden
Alter Schloßweg 10
76532 Baden-Baden
www.altes-schlosshohen-baden.de

Tourist-Information
Schwarzwaldstraße 52
(an der B500)
76532 Baden-Baden
07221 275200
www.baden-baden.com

ELDORADO FÜR KLETTERER

Battert-Felsen

Kaum höher als ein senkrecht gestellter Bus, aber weltberühmt sind die Kletterfelsen des Battert. Auch die Höhe gemessen vom Meeresspiegel ist mit 568 Metern nicht überragend. Doch an den 15 bis 60 Meter hohen Felsen lernten Größen des Alpinismus den Umgang mit Seil und Haken, mehr noch, sie eröffneten Routen vom zweiten bis zum neunten Schwierigkeitsgrad.

Als schon die meisten Viertausender der Alpen erstbestiegen waren, wurden im Jahr 1885 die ersten Battert-Wände durchstiegen, selbst schwierigste Felsnadeln im Montblanc-Gebiet waren zu diesem Zeitpunkt schon »geknackt«. Kurt Jägel, Reinhard Karl und andere legendäre Bergsteiger eröffneten bis in die 1960er-Jahre am Battert neue Routen. Auch heutige Größen wie Gerlinde Kaltenbrunner hinterließen hier ihre Spuren. Tragisch die Geschichte von Toni Kinshofer, dem Wintererstbesteiger der Eigernordwand und Bezwinger der Diamir-Flanke des Nanga Parbat, mit über 4.000 Metern eine der größten Bergwände der Erde: An diesen bescheidenen Felsen des Battert stürzte er 1964 zu Tode. Die insgesamt 400 Routen des Klettergebiets sind also nichts für Hobbykraxler. Diese umrunden die weithin sichtbaren Sandsteintürme am besten ehrfürchtig, beobachten und bewundern die Profis und halten sich an die Wanderwege: Der Rundweg ist 2,8 Kilometer lang und gilt wegen der steinigen Pfade nicht gerade als »leicht«.

Über 250 Millionen Jahre alt sind die Sandsteinformationen, die knapp 35 Hektar große Fläche ist Naturschutzgebiet. Neben waghalsigen Kletterern gibt es vieles zu entdecken: In den Blockhalden am Fuß der Felsen tummeln sich seltene Insekten und Reptilien, in luftiger Höhe kreisen Kolkraben und Wanderfalken, am westlichen Abhang lohnt ein Abstecher zum Alten Schloss Hohenbaden, das 1599 abbrannte und zuvor Residenz der Markgrafen von Baden und Namensgeber des Landesteiles war.

Pflicht bei einem Besuch der Kurstadt Baden-Baden sind die weltberühmten Bäder: Caracalla-Therme, Augusta- und Friedrichsbad. Schon 200 nach Christus genossen die Römer das bis zu 68 Grad warme Quellwasser.

57

Merkur
Startpunkt für einen Spaziergang: Merkurbergbahn Talstation
Merkuriusberg 2
76530 Baden-Baden
www.stadtwerke-baden-baden.de

Fabergé Museum Baden-Baden
Sophienstraße 30
76530 Baden-Baden
07221 970890
www.faberge-museum.de

STANDSEILBAHN MIT FLAIR

Hausberg Merkur

Einen, nein: gleich zwei ungewöhnliche Namen trägt der Baden-Badener Hausberg Merkur (668 Meter). Der wohlgeformte, weithin sichtbare Kegel wird auch Großer Staufenberg genannt: Gemeint ist damit nicht etwa ein Adliger mit gleichem Namen, vielmehr ist ein »Stauf« ein umgekehrter Trinkbecher, während »Merkur« auf den altrömischen Gott des Handels und Gewerbes Mercurius zurückgeht. Der Merkur ist einer der interessantesten Gipfel des Nordschwarzwalds und reich an Attraktionen, zuvorderst die Standseilbahn aus dem Jahr 1913, eine der längsten Deutschlands: Auf knapp 1.200 Metern Fahrstrecke überwindet sie von Baden-Baden aus 370 Höhenmeter.

Auf dem Gipfel des Großen Staufenbergs finden sich eine Wiese samt Liegestühlen, ein Grill- sowie ein Spielplatz mit Riesenrutsche. Nicht zu vergessen der Aussichtsturm und ein historischer Votivstein zu Ehren des römischen Mercurius. Zu Kurzwecken sind sogenannte »Terrainkurwege« unterschiedlicher Länge und Steigung angelegt, die natürlich nicht nur von den Gästen der Kurstadt genutzt werden können. Eine dieser Routen führt zu einem Wildgehege am Fuß des beliebten Berges, in welchem Rot-, Dam- und Muffelwild lebt.

2012 wurden am Gipfel *Merkurs Würfel* installiert. Der kleine geologische Lehrpfad ist ein sehr gelungener und informativer Rundgang, konzipiert von dem Stuttgarter Grafiker Bernd Schuler. Die steinernen Info-Würfel illustrieren, dass während der Erdgeschichte nahezu alle existierenden Gesteinsarten in der Gegend von Baden-Baden sozusagen durcheinandergewürfelt wurden.

Der Merkur ist über verschiedene Wanderwege erreichbar. An der Verbindungsstraße zwischen Baden-Baden und Gernsbach dient etwa der Parkplatz Wolfsschlucht als Ausgangspunkt, von der Kurstadt selbst führt eine Route über den Battert zum Gipfel.

Neben Würfeln gibt es in Baden-Baden Eier! Im Fabergé Museum, das sich der Kunst des russischen Zarenjuweliers Peter Carl Fabergé widmet, sind unter anderem dessen berühmte Eier zu sehen.

58

Wolfsschlucht
Startpunkt: Waldparkplatz
Rotenbachtalstraße
76532 Baden-Baden/
Ebersteinburg

Tourist-Information in den Kurhaus-Kolonnaden
Kaiserallee 1
76530 Baden-Baden
07221 275200
www.baden-baden.com

INSPIRATION FÜR EINE OPER?

Verbrannte Felsen und Wolfsschlucht bei Ebersteinburg

Es gibt nur sehr wenige Stellen im Nordschwarzwald, wo man als Wanderer schwindelfrei sein sollte, zumal die meisten Felsformationen Kletterern vorbehalten sind. Auf den Verbrannten Felsen in der Nähe von Baden-Baden besteht sogar Absturzgefahr. Der Weg dorthin ist jedenfalls spektakulär. Er führt vom Wanderparkplatz am Rand des Baden-Badener Ortsteils Ebersteinburg durch die eindrückliche Wolfsschlucht über einen schmalen Pfad im Wald bis zum höchsten Punkt, auf dem eine Hütte steht. Wer noch einige Schritte weitergeht bis zum Gipfelkreuz, muss aufpassen und über sehr schmale, je nach Wetter glitschige Felsen, steigen. Links und rechts geht es senkrecht 30 Meter in die Tiefe. Von hier eröffnet sich eine Sicht ins vordere Murgtal hinweg über die Rheinebene bis zu den Pfälzer Bergen, an ganz klaren Tagen sogar bis zur Skyline von Frankfurt und dem Hochtaunus.

Verbrannte Felsen, Battert und Wolfsschlucht gehören zu einzigartigen geologischen Formationen aus verschiedenen Sandsteinen und vulkanischen Porphyr-Konglomeraten. Die sogenannte Verkieselung hat diese imposanten Felsen geschaffen. Hier soll Carl Maria von Weber für seine Oper *Der Freischütz* inspiriert worden sein, als er 1810 bei einem seiner vielen Besuche in der Kurstadt in der Umgebung wanderte. Das ist allerdings nicht verbürgt, zumal der Name Wolfsschlucht erst später an diese Klamm vergeben wurde. Die Verbrannten Felsen liegen auf dem Premiumwanderweg *Murgleiter* und sind ein Muss für Naturromantiker. Es gibt noch eine kurze, zehn Kilometer lange Route, den Ebersteinburg-Rundweg, der an der Burgruine Alt Eberstein und vielen Naturdenkmälern vorbeiführt. Trotz der Kürze der Strecke sollte man diese Ecke des Nordschwarzwalds in einer Tagestour erkunden.

Ganz in der Nähe ist die um 1100 erbaute Ebersteinburg zu besichtigen. Es stehen noch der Bergfried und eine Schildmauer. Auch die sagenumwobenen Felsen Engels- und Teufelskanzel können besucht werden.

59

Yburg
Burgruine 1
76534 Baden-Baden/
Varnhalt
07221 4035690
(Restaurant)
www.yburg.net

Hoch über den Weinbergen Badens

Yburg bei Varnhalt

Viele Wege führen zur Yburg. Natürlich kann man die Autostraße über den Baden-Badener Ortsteil Varnhalt nehmen, doch viel schöner sind die zahlreichen Wanderwege durch die Weinberge rund um die historische Anlage. Von dort genießt man einen Postkartenblick zur Burg, traumhaft schön vor allem im Herbst.

Die Yburg thront auf dem Porphyr-Kegel des Ybergs (515 Meter), einem vor über 250 Millionen Jahren erloschenen Vulkan. Der erste Bergfried und eine Ringmauer wurden wohl um 1200 errichtet und hielten gerade mal 45 Jahre. Damals hatten die Markgrafen von Baden die Burg als Reichslehen, im Laufe der wechselvollen Geschichte wurde sie dreimal zerstört und wiederaufgebaut, zuletzt im Pfälzischen Erbfolgekrieg 1689. Mit ersten Restaurierungsarbeiten wurde 200 Jahre später begonnen. Heute ist einzig der Westturm noch so gut erhalten, dass er begehbar ist, der östliche Turm wurde mehrfach von Blitzschlägen lädiert, zuletzt 1987.

Seit 1892 kann man auf der Yburg in einer Gaststätte Einkehr halten, im großen Innenhof finden häufig literarische und musikalische Veranstaltungen statt. Das Baden-Badener Forstamt hat in den letzten Jahren dafür gesorgt, dass die Yburg auch schon von Weitem, sogar von der Rheintalautobahn A5, sichtbar ist und die hohen Nadelbäume gefällt. Man wollte zudem die Umgebung der Burg dem historischen Waldbild eines »Niederwaldes« näher bringen, der sich aus Eichen, Kastanien, Spitzahornen und Ulmen zusammensetzt. Es lohnt sich, den 20 Meter hohen Aussichtsturm zu besteigen und über den Wald hinwegzublicken, denn so prächtig die Anlage über den Weinbergen thront, so schön sind diese von oben anzusehen. Namensgebend für den Yberg und die Yburg waren übrigens die Eiben, welche in historischen Zeiten den Wald rund um das Bauwerk durchsetzten.

Im Ortsteil Varnhalt (Klosterbergstraße 80) ist ein Miniatur-Schwarzwalddorf mit Modelleisenbahn zu besichtigen, das liebevoll an eine Felswand gebaut wurde. Geöffnet: Mitte April bis Mitte November.

60

Geroldsauer Wasserfall
Startpunkt: Wanderparkplatz Geroldsauer Wasserfall
Schwarzwaldhochstraße B500
76534 Baden-Baden/Geroldsau

Waldschänke Schwanenwasen
Schwarzwaldhochstraße B500
Hirschbachstraße 49
77830 Bühlertal
www.waldschaenke-schwanenwasen.de

EIN GEMÄLDE MACHTE IHN BERÜHMT

Geroldsauer Wasserfall

Wildromantisch und leicht erreichbar ist der Geroldsauer Wasserfall. Er ist für die Landschaft des Nordschwarzwalds typisch: Der Grobbach plätschert mal lieblich, mal wild durch Sandsteingeröll und über Granitblöcke. Der Wanderweg führt an steilen Felsen vorbei, ausgehend übrigens vom Parkplatz Wannacker ganz zu Beginn der Schwarzwaldhochstraße südlich des Baden-Badener Ortsteils Geroldsau. Im Sommer umgibt den Bach das satte Grün der Mischwälder, im Frühling leuchten dazwischen unzählige Blüten riesiger Rhododendren, gepflanzt bereits im 19. Jahrhundert. Geologen und Naturschützern gelten die Wasserfälle und ihre Umgebung als besonders schutzwürdig. Empfohlen sei der etwa drei Kilometer lange Rundweg ab dem Parkplatz, ein Flusspfad mit geringen Steigungen über Stege, Hängebrücken und einige Felsen. Längere Routen sind am Parkplatz einer Schautafel zu entnehmen.

Heute wird der Geroldsauer Wasserfall von Tausenden Touristen zu allen Jahreszeiten besucht. Gleich am Anfang erinnert an einem Brunnen ein Schild daran, dass der Wasserfall auch Prominente und Künstler angezogen hat. An jenem Brunnen trafen sich Johannes Brahms und Clara Schumann, um zu rasten. Der Maler Gustave Courbet ließ sich gar zu dem 1844 entstandenen Bild *Landschaft mit Wasserfall* inspirieren, das offensichtlich die Geroldsauer Kaskade zeigt. Ganze neun Meter ist der dank Courbet in der Kunstwelt berühmt gewordene Wasserfall hoch. Früher wurde er »Große Bütte« genannt, was »Zuber« bedeutet und den Felsenkessel meint, in den er sich ergießt. Von diesem Namen zeugt noch der nahegelegene *Bütthof*, in den einzukehren sich empfiehlt und dessen Geschichte bis ins 18. Jahrhundert zurückreicht. Damals brachten Gesellschaftswagen zweimal täglich Sommerfrischler zum kühlsten Ausflugsort Baden-Badens.

Etwa 7,5 Kilometer weiter südlich auf der B500 befindet sich die besonders bei Motorradfahrern beliebte Waldschänke Schwanenwasen. Spezialität: Hausgemachte Kuchen und Torten.

61

Weingut Schloss Neuweier
Mauerbergstraße 21
76534 Baden-Baden/
Neuweier
07223 96670
www.schloss-neuweier.de

BADISCHE WEINE SIND WELTSPITZE

Weingut Schloss Neuweier

Als einziges Weinbaugebiet Deutschlands gehört Baden zur europäischen Weinbauzone »B«. In dieser »Liga« spielen die französischen Weine, außerdem die Weine, die rund um den Baden-Badener Ortsteil Neuweier angebaut werden. Nirgends sind die Weinberge schöner als hier, und am allerschönsten gelegen ist das Weingut Schloss Neuweier, eine der wenigen erhaltenen Niederungsburgen in Baden. Der Önologe und Winzer Robert Schätzle residiert heute unterhalb der Steillage des Mauerbergs und keltert in dem 750 Jahre alten Weingut Spitzenweine, zuvorderst (80 Prozent) Rieslinge, die als elegant, mineralisch, mit einer angenehmen Säure, gar als leicht salzig beschrieben werden. Zwölf Prozent der Rebflächen machen Spätburgunder aus, ein ebenfalls mineralischer, dunkler und kräftiger Wein. Die Jahresproduktion beträgt etwa 80.000 Flaschen.

Nach einer Wanderung durch die Weinberge rund um Neuweier mit Sicht auf die Yburg und ins Rheintal bis zu den Vogesen, gibt es kaum etwas Schöneres, als im Hof des Schlosses die Weine der Winzerfamilie Schätzle zu genießen. Der Blick geht nun zum Renaissance-Schloss, dessen neuer Glanz dem Ehepaar Joos zu verdanken ist. Sie haben das heruntergekommene Kleinod kurz vor dem Jahrtausendwechsel vor dem Abriss gerettet und gründlich saniert. Ein Glück, denn seine Geschichte reicht zurück bis ins 13. Jahrhundert als eine wehrfähige Wasserburg der Herren von Bach, die mit dem Weinbau begannen. Nach dem Dreißigjährigen Krieg kaufte Familie Knebel von Katzenelnbogen das Schloss, brachte den Bocksbeutel aus ihrer fränkischen Heimat nach Baden und außerdem neue Rebsorten mit. Heute ist das Hauptgebäude von Familie Schätzle bewohnt. Schloss Neuweier steht neben exquisiten Weinen auch für beste Gastronomie: Das Restaurant erhielt 2007 einen Michelin-Stern.

Die von den Gemeinden Steinweg, Varnhalt und Neuweier bebaute Rebfläche gehört mit 325 Hektar zu den größten geschlossenen Weinanbaugebieten Deutschlands. Auch ein Besuch bei anderen Weingütern empfiehlt sich.

62

Bergsee
Eichenweg
76547 Sinzheim

Haus am See
Eichenweg 38
76547 Sinzheim
07221 1858790
www.hausamsee-sinzheim.de

TULLA, TATORT, RHYOLIT

Bergsee

Es ist ein oft düsterer, fast mystischer Ort: der namenlose Bergsee bei Sinzheim-Vormberg am Westhang des Fremersbergs, nicht zu verwechseln mit dem Waldenecksee ein paar Kilometer weiter unterhalb der Yburg. Meist ist man dort allein, der Ortsteil wird wenig besucht, auch wenn dort Wanderwege durch Mischwald angelegt sind, die herrliche Ausblicke in die Rheinebene bieten. Der Bergsee ist ein 200 Meter langes und bis zu 75 Meter breites künstliches Gewässer mit einer illustren Geschichte. Er ist in einem Halbrund umschlossen von steilen, rotbraunen Felswänden vulkanischen Ursprungs, in einer klafft ein riesiges Loch.

Die Hintergründe sind schnell erzählt. Die Rheinbegradiger unter ihrem Chef Johann Gottfried Tulla brauchten ab 1820 reichlich Steine für die Uferdämme. Diese wurden um die Jahrhundertwende hier am Fremersberg abgebaut. Bis zu 60 Mann malochten hier und türmten riesige Abraumhalden auf. Nach heftigen Regenfällen setzten sich diese im Jahr 1914 in Bewegung, rutschten ab und zerstörten im Laufe von vier Tagen die Häuser von 17 Familien, die ins benachbarte Sinzheim übersiedeln mussten. Zu Schaden kam niemand, denn die Tonschicht unter den riesigen Abraumhalden setzte sich langsam in Bewegung. Zähneknirschend musste der Eigner des Steinbruchs, der badische Staat, den Familien neue Häuser errichten. Bis zu 25.000 Kubikmeter beinharter Rhyolit wurden hier bis ins Jahr 1968 abgebaut, nach Tullas Zeit wurde das Gestein als Straßenschotter verwendet.

Der See ist bis zum Ufer zugänglich, dann aber wegen der Steilwände eingezäunt, Baden ist verboten. Genutzt wird er dennoch, und zwar vom örtlichen Angelsportverein. Bekannt wurde der See dadurch, dass er dem Südwestrundfunk, der ganz in der Nähe residiert, immer wieder als Drehort diente, etwa für diverse *Tatort*-Folgen. Am schönsten ist es hier an lauen Sommerabenden, wenn die Wände sonnenbeschienen sind.

Unweit des Sees findet sich eine Mariengrotte mit reichlich, zum Teil skurrilen Devotionalien. Für gläubige Menschen ist es ein Ort der Besinnung und des Gebets. Direkt am See liegt das Hotel *Haus am See*.

63

Klauskirchl
Hauptstraße 11
77855 Achern

Tourist-Information
Rathaus Am Markt
Rathausplatz 1
77855 Achern
07841 6421900
www.achern.de

DIE RAKETE AN DER BUNDESSTRASSE

Klauskirchl

Es steht da wie von einem anderen Planeten. Mit etwas Fantasie erinnert der Turm gar an eine Rakete. Dabei handelt es sich um das älteste Gebäude Acherns, im Volksmund liebevoll *Klauskirchl* genannt. Wer an der viel befahrenen Bundesstraße 3 die Nikolaus-Kapelle passiert, dem springt der kleine Sandsteinbau regelrecht ins Auge. Ein erstes Gotteshaus befand sich nach neueren Untersuchungen schon im 8. Jahrhundert an dieser Stelle, das älteste erhaltene Mauerwerk stammt aus der Zeit nach 1100, zahlreiche Umbauten folgten, die erste 1270. Der Grundriss hat sich seit der Erbauung nicht geändert.

Es ist naheliegend, dass die Kirche bereits in früher Zeit ihren Namen trug, denn die Acher trat auch damals oft über die Ufer, überschwemmte die Stadt und riss Brücken und Stege mit. Der heilige Nikolaus wurde deshalb als Schutzheiliger gewählt, nachweislich seit 1559. Genutzt hat es nicht viel. Seit dem 16. Jahrhundert sind regelmäßig katastrophale Hochwasser überliefert, zuletzt zur Jahreswende 1947/48. Mehr noch, 1601 zerstörte ein Erdbeben die Kirche fast vollständig, sie wurde aber wiederaufgebaut. Die letzte Renovierung wurde 1973/74 vorgenommen, das gotische Kirchlein erhielt unter anderem eine Heizung.

In und um Achern erzählt man sich, dass 1675 die Eingeweide des französischen Marschalls Turenne, einer der bedeutendsten Krieger seiner Zeit, in der Kapelle beigesetzt worden seien. Er war am 27. Juli in der Schlacht bei Sasbach gegen den kaiserlichen General Montecuccoli gefallen. Im 19. Jahrhundert wollte es eine französische Regierung genau wissen und stellte Nachforschungen an – ohne Erfolg. Kein Wunder, denn die Sage berichtet weiter, dass die Bewohner der Nachbarschaft den Kupferkessel mit den sterblichen Überresten des Helden wieder ausgegraben haben.

Auskunft zu den Führungen (März bis Oktober), auch zu den anderen Sehenswürdigkeiten Acherns, erteilt die Tourist-Information am Rathausplatz.

64

Waldfriedhof Illenau
Hornisgrindestraße (L86)
zwischen 77885 Achern
und Sasbach

Illenau Arkaden Museum
Illenauer Allee 75
77855 Achern
07841 6709224
www.illenau-arkaden.de

EIN ORT DER STILLE

Waldfriedhof Illenau

Es ist wohl einer der schönsten Friedhöfe der Republik und einer der traurigsten. Auf dem Waldfriedhof Illenau am Westhang der Hornisgrinde ruhen fast 2.500 Gebeine von ehemaligen Patienten, Ärzten und Pflegern der »Irrenanstalt« Illenau, die gut einen Kilometer westlich liegt am Ortseingang von Achern. 1831 beschloss die großherzogliche badische Regierung hier eine vorbildliche Heilanstalt einzurichten, »eine mütterliche Zufluchtsstätte«. Tatsächlich fungierte die Anstalt als damals modernste Klinik für psychisch Kranke, einige der Ärzte galten als frühe Psychotherapeuten, Dr. Karl Hergt etwa wurde »Genie der Humanität« genannt.

Die Nazis räumten die Klinik 1940 und brachten darin NS-Schulen unter – die Insassen wurden in Konzentrationslagern ermordet: mindestens 254 Patienten. Die Grabmale erzählen die Geschichte derer, die Linderung und Heilung fanden. Sie sind vermoost und teilweise zugewachsen, Wind und Wetter haben den Steinen im Laufe der vielen Jahrzehnte zugesetzt. Die Anlage mit ihren zum Teil seltenen Bäumen steht unter Denkmalschutz. Es ist ein Ort der Stille und Meditation, ein kleiner Wanderweg mit einem Dutzend Gedenktafeln führt vom Friedhof zur ehemaligen Klinik, in der heute unter anderem ein Museum und Teile der Stadtverwaltung untergebracht sind.

Der Volksschriftsteller Heinrich Hansjakob hat der Illenau ein literarisches Denkmal gesetzt. Er schrieb: »Am Fuß der höchsten Bergwand im nördlichen Schwarzwald, hat die badische Regierung eine Musteranstalt für Geisteskranke und Nervenleidende errichtet … Und seit 50 Jahren haben viele Tausende der Unglücklichsten aus allen Ländern Europas hier alles gefunden, was christliche Liebe und menschliche Kunst ihnen bieten konnte. Ärzte und Kranke von überall her … trugen deren Ruhm in die Welt hinaus.«

In der ehemaligen Heilanstalt ist das Illenau-Arkaden-Museum untergebracht, das deren Geschichte, die Entwicklung der Psychiatrie und die Verbrechen der Nazi-Zeit zeigt.

65
Simplicissimus-Haus
Hauptstraße 57
77871 Renchen
07843 70742 (Führungen)
www.simplicissimushaus.de
SIMPLICISSIMUS-HAUS

Der »Simpl« und die Künstler

Simplicissimus-Haus

Hans Jakob Christoffel von Grimmelshausen (1622 bis 1676), der Autor mit dem opulenten Namen, war als bedeutendster Dichter des Barock auch wichtig für die Kulturgeschichte des Nordschwarzwalds. Sein Hauptwerk *Simplicius Simplicissimus*, erschienen 1668/69, ist ein Schelmenroman, der zu den Klassikern der deutschen Literatur zählt. Sein Held erlebt unter anderem Abenteuer am Mummelsee und auf dem Mooskopf – an beiden Orten stehen dem Autor gewidmete Denkmäler.

Der hochgebildete Dichter war von 1667 bis zu seinem Tod außerdem bischöflich straßburgischer Schultheiß der Stadt Renchen, die im Dreißigjährigen Krieg gründlich zerstört wurde. Kriegerische Auseinandersetzungen sind ein Hauptthema des »Simpls«. Ihm zu Ehren wurde 1998 inmitten von Renchen das Simplicissimus-Haus eingerichtet, ein kleines, raffiniertes Museum. Raffiniert deshalb, weil es die Geschichte des Autors und seines Werkes anhand der künstlerischen Rezeption nachzeichnet: Wie haben bildende Künstler den *Simplicissimus* nacherzählt, wie haben sie die verschiedenen Buchausgaben der letzten Jahrhunderte illustriert? Diesen Fragen geht die Sammlung nach. Im Erdgeschoss fassen die grafischen Blätter des Künstlers A. Paul Weber (1893–1980) dem Besucher, der den *Simplicius Simplicissimus* nicht kennt, das Werk zunächst bildlich illustriert zusammen. Es sind expressive Illustrationen für eine aufwändige Edition aus dem Jahr 1970. In den weiteren Räumen sind Grafiken, Zeichnungen und Skulpturen von Josef Hegenbarth, Max Hunziker, Klaus Arnold und vielen anderen zu sehen. Sie offenbaren, welche Faszination Grimmelshausen bis heute auf Künstler ausübt, nicht nur mit seinem berühmten *Simplicius Simplicissimus*, sondern auch mit seinen anderen, oft satirischen Werken wie etwa mit der *Lebensbeschreibung der Erzbetrügerin und Landstörzerin Courage*.

In Renchen erinnert vieles an Grimmelshausen. Sein Grab findet sich an der Nordseite der Kirche, ein Denkmal bei der katholischen Pfarrkirche und drei verschiedene Brunnen beziehen sich auf sein Werk.

66

Hirsch-Apotheke
Fischmarkt 3
77652 Offenburg
0781 25891
www.hirsch-apotheke-offenburg.de

Stadtinformation
Fischmarkt 2
77652 Offenburg
0781 822800
www.offenburg.de

EIN STÜCK DEMOKRATIEGESCHICHTE

Hirsch-Apotheke am Fischmarkt

Pforzheim, Karlsruhe, Offenburg – alle drei Großstädte am Rande des Nordschwarzwaldes litten im Zweiten Weltkrieg enorm. Und wie in allen Großstädten ist es im Zentrum von Offenburg nicht einfach, eine vergleichsweise stille Ecke zu finden. Ausgerechnet *Am Fischmarkt* heißt der malerische Platz in der stark dezimierten Altstadt. Hier fühlt man sich um zwei, drei Jahrhunderte und noch weiter in die Vergangenheit zurückversetzt.

Blickfang ist die Hirsch-Apotheke aus dem Jahr 1698. Das Vorgängergebäude von 1618 war einem Stadtbrand während des Dreißigjährigen Kriegs zum Opfer gefallen. Vor der Apotheke plätschert der nochmal knapp 100 Jahre ältere Löwenbrunnen (1599). Im Rücken des Betrachters befindet sich das Sankt-Andreas-Hospital, erbaut 1300. Regelrecht vor sich hin träumen lässt es sich in einem der Cafés und Gaststätten rund um den Fischmarkt. Oder es lassen sich die Außenwandmalereien der Hirsch-Apotheke studieren, die allerdings erst 1898 angefertigt wurden. In dem Spätrenaissance-Bau mit seinen Treppengiebeln ist seit 1855 die Apotheke untergebracht. Das Gebäude stand also bereits, als im nahen Gasthaus Salmen (heute ein »Denkmal von nationaler Bedeutung«) schon vor der Badischen Revolution am 12. September 1847 in der radikaldemokratischen Offenburger Versammlung die Forderungen des Volkes proklamiert wurden: Grund- und Menschenrechte und Pressefreiheit gehörten dazu. Rund um diesen malerischen Platz wurde also Demokratiegeschichte geschrieben. Den schönsten Blick auf Apotheke, Brunnen und Hospital hat man im Außenbereich der Confiserie Gmeiner, einem Café, das mit seinen selbst produzierten Kuchen, Torten oder Pralinen zu den besten in Baden-Württemberg, wenn nicht des Kontinents gehört.

Ein Spaziergang durch die Altstadt offenbart weitere historische Bauten: das Rathaus von 1741 oder einen ehemaligen Königshof (heute Polizeidirektion) von 1714. Beide in der Hauptstraße.

67

Schloss Ortenberg
Burgweg 21
77799 Ortenberg
www.ortenberg.de

Weingut Schloss Ortenberg
Am St. Andreas 1
77799 Ortenberg
0781 93430
www.wso-wein.de

DAS BADISCHE MÄRCHENSCHLOSS

Schloss Ortenberg

Kaum eine Burganlage am westlichen Schwarzwaldrand ist derart markant wie das Schloss Ortenberg. Inmitten von teils berühmten Weinlagen, hoch über dem Eingang zum Kinzigtal ist es eine Jugendherberge mit fantastischem Ausblick über das Rheintal bis zum Straßburger Münster. Die Anfänge des Wahrzeichens der Ortenau gehen zurück auf die Bestrebungen der Zähringer im 11. Jahrhundert, das Kinzigtal zu überwachen. Wie viele Burgen und Schlösser wurde auch diese mehrfach zerstört und wiederaufgebaut. Am Ende des französisch-holländischen Krieges 1697 war der ehemalige »Reichssteuermittelpunkt« der Landvogtei Ortenau völlig vernichtet.

Das heutige Bild zeigt eine Burganlage in englischem Stil auf mittelalterlichen Ruinen, errichtet 1838 bis 1843 von Friedrich Eisenlohr, einem legendären badischen Architekten. Im 20. Jahrhundert wurden Teile des Bauwerks immer wieder erneuert, seit 1942 ist die Jugendherberge für Menschen jeden Alters offen. Sie gehört zu den beliebtesten in Deutschland, nicht nur wegen der romantischen Anmutung, sondern auch wegen der Nähe zum Europapark Rust und zu Straßburg. Eine Nacht im badischen Märchenschloss zu verbringen, ist ein Traum. Wer weniger Zeit hat, kann das Panorama von der Schlossmauer aus genießen: von den vielen Dörfern bis zu den Gipfeln der nahen Vogesen. Es lohnt zudem ein Spaziergang durch die Weinberge: Der Blick auf das Schloss ist von hier am schönsten. Außerdem steht etwa 200 Meter nordöstlich des Schlosses zwischen einigen Reben der *Bibilistein*, ein vor etwa 4.000 Jahren errichteter Menhir, der von einer frühen Besiedlung der Gegend zeugt. Der Klotz aus der Jungsteinzeit mag als Gerichtsstein, Opferplatz oder Grabmal gedient haben. Nur eines ist sicher: Die Aussicht auf Schloss und Weinberge ist heute bezaubernder als vor Jahrtausenden.

Knapp zwei Kilometer nördlich residiert das Weingut Schloss Ortenberg. Der vielfach ausgezeichnete Ortenberger Schlossberg gilt als einer der besten badischen Spätburgunder-Weine.

68

Sinneslabyrinth in der Freizeitanlage Gengenbach
Otto-Ernst-Sutter-Weg 2
77723 Gengenbach
07803 6475
www.freizeitanlage-gengenbach.de

AUF UMWEGEN ZUM ZENTRUM

Sinneslabyrinth

Wer am Ende einer anstrengenden Wanderung in Gengenbach ankommt, kann sich natürlich die berühmte Altstadt ansehen mit seinen vielen Cafés rund um das Rathaus. Doch wer sich entspannen und erholen, wer den Tag nachklingen lassen und seinen Füßen etwas Gutes tun möchte, der begibt sich in die Parkanlage *Schneckenmatt* östlich außerhalb der Stadtmauer gelegen. Dort ist neben einem Kleintiergehege, einer Adventure-Golf-Anlage, vielen schattenspendenden Bäumen und reichlich Kinderbespaßung ein relativ unscheinbares Sinneslabyrinth in einer der stillsten Ecken des Parks zu finden.

Das Labyrinth ist kein Irrgarten, sondern ein klassisches »Ur-Labyrinth« ohne Kreuzungen und Abzweigungen, aber mit sieben Gängen. Der Weg ist ein einziger Umweg in Schleifen zum Zentrum hin. In der Mitte, am vorläufigen Ende des Labyrinths, steht ein etwa meterhoher schwarzer Klangstein. Das Sinneslabyrinth ist ein Barfußpfad, der Gang zum tiefschwarzen Stein im Zentrum führt über Sand, Kies, Rindenmulch und Holz. Dem esoterisch veranlagten Menschen geben einige meditative Verse Gedanken mit auf den Weg, wer nüchterner ist, genießt die Fußmassage, das Vogelgezwitscher und beobachtet mehr oder weniger seltsame Mitmenschen. In der Mitte angelangt, wird man von Immanuel Kants Weisheit empfangen: »Die Hand ist das äußere Gehirn des Menschen« und aufgefordert, den Klangstein zu schlagen, ihn in Schwingung zu versetzen. Es bedürfe einiger Versuche, um die richtige Frequenz zu finden, die sich dann nicht nur über die Ohren, sondern auch über die Hände ins Gehirn überträgt. Wer sich die Zeit nimmt, kann abtauchen, den Tag Revue passieren lassen und sich auf das Hefeweizen in der Altstadt freuen. Bis dorthin ist der Weg nicht weit, und wer mag, trägt seine Schuhe in der Hand.

Die ehemalige Reichsstadt konnte ihre markante Turm-Silhouette mit insgesamt sieben Türmen, zwei Kirchen und fünf Türmen der Befestigung, bewahren. Die historische Altstadt ist unbedingt sehenswert.

69

Storchenturm-Museum
Hauptstraße 19
77736 Zell am Harmersbach
www.storchenturm-museum.de

Zeller Keramik Manufaktur
Hauptstraße 2
77736 Zell am Harmersbach
07835 7860
www.zeller-keramik.de

Kuriosum im Zeichen des Storchs

Storchenturm

Zell am Harmersbach erlebte ein historisches Kuriosum. Die Reichsstadt und das dazugehörige Tal war die einzige freie Bauernrepublik des Heiligen Römischen Reiches Deutscher Nation, unterstand also direkt dem Kaiser. 1718 wurde das Tal von Zell unabhängig, die politischen Gegebenheiten waren ziemlich kompliziert, denn mit Offenburg und Gengenbach war Zell zwischenzeitlich an das Bistum Straßburg verpfändet und wieder ausgelöst worden. Von der Geschichte erzählen die vielen Gebäude, allen voran der Storchenturm, das fast 700 Jahre alte Wahrzeichen der Stadt. Er war Teil der Stadtbefestigung und überragte eines der drei Tore. Mit 25 Metern war er der höchste Turm, die bis zu 1,5 Meter dicken Mauern sind vorwiegend aus Bruchsteinen gebaut. 1139 wurde Zell erstmals erwähnt, der Turm um 1330 errichtet. Zeitweilig diente er als Gefängnis.

Wer vom Stadtinneren durch das Tor nach außen geht, entdeckt südseitig auf halber Höhe einen Reichsadler. Der Stein ist ein Relikt des 1879 abgerissenen Untertors. Auch die *Arme-Sünder-Glocke*, die auf dem Storchenturm thront, befand sich ursprünglich dort. Ins Auge springen vier Kanonen auf etwa halber Höhe auf der Ostseite, die der Überlieferung nach im Dreißigjährigen Krieg den Schweden bei einer Schlacht in Stöcken als Beute abgenommen wurden.

Heute geht es friedlicher zu, der Turm dient als Heimatmuseum. Auf 800 Quadratmetern Fläche lernt der Besucher anhand von etwa 3.000 Exponaten reichlich über die eigenwillige Stadtgeschichte, über Handwerk und Brauchtum. Den schönsten Anblick bietet das Gebäude im Frühling und Sommer, wenn der riesige Kirschbaum vor der Stadtmauer blüht oder Abertausende Früchte trägt und ein Storchenpaar auf der Turmspitze Nachwuchs aufzieht – der Name kommt nicht von ungefähr.

Am Ortseingang liegt die *Zeller Keramik Manufaktur* samt Museum. Hier wird das berühmte Geschirr mit dem Motiv »Hahn und Henne« hergestellt.

70

Höllberg Brennerei
Lohstraße 11
77704 Oberkirch
07802 2580
www.hoellberg.de

Renchtal Tourismus
Bahnhofstraße 16
77704 Oberkirch
07802 82600
www.renchtal-tourismus.de

Edles in der Schnapshauptstadt

Höllberg Brennerei

Wer im Frühling durch die westlichen Ausläufer des Schwarzwalds radelt, fährt an Abertausenden blühenden Obstbäumen vorbei. Ein paar Wochen später wird geerntet, ein paar Jahre später sind Edelbrände entstanden. Die Brennerei Höllberg in der europäischen Schnapshauptstadt Oberkirch ist eine von etwa 800 Brennereien in dem 20.000-Seelen-Ort, und zwar eine ganz besondere, denn die Auswahl ist riesig. Im Keller der Brennerei von Daniel Walter lagern unzählige Fässer mit Kirsch-, Mirabellen- oder Zwetschgenbränden und Likören, aber auch mit Whisky, Gin und Wodka. Topseller sind nicht unbedingt die üblichen Verdächtigen, sondern Haselnussgeist, Honig-Whisky-Likör oder Sanddorn mit Honig. Die meisten Hochprozentigen können Besucher probieren, aber Vorsicht, sonst bleibt Daniel Walters Brennerei nicht als Lieblingsplatz in Erinnerung: Das *Höllberg-Feuer* bringt es auf 52 Prozent!

Auf den »Klassikern« prangt noch ein ganz klassisches Etikett, wie es die Schnapsliebhaber der Welt seit Generationen im Schwarzwald verorten. Das *Schwarzwälder Kirschwasser* ist als Herkunftsbezeichnung gesetzlich geschützt. Für eine 0,7-Liter-Flasche müssen etwa vier Kilogramm Kirschen destilliert werden. Eine besondere Spezialität ist das *Zibärtle*, zum ersten Mal erwähnt von Hildegard von Bingen, ein Edelbrand aus einer Unterart der Pflaume (Prunus domestica), das bei den Badenern (fast) als heimliches Nationalgetränk gilt.

Daniel Walter liebt seinen Beruf mit Leib und Seele, wie schon sein Vater und Großvater. Ein Katastrophenjahr wie 2017, als die Kirschernte gegen null ging, wirft ihn nicht aus der Bahn, schließlich finden sich in seinem Lager noch edle Tropfen bis zurück ins Jahr 1985. Nach Voranmeldung zeigt er Besuchern gerne seine Obstverschlussbrenner, den Keller und die enorme Auswahl an Edelbränden.

Die ortsansässige Winzergenossenschaft in der Renchener Straße 42 gehört zu den größten und besten in Baden. Zu empfehlen ist eine geführte Weinwanderung, Informationen gibt es bei Renchtal Tourismus.

71

Ruine Schauenburg
Burgstraße 29
77704 Oberkirch
07802 2253
(Burgwirtschaft)
www.schauenburg.de

DIE GRIMMELSHAUSEN-BURG

Ruine Schauenburg

Sie springt nicht von Weitem ins Auge, wie manch andere Burg am Schwarzwaldrand. Eine Straße führt von Oberkirch durch den Wald bis unterhalb der Ruine Schauenburg mit ihrer illustren Geschichte, erbaut unter den Zähringern im 11. Jahrhundert. Zu Anfang wichtig ist Uta von Schauenburg. Sie erbt die Burg und bringt sie in ihre Ehe mit Welf VI. ein, was allerdings ihren Vetter erzürnt, der die Anlage 1131 belagert. Zwei Jahre später trennt sie sich vom Gatten und lebt – selten für Frauen – als Herzogin auf der Burg. Ein Vetter, Eberhard von Eberstein, erbt die Feste um 1200. Nun ist sie bis ins 16. Jahrhundert von den Nachfahren, den Ebersteinern und Schauenburgern bewohnt, bevor sie in den Kriegen des nachfolgenden Jahrhunderts arg lädiert wurde. Die Schauenburg ging in die Literaturgeschichte ein, denn in den Jahren 1650 bis 1661 war der Dichter Hans Jakob Christoffel von Grimmelshausen Verwalter der Schauenburger und zeitweise Burggraf. Seit 1731, so verkünden Urkunden, liegt die Burg »gänzlich in Ruinen« – den üblichen Erbfolgekriegen ist's geschuldet.

Dank angeschlossener Gastronomie ist die Schauenburg heute ein beliebtes Ausflugsziel, zu schön ist der Blick ins Rheintal, auf die Stadt Oberkirch und in die Vogesen. Die Anlage gilt als gut erhalten. Neben den Resten eines Torturms sowie einer Ring- und Schildmauer stehen unter anderem noch eine Vorburg und zwei Wohntürme. Am Parkplatz beginnen kleine und größere Wanderwege, darunter der Simplicissimus-Kunstpfad. Hier haben sich sieben zeitgenössische Künstler mit dem Barockdichter auseinandergesetzt. Um die Burg ranken sich Sagen, etwa von der weißen Frau, die einem Förster eine sehr alte Münze gab, weil er ihr den Weg ins Tal wies. Das Geldstück verschwand wieder, man prophezeite ihm einen baldigen Tod, doch er lebte noch viele Jahre.

Gute badische Küche genießt man in der angeschlossenen Burgwirtschaft. Spektakulär ist das Glashaus, in dem man großartige Sonnenuntergänge beobachten kann und ein herrliches Vogesenpanorama vor sich hat.

72

Gasometer Pforzheim
Hohwiesenweg 6
75175 Pforzheim
07231 7760997
www.gasometer-pforzheim.de

Schmuckmuseum Pforzheim im Reuchlinhaus
Jahnstraße 42
75173 Pforzheim
07231 392126
www.schmuckmuseum.de

PANORAMEN DER SUPERLATIVE

Gasometer Pforzheim

Es sind gigantische Dimensionen: Etwa 32 Meter hoch und über 100 Meter im Umfang sind die 360-Grad-Panoramen, die im ehemaligen Pforzheimer Gasometer zu sehen sind. Mitten im Enzauen-Park und schon von Weitem sichtbar, ragt das silbern glänzende, umgewidmete Industriedenkmal in die Höhe, das inzwischen zu den meistbesuchten Ausstellungshäusern im Südwesten gehört. Zu sehen sind seit 2014 jeweils Rundumpanoramen des Berliner Fotokünstlers Yadegar Asisi (geboren 1955). Es sind mit 3.000 Quadratmetern die größten Panoramen der Welt, die nach und nach gezeigt werden, allein die Polyesterstoffbahnen wiegen 750 Kilogramm. Das erste Panorama Asisis in Pforzheim zeigte die historische Stadt Rom in unglaublicher Realitätstreue, das zweite – ebenso faszinierend – das *Great Barrier Reef* vor Australien mit all seinem Tier- und Pflanzenreichtum.

Im Zentrum des Gasometers sind mehrere Plattformen übereinander installiert, der Besucher kann aufsteigend selbst noch so winzige Details bestaunen. Farblich wechselnde Beleuchtung und meditative Musik machen den Aufenthalt zu einem Erlebnis für fast alle Sinne. Im Untergeschoss ist eine Ausstellung untergebracht, die sich mit der Arbeit des Künstlers beschäftigt sowie mit dem Thema des aktuellen Panoramas. Die Ausstellung ist barrierefrei, in einem Bistro kann man seine zahlreichen Eindrücke sacken lassen.

Der Pforzheimer Gasometer versorgte bereits im Jahr 1853 insgesamt 800 Gasanschlüsse, die meisten nutzte die Schmuckindustrie. Auch öffentliche Straßenlaternen wurden von diesem Gaswerk aus versorgt – bis zum Ersten Weltkrieg waren es über 1.700. Ab den 1970er-Jahren wurde der Behälter nur noch als Gas-Zwischenlager genutzt, stillgelegt im Jahr 2003. Von dem ursprünglichen Gasometer übrig ist praktisch nur noch das Stahlskelett, der Umbau erfolgte 2013/14.

Das Schmuckmuseum der Goldstadt Pforzheim zeigt – weltweit einzigartig – die Geschichte des Schmucks von der Antike bis zur Gegenwart und ist ein weiteres Glanzlicht.

78

Wallberg
Startpunkt für einen Spaziergang: Wallberg-Parkplatz
Auf der Wanne
75179 Pforzheim

Stadtmuseum Pforzheim
Westliche Karl-Friedrich-Straße 243
75172 Pforzheim
07231 392559
www.pforzheim.de

MAHNMAL MIT AUSSICHT

Wallberg

Es ist still hier oben. Wenn die Stelen im Nachmittagslicht der tief stehenden Sonne glänzen, könnte man ihn einen »schönen Platz« nennen. Doch der Gipfel des Wallbergs ist aus Trümmern gebaut. Am 23. Februar 1945 wurde Pforzheim von Bombern der Royal Air Force innerhalb von 20 Minuten komplett in Schutt und Asche gelegt. Kaum eine andere Großstadt wurde so gründlich zerstört, mehr als 18.000 Menschen starben. Trotzdem verteidigten die Nazis die Stadt noch bis Anfang April. Sie galt als »fester Platz«, der nicht aufgegeben werden durfte.

»Monte Scherbelino« nennt der Volksmund den 418 Meter hohen Berg nordwestlich der Stadtmitte Pforzheims. Denn unter dem Gipfelplateau finden sich 40 Meter Trümmer – die Überlebenden haben den Wallberg genutzt, um ihn mit dem Schutt aus den Ruinen jener Bombennacht künstlich aufzustocken. Die weithin sichtbaren Stelen des Mahnmals wurden 2006 eingeweiht, eine Gedenktafel kündet schon länger von den Grauen jener Nacht und des Zweiten Weltkriegs.

Heute ist es ein friedlicher und besinnlicher Platz mit einer weiten Aussicht, nicht nur in den Talkessel, sondern über die Höhenzüge des nördlichsten Teils des Nordschwarzwalds bis zu den Pfälzer Bergen und dem Odenwald. Nachts sind die fünf unterschiedlich und bis acht Meter hohen Stelen aus Edelstahl beleuchtet. Rund um die Uhr mahnen sie und erinnern auch an die politischen Auseinandersetzungen in der Goldstadt, als um die Jahrtausendwende über die Rolle der Rüstungsindustrie, die Hintergründe des Angriffs und die Zwangsarbeiter im »Russenlager« gestritten wurde – wie meist in solchen Fällen wurde vereinfacht: Der britische Angriff sei »Mord« an Zivilisten gewesen. Das Mahnmal an diesem »schönen Platz« fordert jede Generation neu auf, nach der Wahrheit zu fragen.

Im Stadtmuseum Pforzheim ist eine Dauerausstellung zur Geschichte Pforzheims untergebracht. Thematisiert werden auch die Flößerei und Goldschmiedekunst.

74

Büchenbronner Aussichtsturm
Büchenbronner Höhe
75180 Pforzheim-Büchenbronn

Startpunkt für eine Wanderung: **Hotel-Restaurant »Zum Herrmannsee«**
Herrmannseeweg 5d
75180 Pforzheim-Büchenbronn
07231 71871
www.hotel-herrmannsee.de

EINE WACKELIGE ANGELEGENHEIT

Büchenbronner Höhe bei Büchenbronn

Der Berliner Funkturm und der Eiffelturm haben eines mit dem Turm auf der Büchenbronner Höhe gemeinsam: Es sind allesamt Stahlfachwerktürme. Nur ist das badische Exemplar älter als alle anderen. Der knapp 26 Meter hohe Turm wurde im Jahr 1883 erbaut. Die filigrane, fast federleicht anmutende Eisenkonstruktion war damals eine Sensation. Es galt, eine möglichst leichte, aber stabile Form zu finden, schließlich mussten sämtliche Bauteile von Pforzheim auf den 608 Meter hohen Berg verfrachtet werden. Initiator war der Pforzheimer Verschönerungsverein, vergleichbar mit heutigen Bürgervereinen. Eine Dresdner Firma wurde schließlich mit der Errichtung beauftragt.

Es ist schon ein Erlebnis, auf der schmalen Wendeltreppe bis nach oben zur Aussichtsplattform zu steigen. Bei jeder Stufe scheint der Turm zu vibrieren, wenn mehrere Personen auf- und absteigen, schwingt der ganze Bau. Man sollte schwindelfrei sein, insbesondere, wenn ein kräftiger Wind den Turm zusätzlich bewegt. Kurz nach der Einweihung schrieb die *Deutsche Bauzeitung*, »dass der Thurm schon durch einen einzigen Besucher mit Leichtigkeit in ziemlich große Schwankungen versetzt werden kann«. Die zerbrechlich anmutende Konstruktion mit ihrem achteckigen Grundriss ist anfällig, denn die Einzelteile sind genietet, verschraubt oder verschweißt, die Eisenkonstruktion ist weniger stabil als Beton- oder Holztürme es sind. Das ist auch der Grund, weshalb viele der damals installierten, ähnlichen Aussichtstürme nicht mehr existieren. Eine erste gründliche Überholung fand schon 1926 statt, die letzte Sanierung nach dem Sturm Lothar zum Jahrtausendwechsel. Am Fuß des Turmes gibt eine Tafel Auskunft über technische Details. Die Büchenbronner Höhe ist in weniger als einer halben Stunde von Engelsbrand aus zu erreichen, der Weg ist beschildert.

Im Wildgehege Büchenbronn beim idyllischen Hermannsee kann der Besucher vorwiegend Schwarz- und Damwild sowie Mufflons (Wildschafe) beobachten (Hermannseeweg, Ortsteil Büchenbronn).

75

Landhotel Adlerhof
Mönchstraße 14
75334 Straubenhardt
07082 92340
www.adlerhof.de

FSC-Pforzheim und Straubenhardt e.V.
Segelfluggelände
Mönchstraße 40
75334 Straubenhardt
www.fscpforzheim.jimdofree.com

Rehbraten mit Aussicht

Landhotel Adlerhof

Wohl kaum ein Restaurant im Nordschwarzwald hat eine Aussicht, die weiter ist. Vom Landhotel Adlerhof am Westhang des Schwarzwalds in etwa 475 Metern Höhe gelegen, reicht die Sicht über die Wiesen, Wälder, Dörfer und die Hänge, die sich zur Rheinebene absenken; in der Ferne erblickt man Karlsruhe, Pforzheim und die Pfälzer Berge.

Nicht genug, man speist hier oben hervorragend! Seit 1973 bietet Ernst Wolfinger mit seinen heute 16 Mitarbeitern badisch-schwäbische sowie internationale Spezialitäten an. Badisch-schwäbisch bedeutet: Fast alle Zutaten stammen aus den heimischen Wiesen und Wäldern. 60 Rehe pro Jahr etwa bereitet der gelernte Koch und Metzger zu. Sogar die Strauchtomaten reifen im Garten des Adlerhofs nach. Selbstverständlich ist die saisonale Ausrichtung, im Spätherbst gibt es Ente und Gans, aber auch Pilzgerichte. Ganz dem Trend entsprechend, können Wolfinger und seine Köche nahezu alle Speisen der Karte auf vegan »umstellen«, bei der Auswahl muss sich also niemand einschränken. Selbst die Torten und Kuchen bäckt nicht irgendein Konditor – diese Spezialitäten gehen auf das Konto seiner Frau Anne.

Der Adlerhof ist auch beliebt als Tagungshotel, zumal Familie Wolfinger das Haus in den letzten Jahren barrierefrei umgebaut hat. Wer von Pforzheim aus kommend die erste Etappe des Westwegs absolviert, kann hier seinen Kalorienspeicher auf hohem Niveau wieder auffüllen – die *Schwanner Warte*, ein erster Aussichtspunkt auf dem Weitwanderweg, liegt nur wenige 100 Meter entfernt. Es gibt nicht viel Schöneres, als im Adlerhof auf der Terrasse zu sitzen, bei einem guten Wein und einem Rehbraten in die Ferne zu blicken und das Leben zu genießen.

Neben dem Adlerhof befindet sich ein Segelflugplatz. Man kann die Segler nicht nur bestaunen, sondern auch mitsegeln. Bei entsprechenden Bedingungen und Gesundheit, versteht sich.

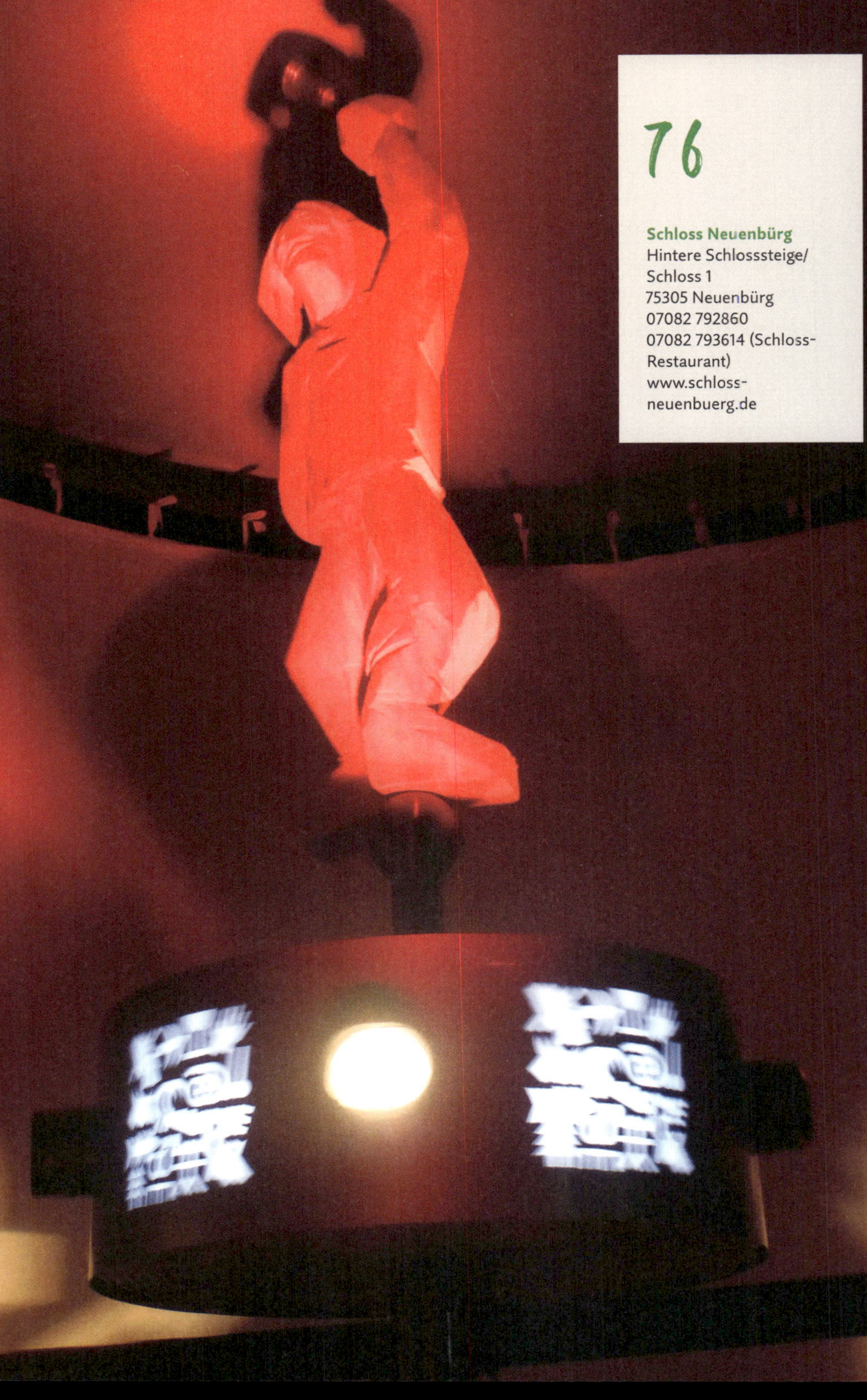

76

Schloss Neuenbürg
Hintere Schlosssteige/
Schloss 1
75305 Neuenbürg
07082 792860
07082 793614 (Schloss-Restaurant)
www.schloss-neuenbuerg.de

Anrührender Märchenklassiker

Ausstellung *Das kalte Herz* im Schloss Neuenbürg

Es ist eine Art Theaterstück, eine multimediale Inszenierung und zugleich eine Ausstellung. Im Schloss Neuenbürg wird eines der schönsten Märchen von Wilhelm Hauff mehrdimensional umgesetzt. In sechs Bildräumen erzählen teils überlebensgroße, liebevoll hergestellte Holzfiguren bei eindrucksvollen Licht-, Klang- und Farbspielen die 1827 erschienene Geschichte des armen Köhlers Peter Munk.

Der Köhlerjunge erhält vom Glasmännlein, einem Waldgeist im Schwarzwald, drei Wünsche frei. Zwei davon erfüllt er ihm sofort. Peter strebt nach Reichtum und möchte eine Glashütte besitzen, verfällt aber schnell dem schnöden Mammon, wird habgierig und verschuldet sich hoch. Als seine Glashütte gepfändet werden soll, tauscht er sein Herz beim Holländer-Michel gegen einen Stein und erhält dafür viel Geld. Nun wird Peter noch unerbittlicher, verleiht Geld, verlangt Wucherzinsen und hält seine Frau, »die schönste Blume des Schwarzwalds«, so knapp, dass sie todunglücklich wird. Als sie einem alten Bettler Brot und Wein gibt, schlägt der geizige Peter sie tot. Siehe da, das alte Männlein ist der Waldgeist. Zum Glück hat Peter Munk noch einen Wunsch frei und dank eines Tricks, den ihm das Glasmännlein verrät, holt er sich auch sein Herz vom Holländer-Michel zurück.

Das Märchen mit Happy End ist als Antwort auf den aufblühenden Kapitalismus und den Niedergang der Köhlerei im Schwarzwald zu verstehen. Der 20-minütige Rundgang beeindruckt nicht nur Kinder. Erwachsene, die von dieser »magischen Show« nicht angerührt werden, müssen wohl ein kaltes Herz haben. Das auch sonst sehr sehenswerte Schloss Neuenbürg liegt auf einem Hügel oberhalb von Neuenbürg und beherbergt neben der Inszenierung des Märchens *Das kalte Herz* ein Museum zur Regionalgeschichte, etwa zur Flößerei im Nordschwarzwald.

Im Schloss mit seinem historischen Ambiente lädt ein Restaurant mit internationaler Küche und mediterranen Spezialitäten ein. Der Garten bietet sich anschließend für einen Verdauungsspaziergang an.

77

Backhaus
Liebenzeller Straße 3
75339 Höfen an der Enz
www.backhausbroetler.de

BROT WIE ZU OMAS ZEITEN

Backhaus

Auf einer warmen Steinbank sitzen, in die Sonne blinzeln, während langsam verführerischer Duft von frischem Brot heranzieht und derweil ein Schwätzchen halten. Alle drei Wochen versammeln sich eine Handvoll Bürger aus Höfen an der Enz im Backhaus, einem 1781 errichteten Fachwerkhäusle. Mitgebracht haben sie Schüsseln voll mit selbstgemachtem Teig.

Die Mitglieder des Vereins *Backhausbrötler Höfen e.V.* haben sich zum Ziel gesetzt, das traditionelle dörfliche Brotbacken im Holzhofen zu erhalten und weiterzugeben. Am Anfang stand ein Volkshochschulkurs über Brotbacken und das Wissen, dass sich in Höfen ein großer, intakter Holzofen befand. Das war in den 1970ern. Ein paar Jahre buken die Höfener, dann war Pause bis zur Gründung des Vereins im Jahr 2008. Gäste sind gern gesehen, doch Backaufträge werden nicht angenommen. Man muss schon eigenen Teig mitbringen oder darf auch einfach nur zuschauen und »mitriechen« oder ein paar Rezepte austauschen. Sofern man wie die Höfener noch das Wissen um das traditionelle Brotbacken wie zu Omas Zeiten hat – ohne Chemie versteht sich. Die »Backhausbrötler« nehmen sich stets die fast wichtigste Zutat, nämlich Zeit.

Schon morgens wird der Holzofen angefeuert. Zweieinhalb Meter ist er tief und eineinhalb Meter breit. Es ist eine hohe Kunst, eine gleichmäßig hohe Temperatur zu erreichen, ideal sind etwa 370 Grad zu Beginn des Backprozesses. Für 40 Brote benötigen die Brötler etwa 40 Kilo Holz, meist Tanne aus der Umgebung. Am späten Mittag werden die Teiglinge in den Ofen geschoben. Es muss schnell gehen, wenn der Heizer alle Arten von Brot, Pizza oder Zwiebelkuchen auf den Schamottstein schiebt – ein paar Minuten Stress, bevor alle sich draußen versammeln, den Duft und – je nachdem – die Sonne an ihrem Lieblingsplatz genießen, mal mit, mal ohne Gäste.

Im nahe gelegenen Höhenluftkurort Dobel (700 Meter) genießt man an trüben Wintertagen bei Inversionswetterlagen garantiert Sonne. Beliebt sind die Rodelhänge und die Aussicht vom Alten Wasserturm.

78

Eyachmühle
Eyachmühle 14
75335 Dobel
07081 384109
www.eyachmuehle.com

EINSAMER WIESENGRUND

Eyachmühle

Ein unscheinbares Tal im Nordschwarzwald soll Wilhelm Ganzhorn zu einem der bekanntesten Volkslieder überhaupt inspiriert haben: *Im schönsten Wiesengrunde* soll bei Conweiler angesiedelt sein. Wer die Gegend kennt, ist sich fast sicher, dass Ganzhorn an der Eyachmühle gewesen sein muss. Es ist ein winziger Ortsteil der Gemeinde Dobel, umgeben von Wiesengründen, einem sagenhaft idyllischen Bach namens Eyach, dunklen Wäldern und Hügeln. Das Wasser rauscht wie in kitschigen Heimatfilmen. Hier in einem Seitental der Enz, ist die Welt noch in Ordnung. Bei der Eyachmühle kann man auf einem Bänkchen sitzen und den Vögeln lauschen und ein wenig entlang des Flüsschens flanieren. Wer sich die Landschaft zu Fuß erschließen möchte, wandert bequem nach Höfen vorbei an dick mit Moos bewachsenen Sandsteinfelsen oder über lange Strecken hinauf zu den Hochmooren am Hohloh beziehungsweise Kaltenbronn oder am Tornadostein vorbei nach Bad Wildbad – das Denkmal erinnert an den zerstörerischen Sturm im Jahr 1968.

Die Ansiedlung von heute acht Häusern um eine Mahlmühle wurde schon 1148 erwähnt, die Eyachmühle selbst 1423. Wo so viel reine Natur und gute Luft ist – die nächst größeren Häusergruppen oder Dörfer liegen buchstäblich hinter sieben Bergen – da steht auch ein Gasthaus, und zwar gleichen Namens. Hier gibt es in typisch Schwarzwälder Ambiente Fisch, Wild und Gemüse aus der Region in Bio- und Demeterqualität. Die Lieferanten listet die Website penibel auf. Das *Restaurant Eyachmühle* findet sich übrigens in der Empfehlungsliste des *Slow-Food-Führers Deutschland*. Spezialität des Hauses sind natürlich Schwarzwaldforellen aus Calmbach.

In diesem »schönsten Wiesengrunde« endet eine schmale Fahrstraße und so wundert es nicht, dass die wenigen Parkplätze schnell vergeben sind. Doch besser man kommt zu Fuß, denn nur dann ist der Hunger groß und der Genuss perfekt.

Hier gibt es nichts außer Wanderwege. Eine wenig anstrengende Route führt zu den Lehmannswiesen. Weiter geht es in dem großen geschlossenen Wald bis zum Kaltenbronn und Hohloh.

79

Baumwipfelpfad auf dem Sommerberg
Sommerberg
Peter-Liebig-Weg 16
75323 Bad Wildbad
www.baumwipfelpfade.de

AUGE IN AUGE MIT EICHHÖRNCHEN

Baumwipfelpfad

Sich Auge in Auge mit Eichhörnchen befinden und hinabblicken zu Amseln auf Baumspitzen kann der Besucher des Baumwipfelpfades bei Bad Wildbad. Er wurde 2014 auf dem Sommerberg eröffnet, einem Spaß- und Erlebnisberg, den man bequem und nostalgisch mit einer Standseilbahn erreicht, die mitten in dem Kur- und Badeort startet. 1.250 Meter weit führt der barrierefreie Pfad allmählich 20 Höhenmeter nach oben bis man plötzlich vor einem gewaltigen trichterförmigen Aussichtsturm steht, der sich 40 Meter himmelwärts windet.

Ganz langsam flaniert der Besucher durch die verschiedenen Stockwerke des Waldes, bis er über die Höhen des Nordschwarzwaldes hinab ins Rheintal und bis zur Schwäbischen Alb schaut. Die kleine Wanderung hat etwas Meditatives, sofern man den Baumwipfelpfad in der Nebensaison und unter der Woche besucht – zu beliebt ist die Attraktion inzwischen geworden. Bei einer Steigung von maximal sechs Prozent ist der Pfad barrierefrei und zudem für Kinder ein Glanzlicht, denn kleine Abzweige bieten Balken und »Kippel-Elemente« zum Balancieren, allesamt aus dem Holz des Nordschwarzwalds. Hinzu kommen unterhaltsame Comictafeln und Lernstationen, bei denen man Informatives erfährt über Flora, Fauna und Geschichte. Aber auch Skurriles ist dabei, etwa dass der Baumwipfelpfad insgesamt 540 Tonnen Kohlenstoff gespeichert hat, was dem Gewicht von 250 großen Autos entspricht. Ein besonderer Spaß ist natürlich die 55 Meter lange Spiralrutsche, die einem den Rückweg erspart. Der leicht geneigte Trichter ist von allen Seiten eindrucksvoll und gehört zu den architektonisch interessantesten Baumwipfelpfaden in Deutschland. Erstaunlich übrigens, wie viel Zeit man hier mit ganz Elementarem verbringen kann: mit Schauen, Hören und Riechen, und zwar bei jedem Wetter.

Eine weitere Attraktion ist die *Wildline-Fußgängerbrücke*, die über ein kleines Seitental am südlichen Ende Bad Wildbads führt. Die Spannweite beträgt 380 Meter bei einer maximalen Höhe von 60 Metern.

80

Palais Thermal
Kernerstraße 5
75323 Bad Wildbad
07081 3030
www.palais-thermal.de

ORIENTALISCHE WELLNESS

Palais Thermal

Im Nordschwarzwald gibt es so einige Wellnessoasen, doch die schönste ist das Palais Thermal in Bad Wildbad. Es ist zudem eine der ältesten Thermen in Europa, schon 1521 badeten hier Betuchte im warmen Quellwasser. Das heutige Palais Thermal wurde auf Anordnung von König Wilhelm I. im 19. Jahrhundert errichtet. Zum Ende des Jahrhunderts wurde es im »maurischen« Stil umgebaut, entsprechend orientalisch gekachelt und mit jugendstiltypischen Ornamenten ausgemalt. Die dunklen, verwinkelten Gewölbe blieben bis heute erhalten. Und so genießt man nun auf der unteren Ebene des historischen Bades in mehreren kuscheligen kleinen und großen Becken das Wasser der 32 bis 38 Grad warmen Quellen.

In den Obergeschossen von »Deutschlands sinnlichstem Sauna- und Thermalbad« geht es moderner zu. Hier wellnesst der Gast in einer vielfältigen Saunalandschaft, Thermalbecken und Ruhebereichen. Die stressgeplagte Seele und den geschundenen Körper verwöhnen Nachtkerzenölbäder, Traubenkernölmassagen, Wassershiatsu oder Bürstenmassagen. Wer es etwas esoterischer liebt, bucht Events, etwa einen »Klangwassercocktail mit Late-Night-Sauna«. Erst lässt man sich in 35 Grad warmem Wasser treiben, dann folgen kleine Massagen, während meditative Töne »den Körper durchschwingen«. Je nach Geldbeutel kann man in den edlen Wildbader Hotels ganze Wellnesswochenenden verbringen.

So manch einer findet nicht die Badebecken und nicht die Wellnessoasen am schönsten, sondern die »maurische Halle«. Im überdachten Innenhof des Bades mit seinem Mosaikfußboden, den Säulen und Spitzbögen sowie den künstlichen Palmen befindet sich das Café mit seiner ruhigen orientalischen Atmosphäre. Nach einer Weile wähnt man sich in Casablanca oder Marrakesch und wundert sich, dass am Nachbartisch badisches Tannenzäpfle getrunken wird.

Bad Wildbad verfügt auch über einen der schönsten Naturkurparks. Die Anlage ist mit einem Spazier- und Wanderwegenetz versehen, ist von der Enz durchflossen und bietet zahlreiche Sehenswürdigkeiten.

81

Trinkhalle im Kurpark
Kurhausdamm
75378 Bad Liebenzell

Freizeit und Tourismus Bad Liebenzell
Kurhausdamm 2–4
75378 Bad Liebenzell
07052 4080
www.tourismus-bad-liebenzell.de

GUTE TROPFEN IM STIL DER 1960ER

Trinkhalle im Kurpark

Als Bäder- und Kurort ist Bad Liebenzell bei Weitem nicht so bekannt wie Bad Wildbad oder gar Baden-Baden. Das liegt an der kurzen Geschichte nicht des Ortes, sondern des Bades. Zwar wird ein »Unteres Bad« bereits 1403 erwähnt und Erbprinz Ludwig Friedrich von Württemberg ließ Anfang des 18. Jahrhunderts ein »Lusthaus« samt Kurhaus und Lindenallee errichten. Doch erst im Jahr 1900 beschloss der Gemeinderat Kuranlagen zu bauen. Rasch strömten mehr Gäste in das Städtchen im Nordostschwarzwald, weshalb sich Liebenzell ab 1926 den Namenszusatz »Bad« zulegen durfte. 1954 wurde das neue Kurhaus und 1968 die Paracelsus-Therme errichtet.

Der schönste Ort zum Flanieren ist ohne Zweifel der idyllische Kurpark samt seiner Konzertmuschel, dem Apothekergarten und vor allem der architektonisch eigenwilligen, hellen Trinkhalle im Stil der 1960er-Jahre. Verglichen mit den berühmten Kurstädten ist natürlich alles ein wenig überschaubarer, von »Halle« kann keine Rede sein, dennoch fühlt man sich regelrecht in die 1960er-Jahre katapultiert. Selbstbedienung ist nicht angesagt, das Liebenzeller Mineralwasser, das hier aus drei Thermalwasser-Quellen sprudelt, sollte man jedoch unbedingt probieren – gegen eine geringe Spende. Die Trinkhalle gilt als architektonisches Kleinod, steht unter Denkmalschutz und wurde vor einigen Jahren saniert. Seitdem wird das Gebäude ganz profan als Tourist-Information genutzt. Wer das Kurstädtchen besucht, möge also dort als Erstes einen guten Tropfen nehmen, bevor er durch den Park lustwandelt und sich 40, 50 Jahre zurückversetzt fühlt, vor allem wenn man mit etwas Abstand die Trinkhalle, die Konzertmuschel und das Kurhaus betrachtet. Wie gut, dass es an vielen Ecken im Nordschwarzwald noch ruhig zugeht!

An den Kurpark schließt sich der Sophi-Park an. Hier sind 100 wichtige Zitate aus Klassikern der Philosophie und Literatur von Platon bis Hermann Hesse anschaulich dargestellt und erlebbar gemacht.

82

Kloster Hirsau
Wildbader Straße
75365 Calw-Hirsau
www.klosterhirsau.de

Tourist-Information Calw
Marktplatz 7
75365 Calw
07051 167399
www.calw.de

GOTTESHAUS UND SOMMERRESIDENZ

Kloster Hirsau

Die Klosterruine Hirsau ist historisch gesehen von europäischer Bedeutung. Im Mittelalter beeinflusste Hirsau die Bistümer und Klöster im gesamten Süden und Südwesten Deutschlands. Die erste kirchliche Keimzelle im Schwarzwald wurde hier um 765 errichtet, um das Jahr 830 bis zur Jahrtausendwende stand hier ein sehr frühes Kloster. Ab dem Jahr 1069 begannen unter Abt Wilhelm die ersten Bauarbeiten zu *St. Peter und Paul*. Wilhelm brachte die Lehre aus der französischen Abtei Cluny nach Deutschland, in der man sich auf die ursprünglichen Tugenden des Mönchstums zurückbesann. Zum Zeitpunkt seiner Errichtung war die dreischiffige Basilika von St. Peter und Paul eine der größten romanischen Kirchen Südwestdeutschlands. Eine zweite Reformbewegung im 15. Jahrhundert brachte auch eine zweite geistliche Blütezeit, allerdings wurden einige romanische durch gotische Gebäude ersetzt. 1556 wurde Hirsau in eine evangelische Klosterschule umgewandelt.

Im pfälzischen Erbfolgekrieg 1692 ging das Kloster in Flammen auf. Einzig die Marienkapelle wurde wieder errichtet, zuletzt 1892 neugotisch umgestaltet. Ebenfalls zerstört wurde das 1586 bis 1592 errichtete Renaissanceschloss, das der württembergische Herzog im südlichen Teil des Geländes als Sommerresidenz errichten ließ. Hirsau besteht also aus einer Kloster- und einer Schlossruine. Einige Nebengebäude werden heute von der Calwer Gemeindeverwaltung genutzt, im Kreuzgang findet alljährlich der *Calwer Klostersommer* statt – von Nigel Kennedy über Helge Schneider bis zu Konstantin Wecker reicht die Künstlerliste. Schon das dokumentiert die schiere Größe allein des Kreuzgangs. Hermann Hesse, der in seinen jungen Jahren viel wanderte, wurde auch von den Klosterruinen inspiriert. Zu empfehlen ist ein Besuch des Klostermuseums und eine Führung.

An der Einfahrt zum Örtchen Hirsau befindet sich das Klostermuseum. Es erlaubt einen Einblick in 1.100 Jahre Klosterkultur, in das Leben der Mönche sowie die Orts- und Sozialgeschichte des Kurorts.

83

Die Büste von Louise Hutchinson aus dem Jahre 1956 befindet sich im Besitz des Hermann-Hesse-Museums

Hermann-Hesse-Museum
Marktplatz 30
75365 Calw
07051 7522
www.calw.de

IN DER HEIMAT DES KULT-AUTORS

Hermann-Hesse-Museum

Zeitlebens war das Verhältnis zwischen Hermann Hesse (1877–1962) und seiner Heimatstadt getrübt. Doch heute weht Hesses Geist allenthalben durch dieses Zentrum des Pietismus. Am meisten gilt das für das Hermann-Hesse-Museum. In 19 großzügigen Räumen hat der Hesse-Fan Déjà-vu-Erlebnisse, der Neuling lernt reichlich. Von seinen Großeltern über die Kindheit und Jugend des Dichters in Calw bis hin zum Nobelpreis und Tod in seiner Wahlheimat Montagnola, seiner Arbeit an den Klassikern wie *Siddhartha*, *Der Steppenwolf* oder *Das Glasperlenspiel* – stundenlang kann man in den Räumen verweilen, Originaltexte sehen und hören oder persönliche Gegenstände bestaunen. In einer Vitrine etwa findet sich die berühmte Brille des stark kurzsichtigen Autors – ein auratisches Exponat wie viele andere, etwa seine Malutensilien, einige Originalbilder des Malers Hermann Hesse oder aber ein Replikat des legendären Porträts von Andy Warhol. Besonders anrührend sind die handschriftlichen Korrekturen, die der hochbetagte Dichter einen Tag vor seinem Tod an einem Gedicht vorgenommen hat.

Die Calwer Ausstellung ist die größte weltweit über einen der international erfolgreichsten Autoren deutscher Sprache und Vordenker der Flower-Power- und Hippie-Bewegung. Der eindrucksvollste Raum des Hauses widmet sich seiner Kindheit und Jugend in Calw. Trotz aller Widrigkeiten und wenig schönen Erinnerungen an manchen Calwer Zeitgenossen, der ihn als Taugenichts und Faulpelz verunglimpfte, hatte Hesse seine Heimatstadt für immer ins Herz geschlossen. Der »Faulpelz« gehörte zu den produktivsten Autoren seiner Zeit und schrieb allein 35.000 Briefe. Ebenfalls ins Herz geschlossen hat Udo Lindenberg den Autor und das Calwer Museum, das er mehrfach besuchte und von dem die Angestellten – wenn man Glück hat – ein paar Anekdoten erzählen.

Auf der Nikolausbrücke steht eine lebensgroße Hermann-Hesse-Figur nebst einer sehenswürdigen kleinen Kapelle. Das Standbild eignet sich hervorragend für ein Selfie mit Dichter!

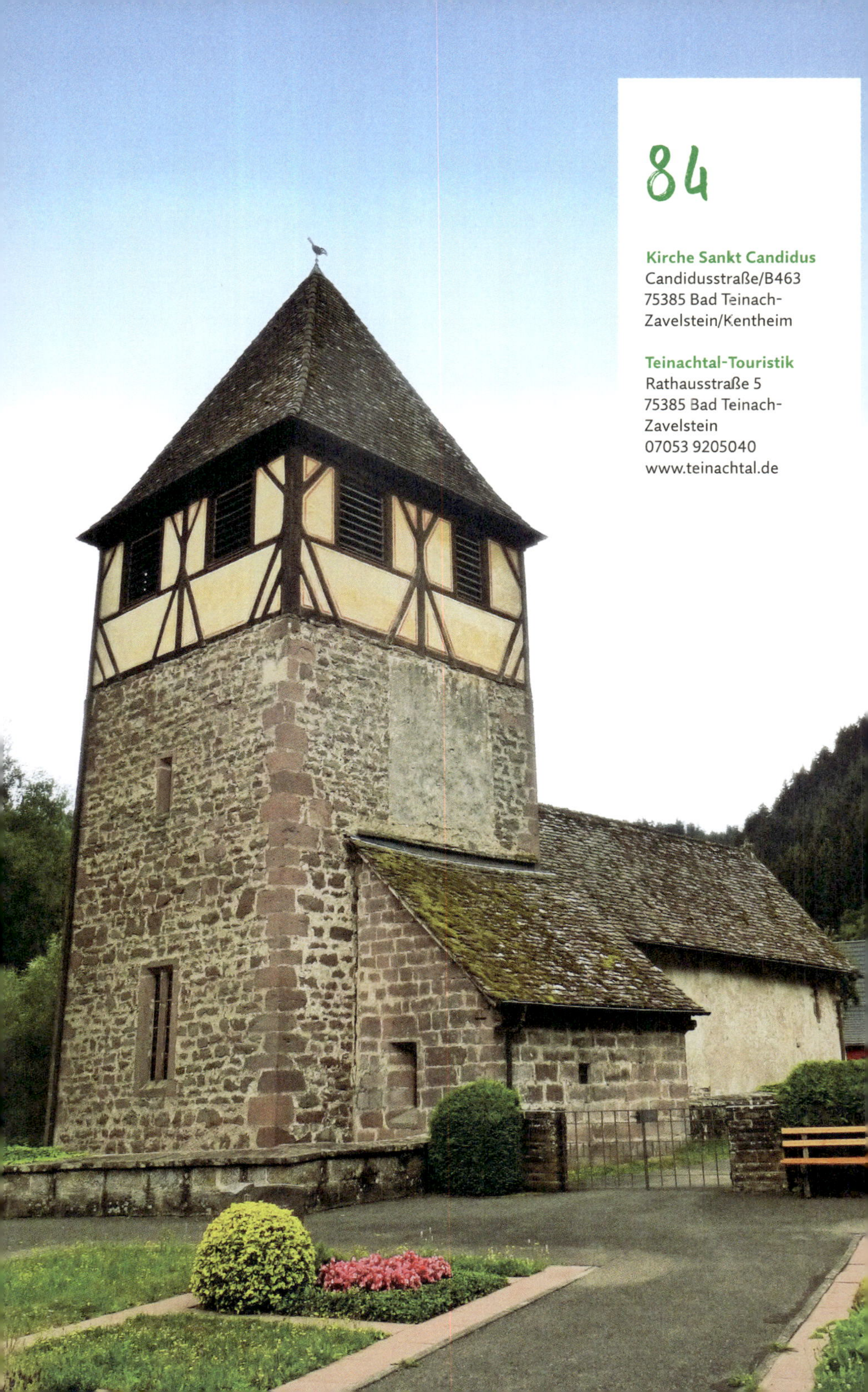

84

Kirche Sankt Candidus
Candidusstraße/B463
75385 Bad Teinach-
Zavelstein/Kentheim

Teinachtal-Touristik
Rathausstraße 5
75385 Bad Teinach-
Zavelstein
07053 9205040
www.teinachtal.de

1.000 JAHRE UND MEHR

Kirche Sankt Candidus bei Kentheim

Offenkundig sehr alt ist das Kirchlein in Kentheim, an dem der Blick hängen bleibt, wenn man zwischen Calw und Nagold unterwegs ist. Sankt Candidus, so der Name, benannt nach einem Märtyrer, ist eine der ältesten Kirchen Süddeutschlands. Ein erster urkundlicher Hinweis stammt aus dem Jahr 1075, vermutlich stand ein Vorläuferbau bereits im 9. Jahrhundert, eventuell eine Einsiedelei. Für die umliegenden Dörfer, im frühen Mittelalter handelte es sich dabei um kleinste Weiler und Gehöfte, war Sankt Candidus Pfarrkirche, die zum Kloster Hirsau gehörte. Nach der Reformation war das Gotteshaus nur noch eine Totenkirche – einer der ältesten Grabsteine an der Südseite ist auf 1447 datiert. Bedeutend sind die Wand- und Deckengemälde aus dem 14. und 15. Jahrhundert, Szenen aus dem Leben Jesu. Es sollen zwischen 24 und 27 Darstellungen gewesen sein, die während der Reformation übermalt und Ende des 19. Jahrhunderts wiederentdeckt wurden. Die Fresken wurden ab 1954 restauriert. Beeindruckend ist auch der romanische Taufstein, gehauen aus einem einzigen Sandsteinblock.

Das über 1.000 Jahre alte Kirchlein wurde immer wieder umgebaut und restauriert. Wiederkehrende Hochwasser der nahen Nagold zwangen die Gläubigen schon früh, den Kirchenboden 1,20 Meter zu erhöhen, die letzten Überschwemmungen schädigten das Gebäude in den 1990er-Jahren. Auch die Bahn und der Autoverkehr setzen Sankt Candidus zu – wer genau hinschaut, entdeckt überall zugekittete Risse und Spalten sowie Eisenklammern. Narben, die von einem sehr langen Dasein erzählen. Die letzte professionelle Restaurierung und Stabilisierung wurde 1999 durchgeführt. Heute werden jeden ersten und dritten Sonntag im Monat evangelische Gottesdienste in der Kirche abgehalten. Selbst ungläubige Besucher rührt das Kirchlein an, vor allem, wenn man bedenkt, wie einsam und schwer zugänglich die Gegend in früheren Zeiten war.

Geologisch und geografisch gesehen beginnt östlich des Nagoldtals die Landschaft des Heckengäus. Von Deckenpfronn aus genießt man eine weite Sicht zur Schwäbischen Alb und bis zu den Alpen.

85

Zavelsteiner Krokuswiesen
Startpunkt für den Krokusweg: Wanderheim
Fronwaldstraße 48
75385 Bad Teinach-Zavelstein
07053 9205040
www.teinachtal.de

EIN BLÜTENTRAUM IM FRÜHLING

Krokuswiesen

Was gibt es Schöneres als eine Blumenwiese in voller Blüte? Ganz klar, eine Krokuswiese nach einem dunklen, grauen Winter! In Zavelstein, einem Ortsteil von Bad Teinach, freut man sich noch mehr als anderswo auf den Frühling. Die prächtigen Krokuswiesen sind weithin berühmt, nicht nur, weil es die einzigen Flächen in Baden-Württemberg sind, wo der »Frühlings-Safran« wild wächst. Sonst ist der Crocus neglectus im Mittelmeerraum beheimatet. Nördlich der Alpen blüht er nur an wenigen Standorten in allen Schattierungen zwischen Blauviolett und Weiß. Die Touristiker des Ortes haben einen Krokusweg eingerichtet, mit Schautafeln über die zarte Pflanze und ihre Geschichte versehen. Die Wege darf man nicht verlassen, erst recht kein Exemplar beschädigen oder pflücken, sogar die Landwirtschaft ist in diesem Gebiet eingeschränkt.

Geschichten erzählen von Kreuzfahrern, die den seltenen Krokus aus dem Orient mitgebracht haben sollen, eine andere Version berichtet davon, dass Hirsauer Mönche versucht haben, daraus Safran zu gewinnen. Als wahrscheinlicher gilt, dass Burgherr Benjamin Buwinghausen von Wallmerode im 17. Jahrhundert den filigranen Krokus als Zierpflanze zunächst im Burggarten anpflanzte. Die Verbreitung der Blume hat die Viehwirtschaft besorgt, die Samen gelangten über das Viehfutter in die Mägen der Kühe, wurden unverdaut wieder ausgeschieden und verteilt. Nachdem die Wiesen auch von Landwirten angrenzender Dörfer genutzt wurden, verbreitete sich die mitunter Crocus napolitanus genannte Pflanze weiter. Wer im März die Blüte in dem Naturschutzgebiet bestaunen möchte, kann sich über ein »Krokustelefon« kundig machen, ob sich der Besuch schon oder noch lohnt, auch die Website informiert über den Stand der Blüten mittels eines Live-Tickers.

Die Burgruine Zavelstein (560 Meter) am Südostrand der Gemeinde wurde im 13. Jahrhundert erbaut. Der Bergfried bietet eine weite Aussicht bis zur Schwäbischen Alb und (mit Glück) bis zu den Alpen.

86

Hella-Glück-Stollen
Startpunkt: Besucherbergwerk Neubulach
75387 Neubulach
www.bergwerk-neubulach.de

Tourist-Information in der Bergvogtei
Marktplatz 1
75387 Neubulach
07053 969526
www.neubulach.de

WER HIER GRUB, STARB JUNG

Hella-Glück-Stollen

Eng, dunkel, kalt und nass ist es in der Grube *Hella Glück* in Neubulach, sogar im Dürresommer 2018. Klein und dünn waren die Bergarbeiter, die hier durch die Gänge krochen und mühsam nach kupfer- und silberhaltigen Gesteinen suchten. Eindringlich schildert der Führer, dass die Arbeiter kaum 40 Jahre alt wurden, dafür bestens bezahlt, hoch angesehen und privilegiert waren. Der blaue Azurit war noch viel gefragter, er wurde zur Farbherstellung benötigt und war vielfach teurer als Gold. Eine knappe Stunde lang werden die Besucher durch 400 Meter Stollen geführt, an Platzangst sollte man wahrlich nicht leiden, man lernt reichlich, etwa über das »Gezäh« des Bergmanns (sein Werkzeug) oder über den »Markscheider« (er setzte die Vermessungspunkte).

Bereits die Staufer begannen im 11. Jahrhundert mit dem Bergbau, die Blütezeit dauerte vom 11. bis ins 14. Jahrhundert, ein letzter Höhepunkt war die Zeit zwischen 1400 und 1410 als König Ruprecht von der Pfalz das Silber für seine Krönung in Neubulach abbauen ließ. Im Revier von Neubulach entdeckte man 15 bis 20 Kilometer lange Stollengänge, vermessen sind jedoch nur 4.900 Meter. Aus schätzungsweise 750.000 Tonnen Erzen wurden im Laufe der Jahrhunderte rund 7.500 Tonnen Kupfer und 35,5 Tonnen Silber gewonnen. Bis 1945 schürfte man immer wieder, doch die Erzgänge und selbst die Halden gaben nichts mehr her.

Seit 1970 ist die Grube *Hella-Glück* für Besucher zugänglich, *Die Stollengemeinschaft der historischen Bergwerke Neubulach e.V.*, kämpft seitdem gegen das Vergessen dieser besonders harten Art des Broterwerbs. In einem Seitenstollen hat die Stadt Neubulach einen Heilstollen eingerichtet, in dem Asthmatiker Linderung und mitunter sogar Heilung für ihr Leiden finden. Die Luft ist absolut keimfrei – die Gesteinsschichten wirken als gewaltige Filteranlage.

Ebenfalls besichtigt werden kann der *Untere Stollen*. Er ist im ursprünglichen Abbauzustand. Die Begehung ist anspruchsvoller, erfordert Taschenlampe und warme Kleidung, die schmutzig werden darf!

87

Spaziergang durch die Altstadt
Ein Highlight ist das
Alte Schloss
Kirchstraße 11
72213 Altensteig

Stadtinformation Altensteig
Rathaus Altensteig
Rathausplatz 1
07453 9461211
72213 Altensteig

SCHÖNSTES FACHWERKDORF?

Spaziergang durch die Altstadt

Altensteig ist ein Fachwerk-Musterstädtchen. Wenn man das Auto unterhalb des Hügels parkt, auf dem die Altstadt angelegt ist, und der »historischen Meile« folgt, genießt man immer wieder herrliche Blicke auf Symmetrien, Häuserdächer, die über Häuserdächer ragen, Giebel hinter Giebel – alle paar Meter ergibt sich ein neues pittoreskes Fotomotiv. Bemerkenswert sind viele historische Gebäude, etwa das sage und schreibe 28 Meter hohe Rathaus, dessen ältesten Teile Anfang des 13. Jahrhunderts erbaut wurden, oder das Hegelhaus – hier hat die Familie des Philosophen Georg Wilhelm Friedrich Hegel ihre Wurzeln. Nicht zu vergessen die *Metzgerpost*, ein Handwerkerhaus aus dem Jahr 1566, das ab 1800 im Besitz von Metzgern war, die beim Viehverkauf auf dem Land auch die Post zustellten. An den meisten historischen Gebäuden sind Info-Tafeln angebracht. Diese berichten unter anderem vom großen Durst der Altensteiger Ahnen: Zwölf Braustuben und eine Brennerei wurden in der Altstadt betrieben.

Schon von Weitem sichtbar erreicht man am höchsten Punkt des historischen Altensteigs, das Alte und Neue Schloss. Der Grundstein für den romanischen Turm wurde wohl schon im 11. Jahrhundert gelegt unter der Herrschaft der Pfalzgrafen von Tübingen. Das Alte Schloss selbst wurde ab etwa 1230 als Wehranlage gebaut. Die Flankentürme *Himmel* und *Hölle* sowie die spätromanische Schildmauer erinnern noch heute daran. Zahlreiche Tafeln informieren über die wechselvolle Geschichte. 1397/98 etwa wurden Burg, Stadt und 16 Dörfer vom Markgrafen von Baden erworben. Der Wechsel zu Württemberg erfolgte 1604 durch einen Gebietstausch. Im unteren Teil der Stadt, am Saumarkt findet der Kenner ein unscheinbares Gebäude, das Rotgerberhaus. 1799 erbaut war es eine von 32 Gerbereien.

Der Wohnturm des Alten Schlosses ist die einzige bis heute unzerstörte Burg im Schwarzwald und beherbergt ein Heimatmuseum. Für die Region typische Berufe wie Flößer, Gerber und Silberschmied werden dargestellt.

88

Nagoldtalsperre
Startpunkt: Wanderparkplatz Nagoldtalsperre
Seestraße/L362
72297 Seewald

Seewald Touristik
Wildbader Straße 1
72297 Seewald
07447 946011
www.seewald.eu

HEIMAT FÜR DEN EISVOGEL

Nagoldtalsperre

Ein wenig abseits der großen Touristenattraktionen liegt der zweigeteilte Nagoldtalstausee. Dennoch ist er mit allen Verkehrsmitteln leicht erreichbar. Langgezogen erstreckt er sich mitten in einem Landschaftsschutzgebiet. Die Talsperre wurde 1971 in Betrieb genommen und dient nicht primär der Stromgewinnung, sondern dem Hochwasserschutz. Sie fällt weit weniger spektakulär aus als ihre »große Schwester«, die Schwarzenbachtalsperre – der See hier fasst »nur« rund 5,5 Millionen Kubikmeter Wasser.

Selbst an Sonn- und Feiertagen im Frühsommer ist er nicht überlaufen, der Motorradlärm hält sich in Grenzen. Grund dafür mögen die strengen Nutzungsregeln sein, selbst das Baden ist nur im vorderen Teil des zweigeteilten Gewässers erlaubt. Zelten und Campen ist ganz verboten, Hundebesitzer müssen ihre Lieblinge an die Leine nehmen. Mit Booten und Surfbrettern befahren werden darf das Gewässer nur von April bis einschließlich September, ein Bootsverleih findet sich am südlichen Ufer.

Das alles macht den Nagoldtalstausee für Naturliebhaber zur Attraktion, beim Spaziergang am Nordufer lassen sich Blesshühner und Schwäne beobachten oder aber Libellen. Eine komplette Umrundung dauert etwa zwei Stunden. Auch der Eisvogel hat hier sein Revier, weshalb die Gemeinde Seewald-Erzgrube am westlichen Ende einen Eisvogel-Infopavillon erstellt und einen kleinen Eisvogelpfad eingerichtet hat einschließlich Wasserspielplatz für Kinder. Ein Jahresprogramm mit Führungen zu Themen wie heimische Greifvögel oder Fische liegt aus, die Teilnahme ist jeweils kostenlos. Fotomotive bietet der idyllische See zuhauf, vor allem die überdachte und begehbare Holzbrücke, die ihn teilt und eine erste Staustufe darstellt, ist beliebt. Die Hauptsperre findet sich einige Kilometer nordöstlich.

Die Gegend zwischen Freudenstadt und Calw ist einsam. Drei Kilometer südöstlich von Altensteig thront auf 625 Meter Höhe der Egenhäuser Kapf, ein weiteres Naturschutz- und Wandergebiet.

89

Keltenhügel/Krautbühl
Uferstraße
72202 Nagold

Tourist-Information im Foyer des Rathauses
Marktstraße 27–29
72202 Nagold
07452 6810
www.nagold.de

RÄTSELHAFTE GRABKAMMER

Keltenhügel

Nagold verfügt wie viele Städte im Nordschwarzwald über prächtige Fachwerkhäuser. Nach einem Stadtrundgang sollte man unbedingt zum Nagoldufer flanieren, ins Gelände der ehemaligen Landesgartenschau. In den Grünanlagen findet sich eine unscheinbare, aber bedeutende Sehenswürdigkeit, der *Krautbühl*. Er ist mit einem Durchmesser von 50 Metern und einer Höhe von 4,5 Metern einer der am besten erhaltenen Grabhügel aus frühkeltischer Zeit überhaupt. Ganz profan nutzte man die Erhebung bis 1986 als Krautgarten, daher der Name. Und das, obwohl man schon ab dem 19. Jahrhundert zwischen den Kräutern frühzeitliche Scherben und Münzen fand.

Geophysikalische Untersuchungen in den Jahren 2000/2001 ergaben, dass im Zentrum des Hügels eine Grabkammer angelegt ist mit einer Grundfläche von vier mal drei Metern. Vermutlich wurde hier um 600 bis 500 vor Christus ein frühkeltischer Fürst bestattet, der seinen Wohnsitz auf dem Schlossberg hatte. Luftaufnahmen zeigen rund um die Burg Hohennagold einen vorgeschichtlichen Wall. Weitere Funde in Stadtnähe belegen die frühe Besiedlung der Gegend, darunter sind Bruchstücke hochwertiger Feinkeramik. Durch den heutigen Ort führten Handelsrouten, die Gegend ist reich an Erzen, ein Fürstensitz auf der Burg dürfte der Kontrolle der Verkehrswege gedient haben. Auch eine spätkeltische Siedlung ließ sich in der Umgebung ausmachen, der Grundriss eines Gehöfts wurde rekonstruiert, weitere Keramiken und ein Bronzering gefunden.

Durch Erosion und Nutzung als Krautgarten hat sich die Grablege immer weiter abgeflacht. Mit etwas Fantasie erahnt man, wie groß der Hügel vor 2.500 Jahren einmal war. Inzwischen wurde ein archäologischer Wanderweg beschildert. Rund um den Krautbühl, früher auch »Heidenbühl« genannt, wurden Informationsstelen errichtet.

Nicht zu übersehen ist die Burgruine Hohennagold auf dem Schlossberg, die um 1100 erbaut und im Dreißigjährigen Krieg zerstört wurde. Sie ist jederzeit zugänglich und ein beliebtes Ausflugsziel.

90

Schwarzwälder Freilicht-museum Vogtsbauernhof
Wählerbrücke 1
77793 Gutach (Schwarz-waldbahn)
07831 93560
www.vogtsbauernhof.de

DIE LETZTEN ORIGINALE

Schwarzwälder Freilichtmuseum Vogtsbauernhof

Original-Schwarzwaldhäuser samt historischer Einrichtung finden sich heute nur noch im ältesten Freilichtmuseum Baden-Württembergs in Gutach. 600 Jahre Schwarzwald-Geschichte sind hier versammelt. Das Schwarzwälder Freilichtmuseum Vogtsbauernhof, eröffnet 1964, geht zurück auf einen Vogtsbauernhof aus dem Jahr 1612. Der Eigentümer war Gutacher Talvogt. Sein Hof wurde das erste Museumshaus. Im Laufe der Jahrzehnte wurden immer mehr Originalhöfe im Schwarzwald abgebaut und auf dem Gelände bei Gutach wieder errichtet, und zwar mitsamt Einrichtungsgegenständen und Nebengebäuden wie Mühlen, Sägen und Speicher. Vom ältesten, dem *Hippenseppenhaus* aus dem Jahr 1599 (Furtwangen), über das *Schauinslandhaus* bis hin zum *Hotzenwaldhaus* werden sieben Typen je nach Region unterschieden. Das vielleicht schönste ist das *Schlössle von Effringen*, das einzige Gebäude aus dem Nordschwarzwald. Es ist etwa 600 Jahre alt und wurde bis 1972 als privates Wohnhaus genutzt. In diesen Zustand wurde es bei der Restauration zurückversetzt, inklusive 70er-Jahre-Inneneinrichtung!

Die Gebäude sind wissenschaftlich und museumspädagogisch aufbereitet, geboten werden zahlreiche Mitmachprogramme, etwa Kuckuckspfeifenbauen oder Bürstenbinden. 30 verschiedene traditionelle Handwerker, etwa Schäppelmacherinnen oder Küfer, führen ihre Künste vor. Allerdings kann man sich ebenfalls auf einen Rundgang über das Areal und durch die Häuser samt Küchen, Kammern und Stuben beschränken. Dazu sollte man sich mindestens einen halben Tag Zeit nehmen. Kindergeburtstage, Restaurants, Shop – alles, was Besucherherz und -magen begehren. Aber auch ein 5,5 Hektar großes Freigelände, auf dem Bauernhoftiere aller Rassen gehalten und gepflegt werden, machen dieses Museum der besonderen Art aus. Im Winter ist der Vogtsbauernhof geschlossen.

Im Nachbarort Hausach findet einmal im Jahr im Frühsommer der *Leselenz* statt, eines der größten deutschen Literaturfestivals. Dort treten renommierte Autoren aus aller Welt auf (www.leselenz.de).

KRIMIS AUS DER REGION

Graf,
Wolfsgebiet
978-3-8392-2480-9

Heinecke,
Schneesturz – Der Fall des Königenhofs
978-3-8392-2855-5

Leix,
Mordschwarzwald
978-3-8392-1387-2

Leix,
Schwarzwald-Himmel
978-3-8392-2259-1

Leix,
Schwarzwald Hölle
978-3-8392-1854-9

Leix,
Teuchel Mord
978-3-8392-0082-7

#GENAUSO SCHÖN

33 Traumziele und ihre schönsten Alternativen

IN SACHSEN

Die Heinzelmännchen von Eilenbur

LIEBE LESERIN, LIEBER LESER,

Ausflüge in die Umgebung haben in der letzten Zeit eine wahre Renaissance erlebt. Oft fallen einem auch im eigenen Bundesland nur die großen und bekannten Sehenswürdigkeiten und Reiseziele ein. Dabei lohnt es sich, in die zweite Reihe zu schauen. Hier warten zahlreiche Perlen darauf, entdeckt zu werden. Auch wenn sie manchmal abgelegener oder unscheinbarer sind als ihre großen Geschwister, lohnt doch ein Besuch. Die Reihe #Genausoschön gibt einen Anstoß, neben den bekannten Orten auch die weniger bekannten zu entdecken. Mein Buch soll dazu eine Inspirationsquelle für Sie sein.

Viel Freude bei Ihren Entdeckungstouren durch Sachsen wünscht

Maja Reinhardt

Bergkirche Beucha

INHALT

Editorial 3

Lieblinge der Autorin 8

1 #Gartentraum

Fürst-Pückler-Park in Muskau .. 12
Rhododendrenpark Kromlau – Barockgarten Zabeltitz – Barockgarten Großsedlitz – Grünfelder Park

2 # Tierisches Vergnügen

Zoo Leipzig 18
Wildpark Leipzig – Tierpark & Kloster Riesa – Amerika-Tierpark in Limbach-Oberfrohna

3 #Kaffeesachsen

Kaffeehaus Riquet 24
Café Brumme in Obercunnersdorf – Café Grundmann in Leipzig – Café Sweet Sophie im Schloss Waldenburg

4 #Leipziger Passagen

Mädlerpassage 30
Specks Hof und Hansahaus – Barthels Hof – Steibs Hof

5 #Musikgeschichte(n)

Bachmuseum in Leipzig 36
Schumannhaus in Leipzig – Richard-Wagner-Stätten in Graupa – Carl-Maria-von-Weber-Museum in Dresden

6 #Aussichtstürme

Panorama Tower in Leipzig 42
König-Friedrich-August-Turm unweit von Löbau – Rathausturm in Leipzig – Historischer Personenaufzug mit Aussichtsplattform in Bad Schandau – Glückauf-Turm in Oelsnitz/Erzgebirge

7 #Zeitgenössische Kunst

Spinnerei Leipzig 48
ibug – HGB-Rundgang Leipzig – Begehungen Chemnitz

Begehungen im Kulturpalast Rabenstein in Chemnitz

8 #Außergewöhnlich Übernachten

Kulturinsel Einsiedel – die geheime Welt von Turisede 54
Bergheim Lofts in Schöneck – Das Kofferhotel in Lunzenau – Lokhotel V180 in Wiesenburg – Weltraumbahnhof in Morgenröthe-Rautenkranz

9 #Märchenhaft

Schloss Moritzburg 60
Schloss Hartenfels Torgau – Schloss Rochlitz – Burg Schönfels

10 # Flussschönheiten

Meißen 66
Torgau – Pirna – Grimma

11 #Oberlausitz

Görlitz 72
Bautzen – Kamenz – Löbau – Zittau

12 #Handwerkskunst

Meissener Porzellan 78
Plauener Spitze – Uhren aus Glashütte – Musikinstrumentenbau

13 #Weingenuss

Staatsweingut Schloss Wackerbarth 84
Weingut Schloss Proschwitz – Weingut Hoflößnitz – Weingut Zimmerling

14 #Architektur-Legende

Haus Schminke in Löbau 90
Haus Rabe in Zwenkau – Der Wasserturm in Reichenbach – Das ehemalige Kaufhaus Schocken in Chemnitz – Villa Esche in Chemnitz

15 #Geschichten, Sagen und Legenden

Karl May Museum in Radebeul 96
Krabatmühle – Der vogtländische Moosmann – Die Heinzelmännchen von Eilenburg

16 #Zeitgenössische Architektur

Militärhistorisches Museum in Dresden 102
Niemeyer Sphere in Leipzig – Porsche Leipzig – UFA-Kristallpalast in Dresden

August-Horch-Museum in Zwickau

17 **# Kulturreiseziele**

Semperoper 108
König-Albert-Theater Bad Elster – Theater Plauen-Zwickau – Oper und Gewandhaus in Leipzig

18 **#Kunstmekka**

Gemäldegalerie Alte Meister in Dresden 114
Albertinum in Dresden – Museum der bildenden Künste in Leipzig – Kunstsammlungen Zwickau – Museum Gunzenhauser

19 **#Barocke Pracht**

Der Dresdner Zwinger 120
Barockschloss Delitzsch – Barockschloss Rammenau – Gohliser Schlösschen in Leipzig

20 **#Glaubensorte**

Frauenkirche in Dresden 126
Russische Gedächtniskirche in Leipzig – Neue Synagoge in Dresden – Die Bergkirche in Beucha

21 **#Weihnachtsland**

Striezelmarkt in Dresden 132
Ortspyramiden – Original Füchtner – Werkstatt alter Volkskunst in Seiffen – Pfefferkuchenstadt Pulsnitz

22 **#Ritterromantik**

Burg Kriebstein 138
Burg Gnandstein – Burg Mylau – Burg Rabenstein

23 **#Drumrumgebaut**

Obercunnersdorf 144
Cunewalde – Großschönau – Raun

24 **#Spirituelle Orte**

Kloster St. Marienthal 150
Klosterruine Nimbschen – Klosterpark Altzella – Kloster Wechselburg

25 **#Unter Tage**

Silberbergwerk Freiberg 156
Drachenhöhle Syrau – Grube Tannenberg – Tiefer Molchner Stolln in Pobershau

Specks Hof in Leipzig

26 #Auf Schienen

Kirnitzschtalbahn 162
Döllnitzbahn – Dresdner Schwebebahn – Fichtelbergbahn

27 #Blütentraum

Die Kamelie in Pillnitz 168
Kamelienhaus in Rosswein – Kamelienhaus in Königsbrück – Kamelienschloss Pirna-Zuschendorf

28 #Geheimnisvolle Ruinen

Burg- und Klosterruine Oybin ..174
Burgruine Elsterberg – Burgruine Frauenstein – Burgsteinruinen

29 #Industriegeschichte

Industriemuseum Chemnitz..180
Esche-Museum in Limbach-Oberfrohna – August Horch Museum Zwickau – Eisenbahnmuseum Chemnitz

30 #Schlossschönheiten

Schloss Augustusburg.............. 186
Schloss Colditz – Schloss Hubertusburg – Schloss Weesenstein

31 #Brücken

Göltzschtalbrücke 192
Elstertalbrücke – Autobahnbrücke Pirk – Hetzdorfer Viadukt

32 #Wintersport

Oberwiesenthal........................... 198
Schöneck – Kammloipe – Altenberg

33 #Kurbäder

Bad Elster 204
Bad Brambach – Thermalbad Wiesenbad – Bad Düben

Wir machen einen Ausflug! 210

Register 216

Impressum 219

Über die Autorin 224

LIEBLINGE DER AUTORIN

14

Haus Schminke in Löbau // Haus Rabe in Zwenkau

Das Haus Schminke ist sicherlich der spektakulärste Bau der klassischen Moderne in Sachsen. Aber auch das erst seit ein paar Jahren wieder öffentlich zugängliche Haus Rabe in Zwenkau beeindruckt die Besucher mit seinem Design.

#Architektur-Legende

Haus Schminke

Haus Rabe

k Muskau

Kromlauer Park

#Garten-traum

Fürst-Pückler-Park in Bad Muskau // Kromlauer Park

Der Fürst-Pückler-Park in Bad Muskau, der sowohl auf der deutschen als auch auf der polnischen Seite der Neiße liegt, begeistert mit Größe und Vielfalt. Nicht weniger schön ist der in der Nähe gelegene Kromlauer Park, besonders wenn die Rhododendren in voller Blüte stehen.

1

#Märchenhaft

Moritzburg

Moritzburg // Schloss Hartenfels

8

as bezaubernde Schloss Moritzburg zieht alljährlich Tausende Besucher n, nicht zuletzt wegen der berühmten Aschenbrödel-Treppe. Aber auch n Torgauer Schloss Hartenfels mit dem wundervollen Innenhof und dem omantischen Rosengarten fühlt man sich wie im Märchen.

Schloss Hartenfels in Torgau

... UND LOS GEHT'S MIT DEN TRAUMZIELEN UND IHREN ALTERNATIVEN!

Blick auf das Schloss in Fürst-Pückler Park in Bad Muskau

#Gartentraum

1 Fürst-Pückler-Park in Muskau

Der Pückler-Park in Muskau ist ein wahres Meisterwerk der Gartenkunst, kein Wunder, dass er zum UNESCO-Welterbe zählt. Der Fürst wollte nicht weniger als den schönsten Park Deutschlands erschaffen. Auch wenn nicht alle seine Planungen für dieses Mammutprojekt umgesetzt werden konnten, bietet sich dem Besucher im größten Landschaftspark Zentraleuropas eine Gartenlandschaft von großem Reiz. Mitten durch den Park fließt die Neiße, die Polen von Deutschland trennt. Man wandelt ganz unbeschwert auf beiden Seiten. Weite Wiesen und alter Baumbestand wechseln sich ab, in den Wasserläufen spiegeln sich das alte und das neue Schloss, und immer wieder begeistern die wundervollen Sichtachsen. Einen wahren Postkartenblick hat man von der Karpfenbrücke.

02953 Bad Muskau, www.muskauer-park.de

// Das Eis zum Park

gibt's im Café Vorwerg. Bei gutem Wetter sitzt man schön unter schattenspendenden Kastanien. Neben dem berühmten Eis – ein halbgefrorenes in den Farben Braun, Gelb und Rot – gibt's auch Kaffee und Kuchen sowie deftige Gerichte (Bauhof 14, 02953 Bad Muskau).

Die Alternativen

1.1
1
1.2
1.3
1.4

1 Rhododendrenpark Kromlau

Nur wenige Kilometer entfernt von Muskau liegt der Kromlauer Park. Berühmtheit erlangte in den letzten Jahren die Rakotzbrücke. Sie ist zu einem der beliebtesten Fotospots in Sachsen geworden, denn diese Brücke aus Basaltblöcken wird durch die Spiegelung im Rakotzsee optisch zu einem Kreis. Der Park aber ist nicht nur wegen dieser Brücke sehenswert. Zahlreiche weitere Anlagen aus Basaltsteinen wie Höhlen und Grotten ziehen die Blicke auf sich. Die Steine stammen aus der Sächsischen Schweiz und aus Böhmen und sollen auf Ochsenkarren nach Kromlau gebracht worden sein.

Außerdem befindet sich im Park das Alte Schloss und das Kavaliershaus. Der 200 Hektar große Landschaftspark selbst geht auf Friedrich Hermann Rötschke, einen Zeitgenossen Pücklers, zurück. Neben zahlreichen Bäumen ließ er Rhododendren und Azaleen anpflanzen. Fazit: Der Kromlauer Park hat heute die größte Rhododendren-Freianlage Deutschlands. Zur Blütezeit wird der Park zum farbenfrohen

Blick auf die Rakotzbrücke im Kromlauer Park

Naturschauspiel. Ein Abstecher zur Rhododendronschlucht ist dann besonders zu empfehlen.

Parkplatz in der Halbendorfer Straße, 02953 Gablenz.

https://kromlau-online.de

// Infozentrum

Direkt auf dem Besucherparkplatz erhält man in einem kleinen Häuschen Informationen über den Park und die Umgebung von Kromlau.

Barockgarten Zabeltitz mit Palais

2 Barockgarten Zabeltitz

Im kleinen Dörfchen Zabeltitz beeindruckt der gleichnamige Barockgarten. Für den Reichsgrafen August Christoph Wackerbarth gestaltete der Lieblingsbau- und Gartenmeister August des Starken, Johann Christoph Knöffel, in direkter Nachbarschaft zum alten Renaissanceschloss ein geschlossenes Ensemble aus barockem Palais und einem Garten im französischen Stil. Das Palais entstand durch den Umbau eines schon mehrfach umgestalteten Wohnschlosses. Der Garten zeichnet sich durch seine strenge symmetrische Gestaltung aus. Schattenspendende Linden- und Kastanienalleen laden hier zum gemütlichen Lustwandeln ein. Der hintere Teil des Parks wurde Ende des 18. Jahrhunderts im Stil eines englischen Gartens erweitert. Im Zuge dessen wurden mehrere Sandsteinfiguren aufgestellt, unter anderem die pittoreske Brunnenanlage Riesenkinder. Der Park begeistert außerdem durch seine zahlreichen Wasserflächen. Im Foyer des Palais informiert eine Ausstellung über die Geschichte der schönen Gartenanlage, und man kann hier in den Sommermonaten gemütlich im Café verweilen.

Am Park 1, 01561 Großenhain OT Zabeltitz,

www.grossenhain.de/barockgarten-zabeltitz.html

// Dorfspaziergang

Der Dorfkern von Zabeltitz mit der über 400 Jahre alten spätgotischen St.-Georgen-Kirche und dem Bauernmuseum in einem alten Dreiseithof aus dem Jahr 1810 sind ebenfalls sehr sehenswert.

3 Barockgarten Großsedlitz

Auch die Anlage in Großsedlitz geht auf Reichsgraf August Christoph Wackerbarth zurück, auch hier wirkte Knöffel als Baumeister. Auf dem hügeligen Gelände entstand ein repräsentativer Landsitz mit terrassenartigem Garten. 1723 kaufte August der Starke das gesamte Gelände. Er hatte Großes damit vor. Hier sollte nicht weniger als das deutsche Versailles entstehen. Doch der Bau fiel in eine Zeit knapper Kassen. Das ließ die Pläne schrumpfen. Nichtsdestotrotz entstand ein beeindruckendes barockes Gartenkunstwerk mit zwei Orangerien und zahlreichen Wasserspielen. In die Mittelachse wurde mit der Waldkaskade ein künstlicher Wasserfall gebaut, der allerdings unvollendet blieb. Um die Wasserspiele betreiben zu können, wurde eine hydraulische Wasserhebeanlage errichtet – schon das ein kostspieliges Vergnügen.

Großsedlitz war bekannt für seine zahlreichen Orangen- und Zitronenbäumchen. 1736 sollen unglaubliche 1287 Bäumchen im gesamten Areal gestanden haben. Die südländische Pracht fand Anfang des 20. Jahrhunderts ein jähes Ende. Den kalten Winter 1928/29 überlebten ganze zwölf Bäume. Seit den 1990er Jahren beleben neue Orangenbäume aus Italien die alte Pracht.

Parkstraße 85, 01809 Heidenau,
www.barockgarten-grosssedlitz.de

// Kleine Pause

Im Café Friedrichschlösschen kann man in herrlicher Umgebung Kaffee und Kuchen genießen. Von hier hat man einen beeindruckenden Blick auf die obere Orangerie.

Barockgarten in Großsedlitz

s Portal »Der Stillen Naturfreunde«
Grünfelder Park

4 Grünfelder Park

In dem beschaulichen Ort Waldenburg kann man durch den idyllischen Grünfelder Park wandeln. Auf einer Fläche von über 100 Hektar ließ Graf Otto Carl Friedrich von Schönburg-Waldenburg 1780 einen Park im englischen Stil anlegen. Seine Vorbilder fand er nicht nur in England, sondern auch im Wörlitzer Park. Als Reminiszenz an die englische Gartenkunst erhielt der Park, der sich von den Berghängen des Oberwinkler Tals bis zu den Ufern der Zwickauer Mulde erstreckt, den Namen Greenfield. Daraus wurde später Grünfeld. Es entstand ein Gesamtkunstwerk aus sich frei entfaltender Natur und Gartenbau, aber auch aus Architektur und Kunst. Von den ehemals mehr als 50 Staffagen und Monumenten haben sich nur noch wenige erhalten, diese sind aber eindrucksvoll: Auf einem Spaziergang durch den Park läuft man an einer mit Findlingen und Felsbrocken erbauten künstlichen Grotte vorbei und auch an dem Portal »Der stillen Naturfreunde«, das sein Vorbild in der Renaissance hat. Der Park verband auch das Schöne mit dem Nützlichen. Das zeigt sich am tempelartigen Badehaus mit der fast schwarzen Fassade, an der die Sandsteinornamente besonders gut zur Geltung kommen. *Grünfelder Straße, 08396 Waldenburg, www.waldenburg.de/park*

// Noch ein Park

Auch im nahe gelegenen Wolkenburg entstand im ausgehenden 18. Jahrhundert ein Park im englischen Stil. Beeindruckend sind die im Park verteilt stehenden Eisengussfiguren.

Der Leipziger Zoo

#Tierisches Vergnügen

2 Zoo Leipzig

Der Zoo Leipzig zählt zu den ältesten und mit über 850 Arten artenreichsten Tiergärten weltweit. In der weitläufigen Anlage erwarten die weit über eine Million Besucher pro Jahr spannende Eindrücke in unterschiedlich angelegten Erlebniswelten. So kann man im Gondwana-Land in eine Tropische Welt eintauchen und sogar auf Bootstour gehen. Im Elefantentempel ist man mit den Dickhäutern auf Du und Du, oder man unternimmt in der Kiwara-Lodge eine Reise in die weiten Savannen Afrikas. Ein seltenes Erlebnis bietet das Koala-Haus mit dem nachempfundenen Eukalyptuswald. Und im historischen Aquarium befindet sich sogar eine Unterwasserwelt mit Überkopfscheibe.

Pfaffendorfer Str. 29, 04105 Leipzig, www.zoo-leipzig.de

// Großes Kino

Die wöchentliche MDR-Serie »Elefant, Tiger & Co.« ist quasi die Mutter aller Zoo-Doku-Soaps. Sie gibt einen authentischen Blick hinter die Kulissen des Leipziger Zoos.

Die Alternativen

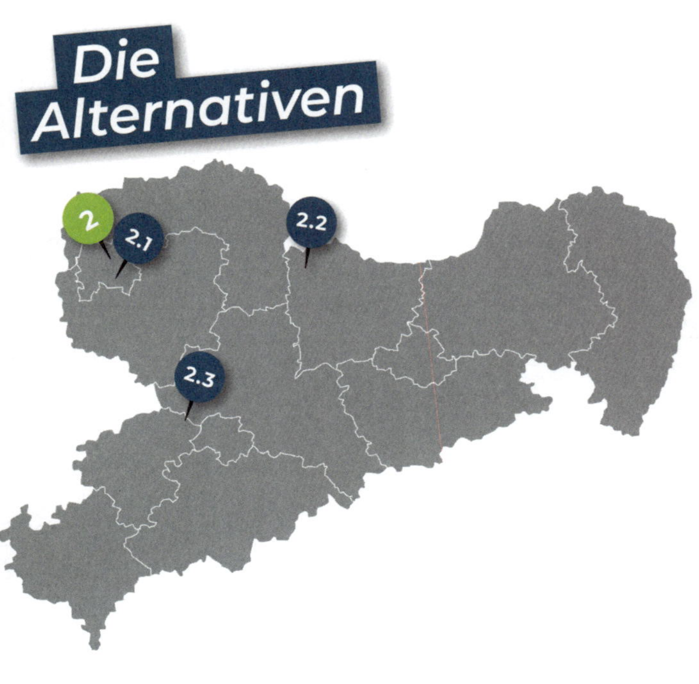

1 Wildpark Leipzig

Im Süden des Leipziger Auwaldes befindet sich im Stadtteil Connewitz der Wildpark. Hier kann man in den großen, naturbelassenen Freigehegen Tierarten beobachten, die in Mitteleuropa noch in freier Wildbahn vorkommen, wie etwa Rehe, oder Tiere, die früher im Auwald heimisch waren, wie der Luchs oder der Elch, sowie welche, die in letzter Zeit erst heimisch geworden sind, wie die Waschbären oder der Mink.

Der Zugang aus dem Auwald erfolgt fast nahtlos: Allein ein großes Tor zeigt an, dass man sich jetzt auf dem Gelände des kostenfrei zugänglichen Parks befindet. Nur für den Erlebnispfad durch das Wildgehege wird ein kleiner Eintrittspreis erhoben.

Alles begann im Jahr 1904, als der Rat der Stadt Leipzig vom Mühlenbesitzer Jacob vier Stück Damwild geschenkt bekam. Für sie wurde im Auwald ein Gatter eingerichtet. Nachdem sich der erste Standort wegen der Überschwemmungen als ungeeignet erwies, wählte man das heutige Gelände. Schon bald wuchs der Tierbestand, und heute ergänzen gastronomische Einrichtungen das Angebot. Auch im urigen russischen Teehaus oder in der Wildparkgaststätte kann man eine Pause einlegen. Der Wildpark ist besonders bei Familien ein beliebtes Ausflugsziel, denn Stadtkinder kommen hier der Natur ein ganzes Stück näher.

Koburger Straße 12a, , www.wildparkverein-leipzig.de

// Nicht vergessen

Man sollte auf keinen Fall vergessen, genügend Münzgeld einzustecken. An den speziellen Automaten kann man Futter für Damwild und Rehe erwerben.

Blockhaus im Wildpark Leipzig

2 Tierpark & Kloster Riesa

Der Riesaer Tierpark befindet sich an einem ungewöhnlichen Ort – dort, wo früher Benediktinernonnen lebten und arbeiteten, sind heute circa 65 Tierarten zu Hause. Im ehemaligen Klostergarten direkt neben der Klosterkirche ist der Eingang zum terrassenartig angelegten Tierpark. Zu sehen sind vorrangig Tiere, die in den europäischen Breiten heimisch sind, wie zum Beispiel Ziegen, Esel oder Zwergotter, aber auch Kängurus haben hier ein neues Zuhause gefunden. Im Ostflügel des Klostergebäudes gibt es ein regionales Highlight: In drei großen Aquarien tummeln sich Fische, deren natürlicher Lebensraum die Elbe ist, dazu eine anschauliche Darstellung des Naturraums Elbe. Ausstellungen im Obergeschoss des Ostflügels widmen sich der Klostergeschichte sowie dem Thema Tier und Natur. An die ehemalige Nutzung der Anlage erinnert ein idyllischer Klostergarten mit unterschiedlichen Heil- und Gewürzkräutern, der sich direkt vor dem Ostflügel befindet. Teile des ehemaligen Klosters kann man bei einer Führung besichtigen und dabei Wissenswertes über das Leben der Nonnen erfahren. Im Südflügel befindet sich übrigens das Riesaer Rathaus. *Rathausplatz 1, 01589 Riesa, www.tierpark-riesa.de*

// Rund um die Nudel

Riesa ist seit 1914 bekannt für Herstellung von Nudeln. In der Erlebniswelt im Nudelcenter stehen sie im Mittelpunkt. Von der Gläsernen Produktion über ein Museum, ein Nudelkontor bis hin zum Restaurant.

Der Tierpark in Riesa mit den ehemaligen Klostergebäuden

Flamingos im Amerika-Tierpark in Limbach-Oberfrohna

3 Amerika-Tierpark in Limbach-Oberfrohna

Seit 1959 ist auch der Tierpark in Limbach-Oberfrohna ein beliebter Anziehungspunkt für Familien. Er ist einer der kleinsten Tierparks in Deutschland und spezialisiert sich seit 2012 auf Tiere, die in Nord- und Südamerika heimisch sind. Einen besonderen Anziehungspunkt stellen dabei die begehbaren Anlagen der Humboldtpinguine und das Flamingo-Land dar. Den stolzen rosaroten Tieren kommt man hier so nah wie sonst nie. In einem weiteren Bereich des Tierparks ist Klein-Arizona entstanden. Hier sind unter anderem die Swiftfüchse zu Hause. Der Amerika-Tierpark ist der einzige in Deutschland, in dem man die kleinste Fuchsart Nordamerikas sehen kann. Außerdem beeindrucken die Nasenbären, die auf dem gesamten amerikanischen Kontinent zu Hause sind, oder auch der Mähnenwolf, der größte Wildhund Südamerikas, die Besucher.

Im Tierpark findet man zahlreiche Bänke, von denen man das muntere Treiben gemütlich beobachten kann, und sogar einen Picknickplatz mit angeschlossenem Spielplatz. Der kleine, aber feine Tierpark ist perfekt für einen Familienausflug.

Tierparkstraße 1, 09212 Limbach-Oberfrohna, www.amerika-tierpark.de

// Noch mehr Park

Der Tierpark ist Teil des Stadtparks. Seit 1894 ein Kleinod der Stadt, durch den man nach dem Tierparkbesuch noch gemütlich schlendern kann. Wenn der Hunger kommt, kann man in der Parkschänke einkehren.

RiQUET
RiQUET &

#Kaffeesachsen

3 Kaffeehaus Riquet

Sachsen ist das Land des Kaffees. Schon im 18. Jahrhundert wollten sächsische Soldaten ohne Kaffee nicht mehr in die Schlacht ziehen: »Ohne Gaffee gönn mer nich gämpfn!« (»Ohne Kaffee können wir nicht kämpfen.«) Mitten in Leipzig befindet sich ganz folgerichtig mit dem Kaffeehaus Riquet eines der auffallendsten Gebäude der Stadt. Das Gebäude wurde 1908/09 für die Firma Riquet & Co gebaut. Sie importierte neben Tee, Kaffee und Gewürzen auch Kakao, der zu hochwertigen Pralinen weiterverarbeitet wurde. Ihre Handelsbeziehungen zu Asien sollten sich auch im Haus widerspiegeln. So erinnert das geschwungene Dachtürmchen an die chinesische Baukunst. Die Eingangstür zum Café wird von zwei riesigen kupfernen Elefantenköpfen flankiert. Im Inneren kann man im stilvollen Jugendstilambiente einen Kaffee der Hausmarke – Elefantenkaffee – trinken.

Schuhmachergäßchen 1, 04109 Leipzig, www.riquethaus.de

// Unbedingt probieren

Bei einem Besuch in Leipzig sollte man unbedingt eine Leipziger Lerche probieren. Das Mürbeteiggebäck mit einem Kern aus Marzipan erinnert an eine Zeit, in der Singvögel als Spezialität galten.

Das Kaffeehaus Riquet in Leipzig

1 Café Brumme in Obercunnersdorf

Ein außergewöhnliches Café erwartet die Gäste in Obercunnersdorf. Es befindet sich in einem 300 Jahre alten Umgebindehaus, das schon auf eine lange Geschichte zurückblickt. Ehemals ein Gasthaus, danach eine Fleischerei, und heutzutage entstehen in der Backstube die leckersten Torten und Kuchen. Jeden Tag werden bis zu zehn verschiedene Sorten gebacken, am Wochenende können es auch schon einmal mehr werden. Bei den großen runden Kuchen fällt die Auswahl schwer. Soll es eine Eierschecke sein oder Mohnkuchen oder doch lieber ein Bienenstich mit Apfel …?

Der Garten des Café Brumme

Das Haus wurde mit viel Liebe saniert, dabei wurden auch die Ritschel, die innenliegenden Fensterläden, die typisch für die Oberlausitzer Umgebindehäuser sind, erhalten. Kaffee und Kuchen kann man gemütlich in der Blockstube genießen oder im Garten unter schattenspendenden Bäumen. Egal, für welchen Platz man sich entscheidet, hier kann man gemütlich süße Leckereien genießen und sich für den Rundgang durch das Dorf stärken. *Hauptstraße 80, 02708 Obercunnersdorf, www.brumme.cafe*

// Übernachtung

Das Café Brumme vermietet auch Ferienwohnungen im Umgebindehaus.

2 Café Grundmann in Leipzig

Etwas außerhalb der Innenstadt, in der Südvorstadt Leipzigs, wartet im Café Grundmann historische Kaffeehauskultur auf die Gäste: Ein einzigartiges Café im Art-déco-Stil, das es so im mitteldeutschen Raum kein zweites Mal gibt. Auch wenn die Namen seit 1919 immer einmal gewechselt haben, verströmt das Café mit seiner Holzvertäfelung, den Thonet-Stühlen und den Marmortischen immer noch den traditionellen Wiener Kaffeehauscharme. Und wenn man vom Kellner im Livree ein Frühstück »Wien« mit zwei Eiern im Glas und Marillenkonfitüre serviert bekommt, fühlt man sich direkt in die Hauptstadt Österreichs katapultiert. Neben den verschiedenen Frühstücksangeboten findet man auf der Karte herzhafte Kleinigkeiten wie zum Beispiel die legendäre Karlsbader Schnitte, und natürlich leckerste Torten und Kuchen. *August-Bebel-Straße 2, 04275 Leipzig, www.cafe-grundmann.de*

// Spaziergang durchs Viertel

Frisch gestärkt kann man durch die Südvorstadt bummeln. Die August-Bebel-Straße begeistert mit ihren schicken Jugendstilhäusern, parallel dazu kann man stadteinwärts die Karl-Liebknecht-Straße wieder zurückschlendern. Die Straße, die liebevoll »Karli« genannt wird, begeistert mit ihrem bunten Mix aus Restaurants und kleinen Läden.

Cafe Grundmann in Leipzig

Café Sweet Sophie im Schloss Waldenburg

3 Café Sweet Sophie im Schloss Waldenburg

Wahrhaft fürstlich kann man seinen Kaffee im Café Sweet Sophie im Schloss Waldenburg einnehmen. Die Gartenhalle und die Schlossterrasse laden mit gemütlichen Sitzbereichen zum Verweilen ein. Überall stehen kleine Sammeltassen mit frischen Blumen. Im historischen Ambiente der alten Hallen kann man sich mit Kaffee und Kuchen, aber auch mit herzhaften Kleinigkeiten verwöhnen lassen. Ein Genuss sind die riesigen Windbeutel, die es mit verschiedenen Füllungen gibt. Von der Terrasse hat man einen wundervollen Blick über den Schlosspark, und im Frühjahr, wenn die riesige Magnolie in voller Blüte steht, ist es hier besonders schön. Sonn- und feiertags bietet das Café Sweet Sophie Frühstück an, für das man auf jeden Fall Plätze reservieren sollte.

Peniger Straße 1C, 08396 Waldenburg, www.schlosscafe-waldenburg.de

// Schlosstour

Nach der Stärkung sollte man sich unbedingt Schloss Waldenburg anschauen. Wem die ehemalige Residenz der Fürsten von Schönburg-Waldenburg bekannt vorkommt: Hier spielen Teile des Films »Grand Budapest Hotel«.

#Leipziger Passagen

4 Mädlerpassage

Mit der Entwicklung Leipzigs als Messe- und Handelsstadt entstanden zahlreiche Passagen, Durchgangshöfe und Messepaläste. Die wohl bekannteste ist die Mädlerpassage im Herzen der Innenstadt. Die Passage mit der repräsentativen Ladenzeile wurde in den Jahren 1912 bis 1914 für den Lederwarenfabrikanten Anton Mädler erbaut. Besonders beeindruckend sind die Glas-Betondecke, durch die natürliches Tageslicht einstrahlt, sowie das Glockenspiel aus Meißner Porzellan in der Rotunde. Für den Neubau musste Auerbachs Hof weichen, der einst an dieser Stelle stand. Geblieben hingegen ist die traditionsreiche Gaststätte Auerbachs Keller, die als einer der Schauplätze in Goethes Faust Berühmtheit erlangte. Mephisto und Faust stehen als Bronzefiguren überlebensgroß an der Treppe und weisen den Weg hinab.

Grimmaische Str. 2–4, 04109 Leipzig, www.maedlerpassage.de

// In unmittelbarer Nähe

Direkt an die Mädlerpassage schließen sich die Königshof- und die Messehauspassage an. Gemeinsam bilden sie den größten Passagenkomplex Leipzigs.

Die Mädlerpassage in Leipzig

Die Alternativen

1 Specks Hof und Hansahaus

Die miteinander verbundenen Passagen von Specks Hof und dem Hansahaus waren mit einer Ausstellungsfläche von 10 000 Quadratmetern Ende der 1920er Jahre das größte Messehaus der damaligen Zeit. Heute sind sie die wohl am abwechslungsreichsten gestalteten Passagen der Stadt. Das Hansahaus wurde im Zweiten Weltkrieg komplett zerstört und dann zunächst durch einen einfachen Bau ersetzt. In den 1990er Jahren erfolgte ein kompletter Wiederaufbau, bei dem auch der eindrucksvolle Innenhof mit den Jugendstilelementen und der Glasdecke wiederhergestellt wurde. Im Specks Hof fügt sich moderne Kunst in die alten Mauern ein. Die drei Lichthöfe wurden von zeitgenössischen Künstlern gestaltet: den ersten Lichthof ziert der Freskenfries zum Thema »Werden und Vergehen« des Malers Bruno Griesel, einem Vertreter der Neuen Leipziger Schule. Im zweiten Innenhof widmet sich der Hallenser Künstler Moritz Götze der Geschichte der Leipziger Messe, und im dritten Lichthof thematisiert der Berliner Künstler Johannes Grützke die Themen Konsum und Wegwerfgesellschaft. Dem Namensgeber der Passage und vormaligen Besitzer des Eckhauses, Maximilian Speck von Sternburg, hätte dies sicherlich gefallen – er war nicht nur ein Leipziger Großkaufmann, sondern auch Kunstliebhaber und Mäzen.

Specks Hof: Reichsstraße 4, 04109 Leipzig, Hansahaus: Grimmaische Straße 13–15, 04109 Leipzig, www.speckshof.de

// Für Bücherfreunde

Im Specks Hof befindet sich die wundervolle Connewitzer Verlagsbuchhandlung. Sie bietet auf zwei Etagen gut sortiertes Buchvergnügen.

Specks Hof in Leipzig

2 Barthels Hof

Im Zuge der Erweiterungen der Messe- und Warenhäuser um 1900 wurden bestehende Häuser abgerissen und größer neu gebaut. Einzig Barthels Hof entging diesem Schicksal. So ist der zwischen 1747 und 1750 für den Kaufmann Gottlieb Barthel erbaute Handelshof der einzige Zeuge der Warenmesse aus dem 18. Jahrhundert. Bei einem Umbau in den Jahren 1870/71 erhielt der Hof eine neobarocke Straßenfassade, die zum Marktplatz zeigt, und eine breitere Hofdurchfahrt.

Der noch erhaltene Renaissance-Erker des Hauses *Zur goldenen Schlange*, das vor Barthels Hof an dieser Stelle stand, musste dem Blick zum Markt weichen und zog in den Innenhof. Heute gilt dieser Erker als ältestes Fragment eines Bürgerhauses in Leipzig.

Im Innenhof kann man noch die Luft der alten Messetätigkeit atmen. An das rege Treiben erinnern die massiven Kranbalken, an denen früher die Waren in die oberen Geschosse gehievt wurden. Auch wird hier die Funktion der Durchhöfe deutlich. Mit den Pferdegespannen konnte man zu einer Seite hineinfahren, die Waren abladen und zur anderen Seite wieder hinausfahren, ohne umständlich wenden zu müssen.

Hainstraße 1, 04109 Leipzig, www.barthelshof.de

// Gegen den Hunger

Im Barthels Hof befindet sich das gleichnamige Restaurant. Bei traditionell sächsischen Speisen und Getränken kann man sich für den Gang durch die nächsten Passagen stärken. Man sitzt gemütlich unter historischen Deckengewölben oder auf dem Freisitz im schönen Innenhof.

Barthels Hof in Leipzig

Steibs Hof in Leipzig

3 Steibs Hof

In der Nikolaistraße befinden sich gleich mehrere sehenswerte Passagen. Eine der schönsten ist zweifelsohne Steibs Hof. 1907 ließ der Baumeister Felix Steib das nach ihm benannte Haus als Messepalast errichten. Schon die reich verzierte Fassade, die Elemente des Jugendstils und des Historismus enthält, deutet auf die Nutzung als Handelshaus hin: Neben kleinen Putti finden sich unter anderem ein Handelsschiff und eine große Weltkugel. Wie zahlreiche andere Häuser in der Nikolaistraße und dem Brühl wurde dieses vorrangig für den Pelzhandel genutzt. Durch das opulente Sandsteinportal betritt man die hellen weiß und blau gefliesten Innenhöfe. Den ersten Innenhof schützt ein Glasdach vor Wind und Wetter. Mit der Sanierung in den 1990er Jahren wurde eine Verbindung zum Dussmann-Haus geschaffen. Nun führt die Passage bis zum Brühl. Bei so viel Abzweigungen in den Passagen muss man aufpassen, dass man noch den Überblick behält. Aber wenn man einmal verloren gegangen ist, helfen die Leipziger gern weiter. *Nicolaistraße 28–32, 04109 Leipzig, www.steibs-hof.de*

// Ein Stück Vergangenheit

Im zweiten Innenhof befindet sich das privat geführte N'Ostalgie-Museum Leipzig. Auf 300 Quadratmetern kann man mitmilfe von über 30 000 Exponaten in die Alltagskultur der DDR eintauchen. Zum Museum gehören außerdem ein kleines Café sowie ein Laden.

Thomaskirchhof mit Bachmuseum, Bachdenkmal und der Thomaskirche

#Musikgeschichte(n)

5 Bachmuseum in Leipzig

Bach gilt als einer der größten Komponisten der Musikgeschichte. Sein Leben und Schaffen ist eng mit Leipzig verbunden. Hier wohnte er 27 Jahre, hier hatte er seine Hauptschaffensperiode, hier schrieb er so bekannte Stücke wie das Weihnachtsoratorium oder die Matthäuspassion. Direkt gegenüber der Thomaskirche, in der Bach als Kantor tätig war, hat man ihm nicht nur ein Denkmal gesetzt, sondern auch ein Museum gewidmet. Im Bosehaus erfährt man mehr über Bach und seine Leipziger Zeit. Zahlreiche Instrumente und Dokumente geben einen Einblick in seine Welt. Das moderne und interaktive Museum lädt zum Mitmachen ein, so kann man zum Beispiel im Orgelraum durch Berühren der Orgelpfeifen verschiedene Melodien spielen.

Thomaskirchhof 15/16, 04109 Leipzig, www.bachmuseumleipzig.de

// Noch mehr Bach

Jedes Jahr im Juni wird Leipzig das Mekka der Bachfans aus aller Welt, denn dann findet das renommierte Bachfest statt.

1 Schumannhaus in Leipzig

Ein klassizistisches Haus in der Leipziger Inselstraße, hier taucht man ein in die Welt von Clara und Robert Schumann. Das frischvermählte Paar konnte 1838 die erste gemeinsame Wohnung beziehen, damals noch am Stadtrand des sich ausbreitenden Leipzig. Doch bis hierher war es ein schwieriger Weg. Robert Schumann war von Friedrich Wieck, dem Vater von Clara, in Musiktheorie unterrichtet worden. Clara und Robert lernten sich kennen und lieben und verlobten sich 1837 heimlich. Claras Vater war gegen eine Beziehung der beiden, und erst recht gegen die Hochzeit. Das Paar musste vor Gericht ziehen, um in langwierigen Verhandlungen seine Zustimmung zu erwirken. Letztlich siegte die Liebe doch.

Heute kann man in der ersten Etage des Gebäudes die Wohnräume des Paares besichtigen und auf den Spuren des Künstlerpaars wandeln. Im Reisekabinett begibt sich der Besucher auf Konzertreise und im Klangraum und im Hörkabinett erlebt er ihre Musik. Besonders im Schumann-Saal hat man das Gefühl, in einen

Schumann-Haus in Leipzig

künstlerischen Salon des 19. Jahrhunderts einzutauchen. Hier empfing das Paar regelmäßig berühmte Persönlichkeiten wie Felix Mendelssohn Bartholdy, Franz Liszt oder Hector Berlioz.
Inselstraße 18, 04103 Leipzig, www.schumannhaus.de

// Noch mehr Schumann

Robert Schumann erblickte 1810 am Hauptmarkt 5 in Zwickau das Licht der Welt. Hier befindet sich heute das Robert-Schumann-Museum mit Exponaten aus dem Leben des Künstlers.

Ehemaliges Jadgschloss in Graupa

2 Richard-Wagner-Stätten Graupa

Im Sommer 1846 zog sich Richard Wagner für drei Monate aus dem trubeligen Dresden, wo er die Stelle als königlich-sächsischer Kapellmeister an der Dresdner Hofoper innehatte, in das beschauliche Graupa zurück. Graupa ist ein kleiner Ort zwischen der Residenzstadt und Pirna, zu der es heute zählt. Hier wohnte er mit seiner Frau im Schäferschen Gut. Wagner nutzte die Zeit, um die Natur zu genießen und die Gegend beim Wandern zu erkunden. Aber er nutzte die Sommerfrische auch, um das Grundgerüst zu seiner Oper »Lohengrin« anzulegen. Schon 1907 wurde in dem Bauerngut, das heute den Namen Lohengrinhaus trägt, zwei Gedenkräume für Wagner eingerichtet. Somit entstand das weltweit erste Wagner-Museum. Die aktuelle Ausstellung zeigt die Wohnräume und eine Ausstellung zur Entstehungsgeschichte des Werks. Nur wenige Hundert Meter weiter öffnete im Jagdschloss Graupa 2011 eine weitere Ausstellung. Sie befasst sich mit dem Leben und Wirken von Wagner in Sachsen – mit seiner Kindheit in Leipzig und Dresden und seiner Zeit als Kapellmeister. Die multimediale Ausstellung

veranschaulicht aber auch, wie ein Orchester funktioniert, welche Sagen und Mythen Wagner beeinflussten, und in einem Holografietheater kann man die Bühnenbildillusionen des Meisters kennenlernen.
Tschaikowskiplatz 7, 01796 Pirna OT Graupa, www.wagnerstaetten.de

// Kulturpfad

Bei einem gemütlichen Spaziergang durch den Schlosspark erfährt man an zahlreichen Stationen Wissenswertes über Wagner.

3 Carl-Maria-von-Weber-Museum in Dresden

Hosterwitz – heute ein Ortsteil von Dresden – war im 19. Jahrhundert ein beliebter Ausflugsort und bevorzugte Sommerfrische der Dresdner. Carl-Maria von Weber entdeckte hier bei einem Spaziergang mit seiner Frau ein Winzerhaus aus dem Jahr 1725, in das sich beide sofort verliebten. Noch heute lässt sich die Begeisterung der Familie von Weber nachvollziehen, denn das gelbe Haus mit seinen grünen Fensterläden ist ein richtiges Schmuckstück. Über viele Jahre hinweg verbrachte die Familie des Dresdner Hofkapellmeisters die Sommermonate hier. Hier entstanden zahlreiche Kompositionen, unter anderem seine berühmte Oper »Der Freischütz«.

Schon 1948 eröffnete im Erdgeschoss des Hauses ein kleiner Gedenkraum. Nach dem Tod seiner Urenkelin Mathilde von Weber, die ihren Nachlass zur Verfügung stellte, wurde das ganze Haus zum Museum umgebaut. Am Ort seines einstigen Wirkens kann man heute in die Welt des Komponisten eintauchen und mehr über sein Leben und sein Werk erfahren. Hier spürt man immer noch die Leichtigkeit des sommerlichen Lebens der Familie. Es ist ganz sicher in Carl-Maria von Webers Sinne, dass das Haus nicht nur Museum, sondern auch Veranstaltungsort für Musikabende und Lesungen ist, oft auch im idyllischen Garten und mit einem guten Tropfen aus der Region.
Dresdner Str. 44, 01326 Dresden, www.stmd.de/webermuseum

// Auf in die Natur

Carl-Maria von Weber unternahm zahlreiche Spaziergänge in den nahen Keppgrund – ein romantisches Seitental der Elbe zwischen Loschwitz und Pillnitz, das vom Keppbach durchflossen wird. Hier fand er Ruhe und Inspiration.

Carl-Maria-von-Weber-Museum

Panorama Tower in Leipzig

6 Panorama Tower in Leipzig

City-Hochhaus, Panorama Tower, Uniriese oder Weisheitszahn – das höchste Gebäude Leipzigs hat viele Namen. Egal, wie man es nennt, der Besuch ist ein Muss, denn mit seiner Höhe von 142 Metern garantiert es einen fantastischen Panoramablick über Leipzig und weit darüber hinaus. Bei gutem Wetter kann man sogar den Fichtelberg oder den Brocken im Harz erkennen. Der Turm wurde im Zuge des Neubaus der Universität in den Jahren 1968 bis 1972 nach den Plänen des Architekten Hermann Henselmann errichtet. Der dreiseitige, konkav geschwungene Bau ähnelt in seiner Form einem aufgeschlagenen Buch und verkörperte somit schon weithin sichtbar seine damalige Nutzung als Lernort.

Augustusplatz 9, 04109 Leipzig,
www.panorama-leipzig.de/panoramatower

// Essen mit Aussicht

Kulinarischer Genuss mit Aussicht erwartet die Gäste des Restaurants Panorama Tower im 29. Stockwerk des Turms. Hier speist man im höchstgelegenen Restaurant Mitteldeutschlands.

1 König-Friedrich-August-Turm unweit von Löbau

Auf dem Löbauer Berg, ganz in der Nähe der gleichnamigen Stadt, kann man die Aussicht über die Oberlausitz vom einzigen noch erhaltenen gusseisernen Aussichtsturm Europas genießen: dem König-Friedrich-August-Turm. Mit seinem achteckigen Grundriss und den zahlreichen Verzierungen wird die Aussicht fast zur Nebensache, denn der filigrane Turm selbst ist ein wahres Meisterwerk. 1854 wurde er aus über 1000 Einzelteilen zusammengebaut. Vorbild für den Bau war der Kristallpalast von Sir Joseph Paxton, der in London zur Weltausstellung 1847 für Aufsehen gesorgt hatte. Der Turm hat eine Gesamthöhe von 28 Metern, und nach 120 Stufen erreicht man über eine innenliegende Wendeltreppe die drei Aussichtsplattformen, die eine fantastische Aussicht über das Land bieten. Namenspatron des Turmes war König Friedrich August II. von Sachsen. Er konnte zwar noch die

König-Friedrich-August-Turm

Zustimmung zur Verwendung des Namens und des Wappens geben, allerdings hat er die Einweihung nicht erlebt, da er kurz vor der Fertigstellung in Tirol verunglückte.
Löbauer Berg, 02708 Löbau

// Am Fuß des Turms

Schon wenige Monate nach der Einweihung des Turms eröffnete direkt daneben eine Ausflugsgaststätte. Auch heute noch kann man hier regionale Spezialitäten genießen und auch übernachten.

Rathaus in Leipzig

2 Rathausturm in Leipzig

Auch wenn der Turm des Neuen Rathauses in Leipzig mit seinen 114,7 Metern nicht ganz so hoch ist wie der Panorama Tower, hat man auch von dort eine fantastische Aussicht über Leipzig. Immerhin ist er der höchste Rathausturm Deutschlands. Bevor man den Blick über Leipzig genießen kann, muss man 444 Stufen bewältigen, doch die einmalige Aussicht über die Stadt entschädigt für die Anstrengung. Das Neue Rathaus wurde nach Plänen des Architekten Hugo Licht im Stil des Historismus in den Jahren 1899 bis 1905 auf dem Gelände der mittelalterlichen Pleißenburg erbaut. Der Turm fußt noch auf deren Grundmauern, so erinnert das Rathaus mit seinem unregelmäßigen fünfeckigen Grundriss an die Burg. Schon dieser Bau stand unter dem Motto »Arx nova surgit – eine neue Burg entsteht«. An der Rathausfassade findet der aufmerksame Betrachter zahlreiche spannende Details. So lohnt sich ein Blick auf die Türklinken. Sie sind verziert mit kleinen Schnecken. Sie soll Hugo Licht persönlich kurz vor der Eröffnung als Zeichen für das langsame Arbeitstempo der Verwaltung angebracht haben.
Martin-Luther-Ring 4, 04109 Leipzig

// Verdiente Stärkung

Der gemütliche Ratskeller mit seinem Kreuzgewölbe lädt zu einer Stärkung ein. Wie wäre es mit einem Mutzbraten oder einem Leipziger Allerlei, dazu ein hausgebrautes Bier?

3 Historischer Personenaufzug mit Aussichtsplattform in Bad Schandau

Ein beweglicher Aussichtpunkt befindet sich in Bad Schandau, er ist nicht nur ein Turm, sondern gleichzeitig auch ein Personenaufzug. Das 1905 eingeweihte Bauwerk verdanken wir dem örtlichen Hotelier Rudolf Sendig, der den Bau anregte und finanzierte. Ziel war es, den Höhenunterschied zwischen dem Elbtal und den höher gelegenen Ortsteilen von Bad Schandau zu überwinden. Eine Bergbahn kam aber am steil abfallenden Felsen nicht in Frage. Deshalb entschied man sich für einen Vertikallift, der in einer Stahlfachwerkkonstruktion ausgeführt wurde. Der Turm ragt 50 Meter in die Höhe und ist über eine 35 Meter lange Brücke mit einem Waldweg verbunden. Turm und Brücke beeindrucken durch ihre filigrane Ausführung und die Gestaltung mit Jugendstilelementen. Glaubt man den Legenden rund um den Fahrstuhl, wollte zur Einweihung niemand mitfahren. Erst als Rudolf Sendig einen Taler bot, entschloss sich eine Frau zur Mitfahrt. Heute ist der Aufzug eine beliebte Attraktion, denn von oben genießt man den Blick über das Elbtal bis hin zum Lilienstein. *Rudolf-Sendig-Straße, 01814 Bad Schandau, https://sachsen.tours/orte/bad-schandau/historischer-personenaufzug/*

// Abstecher

Oben angekommen, kann man einen Spaziergang zum Luchsgehege machen. Verschiedene Tafeln erläutern Wissenswertes rund um das Tier. Auch ein Abstecher zum Kurpark von Bad Schandau oder dem höher gelegenen Ortsteil Ostrau lohnt sich.

Aussichtsplattform am Personenaufzug in Bad Schandau

4 Glückauf-Turm in Oelsnitz/Erzgebirge

Das Gebiet rund um Oelsnitz im Erzgebirge ist durch den jahrhundertelangen Bergbau gezeichnet. Zahlreiche Halden, die mittlerweile aufgeforstet sind, prägen die Umgebung. Eine der größten ist die des ehemaligen Deutschlandschachtes, einem Steinkohlebergwerk. Auf der 487 Meter hohen Halde hat man einen weiten Blick auf das Erzgebirgsvorland und das Panorama mit dem Fichtelberg, dem Keilberg und dem Auersberg. Seit dem Jahr 2000 kann man den Blick vom markanten Glückauf-Turm aus genießen. Der Leipziger Architekt Bernd Sikora, der in Oelsnitz aufgewachsen ist, schuf einen Turm, der eine Reminiszenz an die Geschichte des Ortes sein soll: Der 36 Meter hohe stählerne Aussichtspunkt ähnelt einem Förderturm aus der Zeit des Bergbaus. Der Turm ist Teil des 11,5 Kilometer langen Bergbauwegs rund um Oelsnitz. In 18 Stationen erfährt man Wissenswertes rund um den Bergbau in der Region. Man kann den Turm aber auch nach einem kurzen, direkten Anstieg vom Parkplatz an der Deutschlandschachtstraße aus erklimmen.

Parkplatz: Deutschlandschachtstraße 5A, 09376 Oelsnitz/Erzgebirge

Glückauf-Turm in Oelsnitz

// Der heiße Stuhl

Im Inneren der Halde gibt es immer noch Schwelbrände, die durch Druck auf die Kohlereste entzündet werden. Ein Kunstwerk der Künstlerin Erika Harbort macht sie für Besucher erlebbar. Im Inneren ihres »Wunderhorns« steht ein Stuhl, durch den die mithilfe von Erdwärmesonden gesammelte Wärme geleitet wird. Auch im Winter ist er kuschelig warm.

Spinnerei in Leipzig

#Zeitgenössische Kunst

7 Spinnerei Leipzig

Die 1884 erbaute Baumwollspinnerei im Westen von Leipzig war einstmals die größte auf dem europäischen Kontinent. Heute bildet sie das Herz der Leipziger Kunstszene und der Neuen Leipziger Schule. Über 100 Künstler haben auf dem weitläufigen Gelände ihre Ateliers, und in den Galerien und Ausstellungsflächen wird zeitgenössische Kunst präsentiert. Die großen Räume mit den beeindruckenden Fensterfronten sind wie geschaffen dafür. Besonders die mehrfach im Jahr stattfindenden geführten Rundgänge ziehen zahlreiche Besucher aus dem In- und Ausland an. Die Galerien haben aber auch außerhalb der Rundgänge geöffnet. Dann kann man die Kunst in einem ruhigeren Ambiente genießen und das Gelände auf sich wirken lassen.

Spinnereistraße 7, 04179 Leipzig, www.spinnerei.de

// Für Cineasten

Gleich hinter dem großen Schornstein geht es hinab in den Keller. Hier ist das Luru-Kino beheimatet. Auf dem Programm stehen Arthaus-Filme. Und Kunst ist auch an den Wänden – sie sind mit originalen Linoldruck-Tapeten von Christoph Ruckhäberle verkleidet, der das Kino gemeinsam mit Michael Ludwig führt.

Die Alternativen

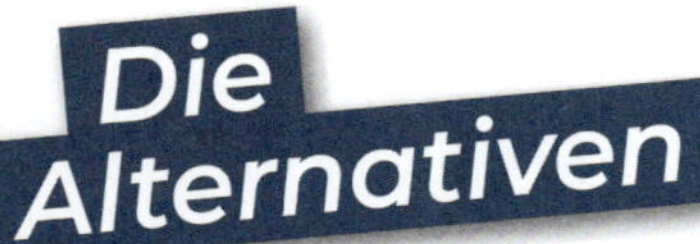

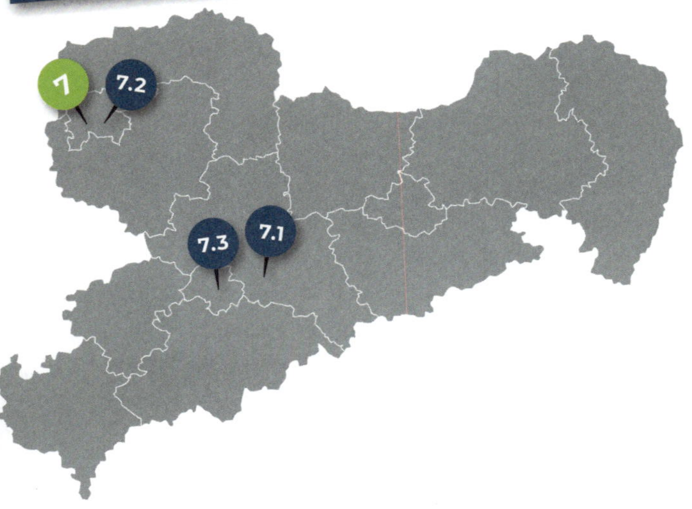

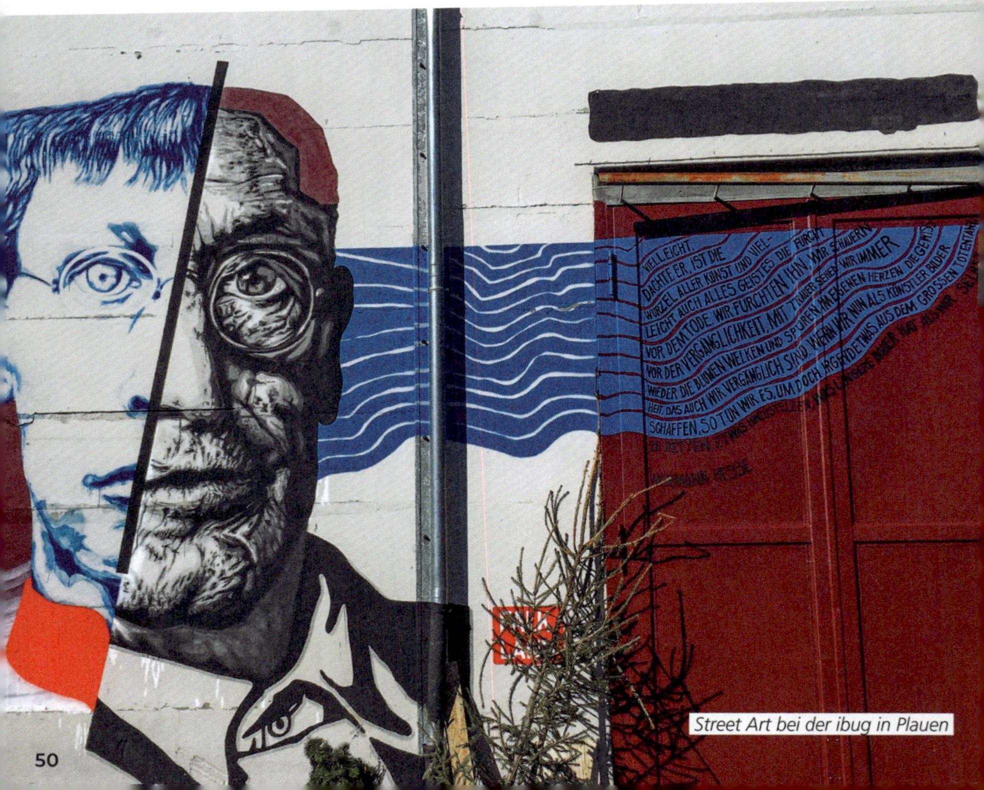

Street Art bei der ibug in Plauen

ibug

Die ibug – ein Kürzel für Industriebrachenumgestaltung – begeistert alljährlich Ende August/Anfang September die Fans urbaner Kunst. Die Anfänge des Festivals liegen im Jahr 2006. Der Künstler Tasso war auf der Suche nach neuen Entfaltungsmöglichkeiten. Aus der ersten Industriebrachenumgestaltung entwickelte sich ein Festival für urbane Kunst, das heute zahlreiche Besucher anzieht. In jedem Jahr wird einer anderen Industriebrache in Westsachsen für eine kurze Zeit Leben eingehaucht. Künstler aus dem In- und Ausland gestalten mit unterschiedlichen Formen der Street Art die Gebäude um. Es entsteht ein spannender und kreativer Mix, der immer auch die Besonderheiten der Gebäude mit einbezieht. Aus Ruinen werden begehbare Gesamtkunstwerke. Dazu gibt es einen bunten Mix aus Führungen, Künstlergesprächen und vielem mehr. Das vielfältige Angebot des Festivals und die Tatsache, dass in Vergessenheit geratene Industriekomplexe zu neuem Leben erwachen, zieht Street-Art-Fans, Kunstfreunde und ehemalige Beschäftigte gleichermaßen an. www.ibug-art.de

// In Plauen

Im Gegensatz zu den anderen Orten, an denen die ibug stattfand, kann man in Plauen in der Alten Kaffeerösterei oder in der Fußgängerunterführung am Bahnhof noch einige Kunstwerke bewundern.

In der Hochschule für Grafik und Buchkunst

2 HGB-Rundgang Leipzig

Wer die Künstler von morgen schon heute entdecken möchte, ist beim Rundgang an der HGB (Hochschule für Grafik und Buchkunst) in Leipzig genau richtig. Zweimal im Jahr öffnen sich sie Türen für die breite Öffentlichkeit, und die Studenten zeigen ihr Können: Anfang Februar und noch einmal nach den Prüfungen im Juli, wenn die Diplomarbeiten präsentiert werden. Während der Rundgangtage erhalten die Besucher einen umfassenden Einblick in die Arbeit an der Kunsthochschule in den Bereichen Malerei, Grafik, Fotografie, Medienkunst, Buchkunst und Grafikdesign. Das gesamte Gebäude, das mit seinem großen Lichthof selbst schon ein Kunstwerk ist, wird mit den Arbeiten vom Grundkurs bis zum Meisterschüler bespielt. Die Flure, die Klassenräume, die Ateliers und auch die Werkstätten der Hochschule werden zu Galerien. Hier atmet man im wahrsten Sinne des Wortes die Kunst, denn teilweise liegt noch der Duft von Farbe in der Luft. Und auf einem der Sofas oder an den Bars im Flur kann man ganz zwanglos mit den jungen Talenten ins Gespräch kommen.

Wächterstraße 11, 04107 Leipzig, www.hgb-leipzig.de

// Noch mehr Kunst

Die hauseigene Galerie zeigt pro Jahr fünf bis sechs Ausstellungen von Studierenden, Lehrenden oder von eingeladenen Künstlern.

3 Begehungen Chemnitz

Alljährlich findet im Spätsommer in oder in der Nähe von Chemnitz mit den Begehungen das größte Off-Kultur-Event der Stadt statt. Dabei ist der Name Programm, denn es handelt sich um mehr als ein Kunstfestival. Die Initiatoren laden jedes Jahr zur Begehung eines Ortes ein. Mal wird eine alte Schule bespielt, mal eine alte Kaufhalle, mal ein leerstehendes Gefängnis oder eine ganz Gartensparte. Vergessene Orte werden aus ihrem Schattendasein herausgeholt und für eine kurze Zeit mithilfe der Kultur belebt. Das Festival steht in jedem Jahr unter einem anderen Motto, so wurde der Kulturpalast Rabenstein zum Institut Potemkin, und für das ehemalige Erzgebirgsbad in Thalheim wurde das Motto »Platsch« gewählt. Künstler aus aller Welt bewerben sich alljährlich beim Festival. Das Spektrum der gezeigten Werke ist weit gefächert und reicht von Malerei über Skulptur bis hin zu Videokunst. Das Programm wird durch Lesungen und Konzerten ergänzt. Jeder ist eingeladen, sich umzuschauen und sich mit den Orten und der Kunst auseinanderzusetzen.
www.begehungen-festival.de

// Zuhause in Chemnitz

Neben dem Karl-Marx-Kopf, der liebevoll »dr Nischel« genannt wird, zählt der Zuhause-Schriftzug am Brühl wohl zu den am meisten fotografierten Motiven in Chemnitz.

Bei den Begehungen in Chemnitz

#Außergewöhnlich Übernachten

8 Kulturinsel Einsiedel – die geheime Welt von Turisede

Mitten im Nirgendwo am östlichsten Punkt Deutschlands, an der deutsch-polnischen Grenze, taucht man in der Kulturinsel Einsiedel in die spannende Welt der Turiseder ein. Im ersten Baumhaushotel Deutschlands kann man hier einen ganz außergewöhnlichen Urlaub verbringen. Mehr als 200 Übernachtungsmöglichkeiten vom komfortabel eingerichteten Baumhaus über kleine Hütten und Zelte bis zu einer Übernachtung im Erdhaus gibt es, hier findet jeder eine passende Unterkunft. Die liebevoll gestaltete Anlage lässt die Entdeckerherzen höherschlagen, und wenn der Hunger kommt, kann man ihn im Baumstammlokal, im Baumhauscafé oder im schwimmenden Neißecafé stillen. *Kulturinsel Einsiedel 1, 02829 Neißeaue OT Zentendorf, www.turisede.com*

// Für Entdecker

Die Kulturinsel ist auch ein ganz ungewöhnlicher Freizeitpark. Auf den Spuren der Turiseder sind große und kleine Entdecker in unterirdischen Geheimgängen oder einem sagenhaften Zauberschloss bei unzähligen Spielmöglichkeiten unterwegs.

Kulturinsel Einsiedel

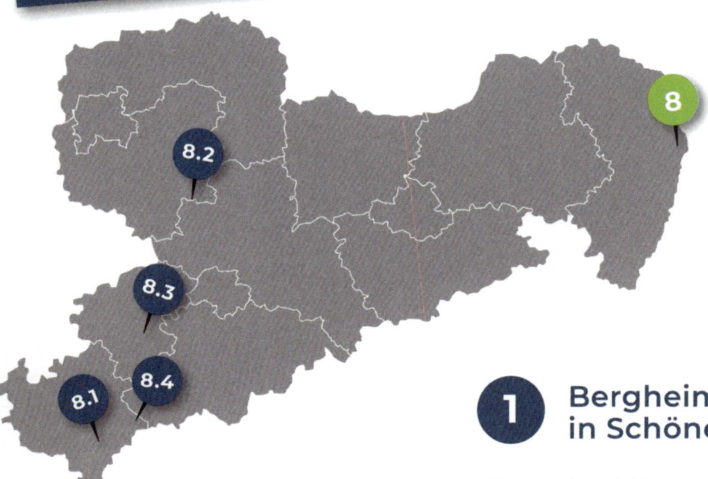

1 Bergheim Lofts in Schöneck

Die Seecontainer der Bergheim Lofts in Schöneck

Wer möchte nicht gern am Morgen mit einem Panoramablick über das Vogtland erwachen? Möglich ist dies in den Bergheim Lofts. Hier befindet sich eine der wohl ungewöhnlichsten Übernachtungsmöglichkeiten Sachsens. Drei Hochseecontainer, die den Weg von Hamburg ins Vogtland gefunden haben, wurden zu modernen Unterkünften ausgebaut. Aus den Seecontainern entstanden Tiny Houses, die Designverliebte und Technikaffine gleichermaßen begeistern. Außen und innen verbinden die Container Industrial Chic und Natur – eine reizvolle Mischung. Holzmöbel und -flächen, gestaltet von regionalen Firmen, bringen Gemütlichkeit und quasi den Wald direkt in die Lofts. Die mit Liebe eingerichteten Räume sind platzmäßig perfekt durchdacht. Auch der kleinen Küche mit dem gemütlichen Sitzbereich fehlt es an nichts. Aber das Schönste an den übereinanderstehenden Containern sind die großen Panoramafenster und die geräumige Terrasse, die im Sommer zu einem zweiten Wohnzimmer werden kann.

Wenn die Sonne hinter den Gipfeln verschwindet, den Horizont in ein traumhaftes Licht taucht und man den Blick von hier in aller Ruhe genießen kann, versteht man, warum Schöneck den Beinamen »Balkon des Vogtlandes« trägt.

Hohe Reuth 9, 08261 Schöneck/Vogtland,
www.berg-heim.de

// Kaffeegenuss

Nicht weit von den Seecontainern entfernt, kann man im Café Campus mit eigener Kaffeerösterei einkehren. Sehr zu empfehlen ist die Spezialität des Hauses: der Salted Caramel Cheesecake mit hausgemachter Karamellsoße.

2 Das Kofferhotel in Lunzenau

Im Urlaub lebt man ja aus dem Koffer, aber kann man auch in einem solchen schlafen? Möglich ist dies im Kofferhotel Kofftel in Lunzenau. Direkt im idyllischen Muldental steht nicht nur eines der außergewöhnlichsten, sondern auch das kleinste Hotel Sachsens. Schon von außen ist unschwer zu erkennen, dass es sich um einen Koffer handelt. Im Innenraum des Koffers erwartet die Gäste ein Etagenbett für die Nacht. Auf den gerade einmal zwei Quadratmetern Grundfläche findet sich sogar noch Platz für ein Waschbecken und eine Toilette. Geduscht wird – abgeschirmt von Holzbalken – aus einem originalen MITROPA-Wasserbeutel. Das Frühstück wird unter freiem Himmel auf der kleinen Veranda serviert. Währenddessen kann man den Blick auf den Flusslauf der Mulde genießen und eine Tour in die Umgebung planen. Die Fahrräder dafür kann man direkt vor Ort ausleihen.

Burgstädter Str. 1, 09328 Lunzenau,
www.prellbock-bahnart.de

// Für den großen Hunger

Das Kofferhotel steht im Garten der nostalgischen Gaststätte Zum Prellbock. Ein toller Platz um herzhaft zu speisen, umgeben von Bahnschildern, Signalen und anderen Bahnaccessoires.

Übernachten im Kofferhotel in Lunzenau

3 Lokhotel V180 in Wiesenburg

Nicht nur Eisenbahnfans schlägt hier das Herz höher: Am ehemaligen Bahnhof in Wiesenburg, das heute zur Stadt Wildenfels gehört, kann man im einzigartigen Lokhotel die Nacht verbringen. Eigentlich war die Aufstellung der alten Diesellok aus den 1960er Jahren nur als Reminiszenz an das historische Bahnhofsgelände geplant, aber dann kam dem Besitzer die Idee, die Lok zum Hotel umzugestalten. Die Arbeit hat sich gelohnt, denn es ist ein rot leuchtendes Schmuckstück entstanden. Zur Auswahl stehen drei Themenzimmer, bei denen sich alles um die Eisenbahn dreht: Im Lokführerzimmer ist der ehemalige Führerstand integriert, das Stellwerkzimmer ist ein Familienzimmer, und das Dampflokzimmer bietet eine barrierefreie Unterkunft. Jedes Zimmer hat ein eigenes Bad, eine Klimaanlage und eine eigene kleine Terrasse. Direkt neben der 19 Meter langen Lok kann man außerdem eine kleine Feuerstelle nutzen. In Blickweite liegt der heutige Haltepunkt von Wiesenburg. Stündlich verkehren Züge zwischen Zwickau und Johanngeorgenstadt. So kann man vom Lokzimmer direkt mit der Bahn weiterreisen.

Bahnstraße 2, 08134 Wildenfels OT Wiesenburg, www.lokhotel.de

// Sehr sehenswert

Nur wenige Kilometer entfernt liegt Schloss Wildenfels. Schon von Weitem ist das strahlend weiße Schloss auf dem Felsvorsprung zu sehen. Besonders beeindruckend sind die kostbaren Seidentapeten im Inneren.

Lokhotel V180 in Wiesenburg

Im Weltraumbahnhof Morgenröthe-Rautenkranz

4 Weltraumbahnhof in Morgenröthe-Rautenkranz

Den Sternen ganz nah ist man in Morgenröthe-Rautenkranz. Denn wo, wenn nicht in der Geburtsstadt des ersten deutsche Kosmonauten Sigmund Jähn, ist es möglich, stilecht in einem Weltraumbahnhof zu übernachten? In dieser Pension mit angeschlossenem Bistro bucht man nicht nur ein Zimmer, sondern eine ganze Zeitreise. Der Weltraumbahnhof entführt die Gäste in die retro-futuristische Welt des Steampunks. Mit Betreten des Hauses beginnt ein fantastischer Trip in eine Welt, die das viktorianische Zeitalter und seine technischen Erfindungen mit Science-Fiction verbindet. Man fühlt sich in die literarischen Werke von Jules Verne und Robert Kraft versetzt. Die Reise durch die Zeit kann man im Ozeandampfer, im Zeppelin oder im Raumschiff antreten. Die Zimmer begeistern mit kunstvollen Details und industriellen Elementen. Überall im Weltraumbahnhof erzählen Reiseutensilien und Landkarten von Reisen, die so oder ähnlich passiert sein könnten. Durch das Reisen in ferne Welten hungrig geworden? Dann ab ins Bistro im Erdgeschoss des Weltraumbahnhofs.

Dr.-Sigmund-Jähn-Str. 8, 08262 Muldenhammer OT Rautenkranz, www.wbf-1875.de

// Noch mehr Weltraumabenteuer

Nur wenige Schritte vom Weltraumbahnhof befindet sich die Deutsche Raumfahrtausstellung. Hier erhalten die Besucher einen spannenden Einblick in die Raumfahrt und die Weltraumforschung.

Schloss Moritzburg

#Märchenhaft

9 Schloss Moritzburg

Wohl kaum ein Schloss in Sachsen erfreut sich so großer Beliebtheit wie Schloss Moritzburg. Nicht nur die einmalige Lage inmitten der idyllischen Park- und Teichlandschaft macht die Barockanlage zu einem wahren Märchenschloss. Millionen von Zuschauer kennen es aus dem Film »Drei Haselnüsse für Aschenbrödel«, und wenn man die große Freitreppe hinabsteigt, wo Aschenbrödel seinen Schuh verlor, fühlt man sich selbst wie im Märchen. Jedes Jahr im Winter widmet sich eine Ausstellung mit Requisiten und Hintergrundinformationen dem Weihnachtsklassiker. In den anderen Monaten stehen die barocke Pracht und die Jagdtrophäensammlung im Vordergrund: Moritzburg war das favorisierte Jagdschloss von August dem Starken.

Schloßallee, 01468 Moritzburg, www.schloss-moritzburg.de

// Märchenhaft übernachten

Wer das Schloss und den wunderbaren Park mit dem schicken Fasanenhäuschen und dem Leuchtturm abseits der Touristenströme erleben möchte, kann in den Teichhäusern am Schloss eine Ferienwohnung beziehen und hier am Abend romantische Stunden genießen.

Die Alternativen

1 Schloss Hartenfels Torgau

Schloss Hartenfels bildete 1970 die Kulisse für den DEFA-Märchenfilm »Dornröschen« und märchenhaft ist es hier noch heute, besonders dann, wenn der Rosengarten nordwestlich des Schlosses in voller Blüte steht. Aber auch sonst ist das größte erhaltene Schloss der Frührenaissance in Deutschland ein richtiges Schmuckstück. Auf den Mauern einer mittelalterlichen Burg entstand im 15. Jahrhundert ein moderner Schlossbau, der im 16. Jahrhundert erweitert und vollendet wurde. Wenn man im Schlosshof steht, fühlt man sich direkt in die Zeit zurückversetzt, als Torgau noch Residenzstadt war. Der Blick fällt sofort auf den massiven, mit zahlreichen Sandsteinornamenten verzierten Wendelstein: Im Treppenturm führen die Stufen ohne innere Stützpfeiler nach oben – eine Meisterleistung. Die interaktive Dauerausstellung »Standfest.Bibelfest.Trinkfest« gibt einen Einblick in die Geschichte des Schlosses und seiner Bewohner. Die Baugeschichte, die Einrichtung und das alltägliche Leben am Hof werden ausführlich gezeigt und erklärt.

Schloßstraße 27, 04860 Torgau,
www.schloss-hartenfels.de

// Eine kleine Pause

Im Café im Schloss kann man in der einstigen kurfürstlichen Unteren Hofstube oder unter den großen Linden im Schlosshof bei einem leckeren Eis oder bei hausgebackenem Kuchen den Besuch Revue passieren lassen.

Rosengarten im Schloss Hartenfels in Torgau

2 Schloss Rochlitz

Direkt an der Mulde gelegen, wacht Schloss Rochlitz über die gleichnamige Stadt. Seine Geschichte reicht weit über 1000 Jahre zurück. Die erste urkundliche Erwähnung im Jahr 1009 berichtet davon, dass das Schloss in Brand gesteckt wurde. Fest steht, dass es im Laufe seiner Geschichte mehrfach umgebaut wurde und im 14. Jahrhundert aus der einstigen Burg eine repräsentative Schlossanlage entstand. Später wurde es zu einem Jagdschloss umgebaut und auch als Gericht, Haftanstalt und Schulhort genutzt. In einer sehenswerten Ausstellung, in der vor allem das Mittelalter und die Zeit der Wettiner im Mittelpunkt stehen, erfährt man Wissenswertes über das Schloss. Mit dem Aufstieg der Wettiner wuchs auch die Bedeutung von Rochlitz. In den herrschaftlichen Wohnräumen fühlt man sich ins Mittelalter versetzt, das begeisterte 2009 auch die Regisseure des Märchenfilms »Schneewittchen«. Thematisch passend werden im Schloss Rochlitz märchenhafte Führungen nicht nur für Kinder angeboten. *Sörnziger Weg 1, 09306 Rochlitz, www.schloss-rochlitz.de*

// Gesteinstour

Rochlitz ist bekannt für seinen Porphyr mit weltweit einmaliger roter Farbgebung. Wer mit offenen Augen durch die Städte der Umgebung geht, sieht ihn an zahlreichen Gebäuden. Rund um den Rochlitzer Berg erfährt man auf dem 2,7 Kilometer langen Porphyrlehrpfad mehr über das vulkanische Gestein.

Schloss Rochlitz

3 Burg Schönfels

Märchenhaft geht es auch auf Burg Schönfels in der Nähe von Zwickau zu. Hier entstanden 1988 die Innenaufnahmen zum DEFA-Film »Die Geschichte von der Gänseprinzessin und ihrem treuen Pferd Fallada«. Bei Burg Schönfels ist der Name Programm: Sie thront auf einem Felssporn und schmückt schon aus der Ferne gesehen die Landschaft. Die mittelalterliche Burganlage zählt zu den eindrucksvollsten und besterhaltenen in Sachsen, denn sie hat heute noch exakt denselben Grundriss wie zur Zeit ihrer Entstehung um 1225. In den historischen Gemäuern wird das Mittelalter lebendig. Mit dem Bergfried, der Ringmauer mit dem Wehrgang, aber auch mit Wall und Graben zeigt sich die Burg in einer beeindruckenden Geschlossenheit. Besonders sehenswert sind im Inneren die spätgotische Bohlenstube mit der erhaltenen Kielbogentür und die Burgkapelle mit der einzigartigen Schrank-Holzorgel. Neben dem Rundgang durch die historischen Räume gibt eine Dauerausstellung Einblick in die regionale Baugeschichte und die ehemaligen Besitzer von Burg Schönfels. Ergänzend finden zahlreiche Sonderausstellungen statt. Und natürlich gibt es auch hier eine zünftige Burgschänke.

Burgstraße 34, 08115 Lichtentanne OT Schönfels, www.burg-schoenfels.de

// Der schönste Blick

Spaziert man im Ort rund um den Gondelteich, eröffnen sich dem Besucher immer wieder wunderschöne Perspektiven auf die Burg. Und durch die Spiegelung im Wasser sieht man sie gleich doppelt.

Burg Schönfels

#Fluss-schönheiten

10 Meißen

An der Elbe oder an einem ihrer Nebenflüsse, der Mulde, liegen einige sehenswerte Kleinstädte, allen voran Meißen, das mit einem besonderen Charme aufwartet. Meißen ist nicht nur die Stadt des Porzellans, hier liegt mit der Albrechtsburg auch die Wiege Sachsens, von der die Wettiner regierten. Heute fügt sich die Burg hoch oberhalb der Elbe in ein einmaliges Panorama, das von der gegenüberliegenden Flussseite besonders schön anzusehen ist. Bei einem Spaziergang durch die kopfsteingepflasterten Gassen kann man Meißen am besten erleben. Die malerische Altstadt, die sich entlang des Burgberges schlängelt, verzaubert mit den hübsch rekonstruierten Bürgerhäusern, dem Marktplatz, an dessen Ende die Frauenkirche steht, den romantischen Innenhöfen, kleinen Läden und urigen Restaurants.
www.stadt-meissen.de/de/tourismus.html

// Probieren

Rund um Meißen wachsen auf den steilen Weinbergen die Trauben für einen köstlichen Wein. Eine Kostprobe in einer der unzähligen Weinschänken ist ein absolutes Muss.

Blick auf Meißen mit der Albrechtsburg und dem Dom

Die Alternativen

1 Torgau

Die einstige Residenzstadt Torgau ist eine wahre Schatzkiste. Die 1000-jährige Geschichte der Stadt hat unterschiedlichste Spuren hinterlassen. Zahlreiche Bauten aus dem 16. Jahrhundert machen Torgau zu einer der schönsten Renaissancestädte Deutschlands. Besonders beeindruckend sind Schloss Hartenfels und das prachtvolle Rathaus mit dem repräsentativen Runderker. Lebendig wird die Zeit der Renaissance in den Museen der Stadt, die zu einem Museumspfad verbunden sind. Während man im reich verzierten Bürgermeister-Ringenhain-Haus einen Einblick in das Leben der wohlhabenden Bürger der Stadt bekommt, zeigt das historische Handwerkerhaus, wie die einfachen Handwerker in engen Räumen wohnten und arbeiteten. Beide Häuser sind noch in originalem Zustand erhalten.

Torgau war auch das politische Zentrum der Reformation. Mehrfach weilte Luther am Hof, hier wurde mit der Schlosskirche 1544 der erste evangelische Kirchenbau geweiht.

Marktplatz in Torgau mit dem Rathaus

In der Innenstadt laden zahlreiche Cafés und Restaurants zu einer Pause ein – man sollte unbedingt ein Glas Bier probieren, das hier schon seit über 500 Jahren gebraut wird.
https://tic-torgau.de

// Historischer Handschlag

Auf der zerstörten Brücke über die Elbe reichten sich US-Soldaten und Rotarmisten am 26. April 1945 die Hände und läuteten damit das Ende des Zweiten Weltkrieges ein. Das Denkmal der Begegnung erinnert an das geschichtsträchtige Ereignis.

Der Canaletto-Blick in Pirna

2 Pirna

Zwischen der Sächsischen Schweiz und Dresden liegt eingebettet im malerischen Elbtal die kleine Stadt Pirna. Am besten lässt sich die Schönheit Pirnas bei einem Bummel durch die Altstadt entdecken. Wie an einer Perlenkette reihen sich hier architektonische Schätze aneinander, in den Winkeln der Altstadt steckt mittelalterliches Flair. Die reich mit Sandstein verzierten Bürgerhäuser mit den prächtigen Giebeln, den Erkern und Sitznischenportalen, den verträumten Arkadenhöfen in den kleinen Gassen bilden eine traumhafte Kulisse für einen Spaziergang. Highlights sind das gotische Rathaus, die Stadtkirche St. Marien und Schloss Sonnenstein, das oberhalb der Stadt thront. Wer den Berg zum Schloss erklimmt, wird mit einem herrlichen Blick über die Stadt belohnt. Wieder zurück in der Innenstadt, kann man es sich in einem der zahlreichen Cafés gemütlich machen und den Besuch bei einem Stück sächsischer Eierschecke ausklingen lassen.
www.pirna.de/pirna-erleben/tourismus/

// Canaletto-Blick

Nicht nur Dresden hat einen Canalettoblick, denn der berühmte italienische Vedutenmaler fertigte bei seinem Aufenthalt auch von Pirna insgesamt elf Ansichten. Die Berühmteste ist der Blick auf den Marktplatz mit Rathaus, Canalettohaus, der Kirche St. Marien und Schloss Sonnenstein. Das Bild wird jedes Jahr im Frühjahr als »lebendes Canalettobild« nachgestellt.

3 Grimma

Zwischen der Pöppelmannbrücke, die nach dem Muldehochwasser 2002 komplett neu errichtet wurde, und der beeindruckenden Hängebrücke erstreckt sich die Altstadt von Grimma. Von der Pöppelmannbrücke bietet sich ein malerischer Blick auf den Stadtwald und auf einen Teil der Altstadt mit dem Alten Schloss. Parallel zur Mulde führt unser Rundgang durch die Straßen der Stadt bis zum Marktplatz, der mit seinem prächtigen Rathaus mit dem weithin sichtbaren Renaissancegiebel das Herz der Stadt bildet. In einem kleinen Anbau befindet sich die Rathausgalerie, die Werke lokaler Künstler und Künstlerinnen ausstellt. Sehenswert sind außerdem die doppeltürmige Frauenkirche, die Klosterkirche sowie die Reste der alten Stadtmauer. Ihre Besonderheit sind die pittoresken Gartenhäuschen, die auf ihr errichtet wurden. Der Weg durch die Innenstadt endet an der Hängebrücke und der etwas oberhalb liegenden Gattersburg. Sie wurde im 19. Jahrhundert als private Villa errichtet und beherbergt heute ein Hotel. Ganz in

An der Mulde in Grimma

Blick von der Hängebrücke zur Gattersburg in Grimma

der Nähe ist der Anleger der Muldeschifffahrt. Die kürzeste Strecke führt bis zur Schiffmühle. Von hier aus lohnt sich ein Abstecher ins kleine Höfgen. Auf einem malerischen Wanderweg führt der Weg, der mit romantischen Aussichtspunkten gespickt ist, wieder zurück nach Grimma. www.grimma.de

// Ort der Ruhe

Außerhalb der Innenstadt liegt das Haus des Verlegers Georg J. Göschen, heute Museum. Hier waren die Großen der deutschen Literatur zu Gast. Ein Ort der Erholung ist der weitläufige Garten, der einzige noch erhaltene klassizistische Privatgarten in Sachsen.

Görlitz mit Blick auf die Peterskirche

#Oberlausitz

11 Görlitz

Zwischen dem Oberlausitzer Bergland und dem Zittauer Gebirge erzählt der Oberlausitzer Sechsstädtebund von der über 1000-jährigen Geschichte der Region. Die Städte dieses Bundes sind Bautzen, Kamenz, Zittau, Löbau, das polnische Lubań – und, wohl die bekannteste unter ihnen, Görlitz. Die Stadt an der Neiße zieht nicht nur Touristen an, auch der eine oder andere Hollywoodfilm wurde hier gedreht, was ihr den Beinamen Görliwood einbrachte. Kein Wunder, Görlitz ist ein wahres Architektur-Bilderbuch. Die altehrwürdige Tuchhändlerstadt ist ein Gesamtkunstwerk mit über 4000 Baudenkmalen aus nahezu allen Stilepochen. Der älteste bürgerliche Renaissancehof in Deutschland begeistert genauso wie die Oberlausitzer Bibliothek, die begehbaren Wehranlagen oder die imposanten Jugendstilbauten. Bei einem Bummel durch die Stadt bekommt man einen Eindruck vom ehemals großen Reichtum der alten Handelsstadt.

www.goerlitz.de/Tourismus.html

// Seitenwechsel

Nach einem kurzen Bummel über die Altstadtbrücke erreicht man auf der anderen Seite der Neiße die polnische Schwesterstadt Zgorzelec mit der historischen Neißevorstadt.

1 Bautzen

Eindrucksvoll erhebt sich Bautzen – oder Budyšin, wie die Stadt in der Sprache der Sorben heißt, – auf einem Granitplateau oberhalb der Spree. Liebhaber geschichtsträchtiger Architektur sollten die Stadt auf keinen Fall verpassen. Vierzehn Türme prägen ihr Bild. Besonders beeindruckend ist die Alte Wasserkunst mit dem historischen Pumpwerk, das Bautzen mit Wasser versorgt. Die Aussicht von den Türmen lohnt sich dabei ebenso wie ein Bummel durch die malerischen Gassen der Altstadt, die fast auf der gesamten Länge von der einstigen Stadtmauer umgeben ist.

Außergewöhnlich ist der Dom St. Petri. Schon seit 1542 teilen sich Protestanten und Katholiken die Kirche für Andachten und Gottesdienste. Das macht St. Petri zur einzigen Simultankirche Sachsens. Außerdem ist das Leben der Stadt seit langem von der Kultur der Sorben geprägt. Über ihre Geschichte erhält man im sorbischen Museum einen guten Einblick. Besonders lebendig werden die Traditionen der sorbischen Minderheit zur Osterzeit, wenn die Osterreiter unterwegs sind und kunstvoll verzierte Ostereier zahlreiche Ostersträuche schmücken. Auf keinen Fall sollte man ver-

Die Türme von Bautzen

säumen, im Restaurant Wjelbik die sorbische Küche zu probieren.
www.bautzen.de/tourismus-kultur-freizeit

// Kulinarisches Mitbringsel

Bautzen ist nicht nur die Stadt der Türme, sondern auch die Stadt des Senfs. Im Senfmuseum dreht sich alles um die scharfe Spezialität, und in der Senfstube kann man ihn direkt vor Ort verkosten und natürlich auch kaufen.

2 Kamenz

Wer an Lessing denkt, erinnert sich vermutlich an die Schullektüre von »Nathan der Weise«, aber wohl kaum jemand wird ihn mit Kamenz in Verbindung bringen. Doch hier stand seine Wiege: Gottfried Ephraim Lessing wurde 1729 in Kamenz geboren und verbrachte hier Kindheit und Jugend. Seit 1931 erinnert ein Museum an Leben und Werk des großen Dichters. Die Lessing-Stadt wurde 1225 erstmals urkundlich erwähnt und lag an der historischen Handelsstraße Via Regia. Kamenz bildet den westlichen Abschluss des Sechsstädtebundes. In ihrer langen Geschichte wurde die Stadt von mehreren Bränden heimgesucht. Den schlimmsten verzeichnet man im Jahr 1842. Über 600 Häuser fielen den Flammen zum Opfer. Schon bald nach dem Brand wurde die Stadt wieder aufgebaut. So entstand eine klassizistische Innenstadt, die bis heute nahezu geschlossen erhalten ist. Den architektonischen Mittelpunkt bildet das in rotem Backstein leuchtende Rathaus. Es wurde 1847/48 im Stil der italienischen Neo-Renaissance erbaut und ist die Zierde des Marktplatzes. Von hier aus kann man zu den Resten der mittelalterlichen Stadtbefestigung laufen. Die Mönchsmauer, die Hauptkirche St. Marien oder der Rote Turm sind Zeugnisse einer langen und eindrucksvollen Geschichte. Nicht nur vom Roten Turm aus hat man einen fantastischen Überblick, auch vom Hutberg mit dem Lessingturm, der im Jahr 2005 mit einer moderneren Plattform aus Glas und Stahl aufgestockt wurde. Zauberhafter Anziehungspunkt ist der Hutberg auch dann, wenn die zahlreichen Rhododendronbüsche in voller Blüte stehen.
www.kamenz.de/tourismus-uebersicht.html

// Für den kleinen Hunger

Auf jeden Fall sollte man die Kamenzer Würstchen probieren. Das sind geräucherte Knackwürste, die entweder kalt oder in Wasser erhitzt gegessen werden.

Rathaus in Kamenz

3 Löbau

Löbau ist die kleinste Stadt des Sechsstädtebundes, aber nicht weniger reizvoll als ihre größeren Schwestern. Da sie den geografischen Mittelpunkt der Oberlausitz bildet, wurde hier der Bund gegründet, und die Stadt bliebt auch bis ins 19. Jahrhundert Konventsort. Mehr über die Geschichte des Sechsstädtebundes erfährt man im Stadtmuseum von Löbau. Die pittoresken Gassen der Altstadt laden ebenfalls zu einem Bummel ein. Ein idealer Ausgangspunkt ist der Marktplatz mit seinem einzigartigen Rathaus. Es wurde ursprünglich Anfang des 14. Jahrhunderts erbaut, aber im Laufe der Jahre immer wieder durch Stadtbrände beschädigt. Nur der gotische Turm blieb standhaft. Noch heute bildet er einen interessanten architektonischen Gegenpol zum barocken Teil des Rathauses, der zwischen 1711 und 1714 wiederaufgebaut wurde.

Ein vielfältiger Veranstaltungsort in Löbau ist die Johanniskirche. Ihre Ersterwähnung geht auf das Jahr 1336 zurück. Damals war sie Klosterkirche des Franziskanerordens, später wurde sie als wendische Kirche genutzt. 1994 übernahm die Stadt die ungenutzte Kirche. Nach umfangreichen Sanierungsarbeiten entstand ein modernes Kulturzentrum, das den sakralen Charakter beibehielt.
www.loebau.de

// Für Eisenbahn-Fans

Freunde der Eisenbahn können jeweils mittwochs das historische Maschinenhaus und den Lokschuppen besichtigen.

In der Löbauer Innenstadt

Zittauer Altstadt

4 Zittau

Wer Görlitz mag, sollte unbedingt auch einen Abstecher nach Zittau machen. Noch heute begeistern die Besucher die zahlreichen Patrizierhäuser, z. B. das sieben Etagen umfassende Salzhaus – es war damals eines der höchsten Speicherhäuser Deutschlands – oder das im italienischen Renaissancestil nach Plänen von Schinkel erbaute Rathaus. Einen sehr guten Überblick über die Stadt erhält man vom Turm der St.-Johannis-Kirche. Der Bummel durch die vollständig erhaltene historische Altstadt gleicht einer Zeitreise. Und wer ein wenig Ruhe möchte, findet sie in den Parkanlagen, die an die Altstadt grenzen. Besonders lohnenswert ist ein Ausflug zur Fleischerbastei und zur beeindruckenden Blumenuhr.

Ihren Reichtum verdankt die Stadt dem Tuchhandel und der Leinenweberei. Auch ihr größter Schatz ist von textiler Natur. In der Kirche zum Heiligen Geist können Besucher das Zittauer Fastentuch aus dem Jahr 1472 bestaunen. 90 auf ein Tuch gemalte Bilder erzählen Geschichten aus dem Alten und Neuen Testament, und das auf einer unglaublichen Größe von 6,8 mal 8,2 Metern.

https://zittau.de/de/tourismus-kultur-freizeit

// Pause

Dass Zittau im Dreiländereck zwischen Deutschland, Tschechien und Polen liegt, merkt man auch auf der Speisekarte des Dornspachhauses direkt an der Johanniskirche. Hier kann man in Ruhe den Rundgang durch Zittau Revue passieren lassen.

Meissener Porzellan

#Handwerks-
kunst

12 Meissener Porzellan

Unterschiedliche Handwerke haben eine lange Tradition in Sachsen. Seit Jahrhunderten entstehen zwischen Elbe und dem Vogtland Preziosen von Weltruf. Denkt man an Meißen, fällt einem das weltberühmte Porzellan ein. Die 1710 gegründete Porzellanmanufaktur ist die älteste in Europa und hat bis heute nichts von ihrer Strahlkraft verloren. Jedes Jahr strömen Tausende von Besuchern in die Schauwerkstätten und das Museum in Triebischtal in Meißen. Man kann nicht nur das kostbare Porzellan aus drei Jahrhunderten bewundern, sondern den fingerfertigen Meistern über die Schulter schauen. Mit ruhiger Hand wird das Porzellan verziert und zuletzt die gekreuzten Schwerter gesetzt. Nach dem Rundgang bietet sich die Gelegenheit, im Café und Restaurant das Essen auf original Meissener Porzellan zu genießen oder im hauseigenen Laden ein Erinnerungsstück zu erwerben.

Talstraße 9, 01662 Meißen, www.meissen.com

// *Selbstgemacht*

Ein Unikat kann man bei einem Kreativworkshop unter der Anleitung eines erfahrenen Künstlers gestalten. Man erhält Einblicke in die unterschiedlichen Schritte der Entstehung und kann z. B. entweder ein eigenes Stück gießen oder eine Vase mit Blüten verzieren.

Die Alternativen

1 Plauener Spitze

Spitze ist das Produkt, das die kleine Stadt im Vogtland in aller Welt bekannt gemacht hat. Berühmtheit erlangte sie um 1900, als sie unter dem Begriff *Dentelle de Saxe* oder *Plauen Lace* international vermarktet wurde. Die Bezeichnung Plauener Spitze setzt sich in den 1930er Jahren durch und galt stets auch als Qualitätssiegel. Im Gegensatz zu Meissener Porzellan gibt es nicht eine einzelne Firma, die Spitze herstellt, seit jeher produziert eine Vielzahl von großen und kleinen Firmen das begehrte Textil.

Von Anfang an war die Produktion über Plauen und das Vogtland verteilt, das auch heute noch als Zentrum der deutschen Spitzen- und Stickereiindustrie gilt. Aktuell haben sich neun Firmen unter dem Markensiegel des Branchenverbandes Plauener Spitze und Stickereien der Spitzenherstellung verschrieben. Darunter die Firma Modespitze in Plauen, in deren Manufakturverkauf man nicht nur Spitze in Form von unterschiedlichen Heimtextilien oder modischen Accessoires kaufen, sondern die Herstellung des edlen Produktes an einer alten Stickmaschine vom Typ VOMAG, die ebenfalls in Plauen gebaut wurde, hautnah erleben kann.

www.plauenerspitze.info. Modespitze: Annenstraße 9, 08523 Plauen, www.modespitze.de

// Noch mehr Spitze

Im Spitzenmuseum und in der Schaustickerei in Plauen wird die spannende Geschichte der Spitze und ihre Verbindung mit der Stadt lebendig. Wertvolle Exponate rund um die Spitze und historische Maschinen illustrieren sie von allen Seiten.

2 Uhren aus Glashütte

Die kleine Stadt Glashütte machte sich international einen Namen als Uhrenstadt. Noch heute sind von den etwa 7000 Einwohnern ungefähr 1000 in einer der renommierten Uhrenfirmen beschäftigt. Uhrenherstellung hat hier lange Tradition. Dabei gilt die abgeschiedene Lage der Kleinstadt auch als Standortvorteil. In Glashütte hat man Zeit und Ruhe, sich mit Uhren zu beschäftigen. 1845 richtet Ferdinand Adolph Lange die erste Uhrmacherwerkstatt ein. Seine exklusiven Uhren wurden schnell ein Verkaufsschlager. Schon bald entstanden zahlreiche weitere Firmen. Viele Uhrmacher erlernten ihr Handwerk von Lange, der sie immer wieder ermutigte, ihren eigenen Weg zu gehen. In der DDR wurden alle zu einem Betrieb zusammengeschlossen und unter dem Namen VEB Glashütter Uhrenbetriebe große Serien industriell hergestellt. Heute haben angestammte Marken wie A. Lange & Söhne, Glashütte Original, Nomos Glashütte, Mühle-Glashütte wieder ihren Sitz am Ort. Im ehemaligen Gebäude der Deutschen Uhrenmacherschule befindet sich das Deutsche Uhrenmuseum Glashütte. Auf zwei

Uhrenmuseum in Glashütte

Stockwerken und anhand unzähliger Exponate erfährt man Wissenswertes über die Geschichte der Uhren aus Glashütte und auch, was sie so berühmt macht.

Uhrenmuseum: Schillerstraße 3a, 01768 Glashütte, www.uhrenmuseum-glashuette.com

// Zu Fuß durch die Stadt

Eine Stadtführung durch Glashütte zeigt die Produktionsstätten von einst und die Manufakturen von heute, und man versteht, was Glashütte zum Zentrum der deutschen Uhrenfertigung gemacht hat.

3 Musikinstrumentenbau

Nicht umsonst trägt das Gebiet um Markneukirchen und Klingenthal den Beinamen Musikwinkel. Hier liegt die Wiege des Musikinstrumentenbaus im Vogtland. Aus dem nahegelegenen böhmischen Graslitz ließen sich protestantische Geigenbauer nieder, die im Zuge der Gegenreformation am Ende des Dreißigjährigen Krieges gezwungen waren, ihre Heimat zu verlassen. Sie brachten die Kunst des Geigenbaus mit in die Stadt. Am Eingang zum Musikinstrumentenmuseum steht ihnen zur Ehre ein kleines Geigenmacherdenkmal. Durch sie war der Grundstein gelegt, und es siedelten sich weitere Instrumentenbauer an. In Markneukirchen konnten bald alle Instrumente für ein Orchester gefertigt werden. Und das nahegelegene Klingenthal wurde das Zentrum der Mundharmonika- und Akkordeonfabrikation. Die Tradition des Instrumentenbaus ist auch heute noch lebendig – in rund 100 kleinen Familienunternehmen und einigen mittelständischen Firmen werden unterschiedlichste Musikinstrumente gefertigt. Und in der ehemaligen Fabrikantenvilla Merz kann man den Studiengang Musikinstrumentenbau belegen. Sehenswert ist das Musikinstrumentenmuseum in Markneukirchen mit den angeschlossenen Schauwerkstätten. Das Wintersport- und Musikinstrumentenmuseum in Klingenthal widmet sich dem dortigen Instrumentenbau.

Musikinstrumentenmuseum: Bienengarten 2, 08258 Markneukirchen, https://museum-markneukirchen.de

// Noch mehr Musik

Auch in Großpösna bei Leipzig wird Musikgeschichte geschrieben. Hier entstehen im 1853 gegründeten Familienbetrieb die berühmten Blüthner-Klaviere. Wer immer schon einmal wissen wollte, wie aus über 3000 Einzelteilen ein Klavier entsteht, kann sich zu einer Führung anmelden.

Die ehemalige Fabrikantenvilla Merz in Markneukirchen

Blick auf das Belvedere im Schloss Wackerbarth

#Weingenuss

13 Staatsweingut Schloss Wackerbarth

Schon seit über 800 Jahren wird auf den Elbhängen Wein angebaut. Die sächsische Weinstraße reicht von Pirna über Radebeul und Meißen bis nach Diesbar-Seußlitz. Zahlreiche Weingüter laden ein, die ausdrucksstarken, vorwiegend trockenen Weine aus dem östlichsten Anbaugebiet Deutschlands zu probieren. Inmitten der Radebeuler Weinberge ließ sich Graf von Wackerbarth seinen Altersruhesitz errichten. Das barocke Herrenhaus, ein großzügiger Garten und ein Lustschlösschen, das auf einer kleinen Anhöhe thront, wurden im Dresdner Barock errichtet. Man feierte rauschende Feste – und die gibt es auch heute noch. Denn im Schloss Wackerbarth wird seit 1952 Wein und seit 1958 erstklassiger Sekt hergestellt. Damit setzte man die Tradition der Sektkellerei Bussard und des 1925 gegründeten Staatsweinguts fort. Heute begrüßt das Erlebnisweingut mit außergewöhnlichem Ambiente Gäste zu einem genussvollen Rundgang oder zu einer der zahlreichen Veranstaltungen. *Wackerbarthstraße 1, 01445 Radebeul, www.schloss-wackerbarth.de*

// Abstecher

Vom Schloss Wackerbarth ist es nicht weit zum pittoresken Radebeuler Stadtteil Altkötzschenbroda. Rund um den Dorfanger und eine schattenspendende Allee warten hier farbenfrohe Häuser mit kleinen Geschäften und zahlreichen Restaurants auf die Besucher.

1 Weingut Schloss Proschwitz

Im kleinen Ort Proschwitz befindet sich das gleichnamige Schloss. Hier hat Georg Prinz zur Lippe seit den 1990er Jahren ein Weingut aufgebaut, dessen Weine regelmäßig zu den besten des Jahrgangs zählen. Seine Familie wurde nach Kriegsende 1945 enteignet. Stück für Stück kauften Georg Prinz zur Lippe und seine Familie nach 1990 Schloss und Weinberge zurück und sanierten die verfallenen Gebäude mit viel Liebe. Das prächtige Schloss, 1701 bis 1704 erbaut, ist umgeben von einem idyllischen Park und erstrahlt wieder in altem Glanz. Das Weingut ist mit über 80 Hektar bewirtschafteter Fläche das größte Privatweingut in Sachsen. Hier werden so edle Weine wie die Scheurebe oder der Elbling angebaut. Von der Qualität kann man sich vor Ort in der Vinothek im Schlosshof überzeugen. Während das Schloss nur zu den zahlreich stattfindenden Veranstaltungen geöffnet ist, kann man regelmäßig mit einem Gläs-

Schloss Proschwitz

chen Wein in der Hand zu den Öffnungszeiten durch den altehrwürdigen Park mit seinen großen Bäumen und den Weinbergen schlendern. Von hier hat man einen fantastischen Blick hinüber zur Meißner Albrechtsburg auf der anderen Elbseite.

Heiligen Grund 2, 01662 Meißen OT Proschwitz,
www.schloss-proschwitz.de

// Weinwanderung

Schloss Proschwitz bietet sich als Ausgangspunkt für eine idyllische Wanderung entlang des Sächsischen Weinwanderweges an. Man kommt vorbei am schönen Ausblick an den Katzenstufen, weiter zur Bennokanzel, dann führt der Weg über Rottewitz und Winkwitz wieder zum Schloss zurück.

Im Innenhof des Weingutes Hoflößnitz

2 Weingut Hoflößnitz

In Hoflößnitz verbinden sich Wein, Kultur und Geschichte. Es gilt als das älteste sächsische Weingut, schon seit dem Mittelalter wird hier Weinbau betrieben. Einst gehörte es den Wettinern, heute einer Stiftung. Die Anlage besteht aus mehreren Häusern. Der prägnanteste Bau ist das Lust- und Berghaus. Wo früher ausgelassen gefeiert wurde, kann man heute die Dauerausstellung des Sächsischen Weinbaumuseums anschauen. Im Obergeschoss ist man überwältigt von der Schönheit des opulenten Festsaales. Im ehemaligen Pressenhaus befindet sich heute das Besucher- und Informationszentrum Sächsische Weinstraße, und direkt gegenüber kann man in der Weinstube die köstlichen Tropfen probieren. Alle Weine in Hoflößnitz werden nach den Richtlinien des ökologischen Anbaus produziert. Unbedingt probieren sollte man den Schieler, eine sächsische Spezialität aus Trauben von Johanniter und Regent – ein Genuss. In den warmen Monaten findet man im Hof ein schattiges Plätzchen. Da kann man nicht nur den Wein, sondern auch die Aussicht über Radebeul genießen. Und wer länger bleiben möchte, mietet im historischen Winzerhaus ein Appartement oder ein Doppelzimmer.

Knohllweg 37, 01445 Radebeul, www.hofloessnitz.de

// Noch mehr Wein

In unmittelbarer Nachbarschaft befindet sich das Weingut Karl-Friedrich Aust. Die Weine genießt man nicht nur in der Weinstube oder dem Garten, sondern auch in der romantischen Pergola mitten im Weinberg.

Blick über die Weinberge am Weingut Zimmerling

Kunst und Wein im Weingut Zimmerling

3 Weingut Zimmerling

In wohl kaum einem anderen Weingut gehen Wein, Kunst und Architektur so eine spektakuläre Symbiose ein wie im Weingut Zimmerling. Schon von der Straße aus sieht man den Weinberg an der Rysselkuppe, der oberhalb von Pillnitz liegt. Einst ließ hier August der Starke die Rebstöcke für seinen Wein bearbeiten, heute wachsen auf den 4,5 Hektar Anbaufläche die Reben eines der besten Weine der Region. Damit möglichst viele in den Genuss des guten Tropfens kommen, füllt Zimmerling ihn in 0,5-Liter-Flaschen ab. Alle tragen ein unverwechselbares Etikett mit einer der Skulpturen, die seine Frau Małgorzata Chodakowska fertigt. Die grazilen Bronzen bereichern nicht nur die Flaschen, sondern auch das Weingut selbst. So wird der direkt in den Granit gehauene Keller von drei der eindrucksvollen Skulpturen bewacht. Direkt vor Ort kann man in einmaliger Atmosphäre die Weine, die komplett biologisch angebaut werden, genießen. Aber es gibt nicht nur Wein: Mit kleinen Leckereien wie veganen Aufstrichen oder Ziegenkäse, die in der Region produziert werden, kann man sich einen Picknickkorb füllen lassen und den Wein auch auf einer der zahlreichen Bänke am Weinberg genießen. *Bergweg 27, 01326 Dresden, www.weingut-zimmerling.de*

// Weinbergwanderung

An mehreren Wochenenden im Jahr kann man auf zweistündigen Touren die schönsten Plätze des Weinberges entdecken und einen Blick in den Weinkeller werfen. Nebenbei erfährt man Wissenswertes über den Weinanbau, und natürlich gibt es Zimmerling-Weine in der Verkostung.

Im Garten vom Haus Schminke

#Architektur-Legende

14 Haus Schminke in Löbau

Auch wenn der Spitzname »Nudeldampfer« eher irritierend klingt, verbindet er doch zwei vermeintlich unpassende Dinge zu einem passenden Ganzen: Denn wie ein Schiff ragt das Wohnhaus des Nudelfabrikanten Fritz Schminke mit den prägnanten Bullaugen und den geschwungenen Terrassen in den Garten hinein. Kein Geringerer als Hans Scharoun entwarf in den 1930er Jahren für die sechsköpfige Familie ein Wohnhaus, das heute zu den Meisterwerken der Moderne zählt. Das Haus ist extravagant, aber gleichzeitig funktional. Die großen, lichtdurchfluteten Räume und der Detailreichtum begeistern noch heute die Besucher.

Kirschallee 1b, 02708 Löbau, www.stiftung-hausschminke.eu

// Architektur erleben

Wie es sich anfühlt, in einer Ikone der Architektur zu übernachten, lässt sich hier exklusiv und hautnah erleben. Jeweils zwischen Donnerstag und Sonntag ist Haus Schminke für Übernachtungsgäste offen.

1 Haus Rabe in Zwenkau

Im beschaulichen Zwenkau, wenige Kilometer von Leipzig entfernt, steht mit dem Haus Rabe eine Perle des Bauhauses, die man so hier wohl nicht erwarten würde. Ein kleines Juwel, das einen Ausflug mehr als lohnt. Das Haus entstand für die Arztfamilie Rabe 1930 in einer einmaligen Zusammenarbeit des Architekten Adolf Rading mit dem Künstler Oskar Schlemmer, der für die Innengestaltung verantwortlich war. Von außen wirkt der kubische Bau unaufgeregt und nüchtern. Im Inneren faszinieren die harmonische Farbgebung und die durchdachten Details. Es ist ein Glücksfall, dass das Haus im Originalzustand erhalten geblieben ist, vor allem, dass die ikonischen Innengestaltung mit der dreiteiligen Wandskulptur und den Wandmalereien von Schlemmer die Zeiten überlebte. Dies geschah nicht zuletzt, weil das Haus bis 1994 im Familienbesitz war und danach von einem Liebhaber des Bauhauses übernommen wurde. Heute gehört es der Kulturstiftung Landkreis Leipzig und

Gartenansicht von Haus Rabe in Zwenkau

kann im Rahmen von Führungen besichtigt werden. Dabei erfährt man zahlreiche Geschichten rund um das Haus. Zum Beispiel, dass es nur durch einen Trick möglich war, das Haus, das den Genehmigungsbehörden zu undeutsch war, zu bauen: Es wurde wie hinter einem Schleier aus Bäumen versteckt.

Ebertstraße 26, 04442 Zwenkau,
https://haus-rabe.de

2 Der Wasserturm in Reichenbach

Der Wasserturm von Reichenbach ist mit seinem strahlenden Gelb eine schon von Weitem sichtbare Landmarke und zählt zu den beeindruckendsten Bauwerken, die im Stil der Neuen Sachlichkeit und der Bauhausarchitektur im Vogtland geschaffen wurden. Gebaut wurde er von Rudolf Ladewig, der Mitte der 1920er bis Anfang der 1930er Jahre als Stadtarchitekt in Reichenbach tätig war. Ladewig verband den Stil zusätzlich mit expressionistischen Elementen. Der Wasserturm wurde in nur fünf Monaten Bauzeit 1926 errichtet. Der 28 Meter hohe Turm ist ein sachlicher Kubus, der durch die horizontalen Simse eine außergewöhnliche Dynamik erhält. Schmückendes Element des Baus ist eine vom Leipziger Bildhauer Johannes Göldel geschaffene Skulptur eines Mädchens, das Wasser aus einer Schale trinkt. Rund um den Turm verweilt man in einer Grünanlage mit Wasserbecken und Pergolen. Der Wasserturm verfügt über eine Aussichtsplattform und eine kleine Ausstellung zur Geschichte – will man hinein, muss man sich im Tourismusbüro telefonisch anmelden oder den Tag des offenen Denkmals nutzen.

Ringstraße 18, 08468 Reichenbach im Vogtland,
www.reichenbach-vogtland.de/tourismus/sehenswertes-in-reichenbach/wasserturm/

// Für Architekturfans

Unweit von Haus Rabe hat ein Meisterschüler von Henry van de Velde – Thilo Schoder – seine Spuren hinterlassen. Er baute in Zwenkau ein Krankenhaus und eine Wohnzeile. Auch das KulturKino, das 1927 im Stil des Expressionismus erbaut wurde, lohnt einen Besuch.

Der Reichenbacher Wasserturm

// Noch mehr Moderne

Außer dem Wasserturm hat Ladewig in Reichenbach noch weitere prägnante Bauten hinterlassen, dazu zählen die Sternsiedlung, das Krematorium, die Marienkirche und die wirklich beeindruckende Textilfachschule.

3 Das ehemalige Kaufhaus Schocken in Chemnitz

Erst Konsumtempel, heute Museum, so lässt sich die Nutzung des ehemaligen Kaufhauses Schocken zusammenfassen. 1930 öffneten sich zum ersten Mal die Türen des funktionalistischen Kaufhausbaus, den die Brüder Simon und Salman Schocken vom Architekten Erich Mendelsohn erbauen ließen. Das Kaufhaus beeindruckte durch seinen schnörkellosen geschwungenen Bau, dessen prägnante Lichtbänder nachts weithin leuchteten. Nur acht Jahre währte die Freude, dann wütete der Nazi-Mob, und das Kaufhaus wurde geplündert. Im selben Jahr wurde die Familie enteignet. Wie durch ein Wunder überstand das Haus als eines von wenigen die Zerstörung der Chemnitzer Innenstadt. So konnte wenig später wieder ein Kaufhaus einziehen. Seit 2001 stand das Gebäude leer. Was sollte nun mit der großen Ikone der Architektur geschehen? Nach einem langen Findungsprozess und Umbaumaßnahmen, bei denen auch der große Lichthof entstand, der die Geschosse gekonnt miteinander verbindet, zog das Staatliche Museum für Archäologie (smac) in die Räume ein. In einer Dauerausstellung in den Erkern erfährt man mehr über die Geschichte des Hauses, die Gebrüder Schocken und Erich Mendelsohn.

Stefan-Heym-Platz 1, 09111 Chemnitz, www.smac.sachsen.de

// Moderne Archäologie

Das smac beleuchtet in zahlreichen Exponaten und Installationen die Zeit von den Jägern und Sammlern bis ins frühe Industriezeitalter.

Das smac im ehemaligen Kaufhaus Schocke

Villa Esche in Chemnitz

4 Villa Esche in Chemnitz

Auf einem Hügel etwas außerhalb der Innenstadt von Chemnitz steht in exponierter Lage die Villa Esche. Der Strumpffabrikant Herbert Eugen Esche beauftragte für die Planung Henry van de Velde, den er wenige Jahre zuvor in Paris kennengelernt hatte. Die Villa entstand in den Jahren 1902/03, ist van de Veldes erstes Bauwerk in Deutschland und gilt als Vorläufer des modernistischen Bauens. Van de Velde entwarf nicht nur das Haus, sondern die gesamte Inneneinrichtung bis hin zu Geschirr, Besteck und Wandbespannungen. Diese konnten originalgetreu rekonstruiert werden, da man hinter den Sockelleisten Reste des Stoffes gefunden hatte. Heute ist in der Villa ein Museum beheimatet, das die Wohnräume der Öffentlichkeit zugänglich macht. Zahlreiche Möbel, historische Fotografien und weitere Exponate geben einen Einblick in das Leben der Familie Esche und das Schaffen von Henry van de Velde. Außerdem hat sich die Villa Esche einen Namen als Tagungsstätte und Veranstaltungsort für Konzerte oder Lesungen gemacht.

Parkstraße 58, 09120 Chemnitz, www.villaesche.de

// Für den kleinen oder großen Hunger

Im Restaurant in der Remise im Garten isst man stilvoll mit Blick auf die Villa.

Villa Bärenfett in Radebeul

#Geschichten, Sagen und Legenden

15 Karl May Museum in Radebeul

Winnetou und Old Shatterhand – wer kennt sie nicht? Für viele sind die beiden Helden der Kindheit. Ihren Ursprung haben sie aber keineswegs in Nordamerika, sondern im beschaulichen Radebeul. Hier schrieb Karl May seine berühmten Geschichten. Um ihn selbst ranken sich einige Legenden, so gab er vor, selbst Old Shatterhand zu sein und ließ sich die legendär gewordenen Gewehre anfertigen. Die Radebeuler Ausstellung ist zweigeteilt. In seinem Wohnhaus, das den Namen Villa Shatterhand trägt, erfährt man alles über Leben und Wirken Karl Mays. Das rustikale Wildwest-Blockhaus Villa Bärenfett widmet sich der historischen Lebenswelt der indigenen Kulturen in Nordamerika.

Karl-May-Straße 5, 01445 Radebeul, www.karl-may-museum.de

// Karl Mays Versteck

Der junge Karl May nahm es mit dem Gesetz nicht so genau und wurde mehrfach wegen Diebstählen oder Gaunereien gesucht. Nahe seiner Heimatstadt Hohenstein-Ernstthal soll er eine Höhle, die durch den Bergbau entstanden ist, als Versteck genutzt haben. Sie existiert heute noch.

Die Alternativen

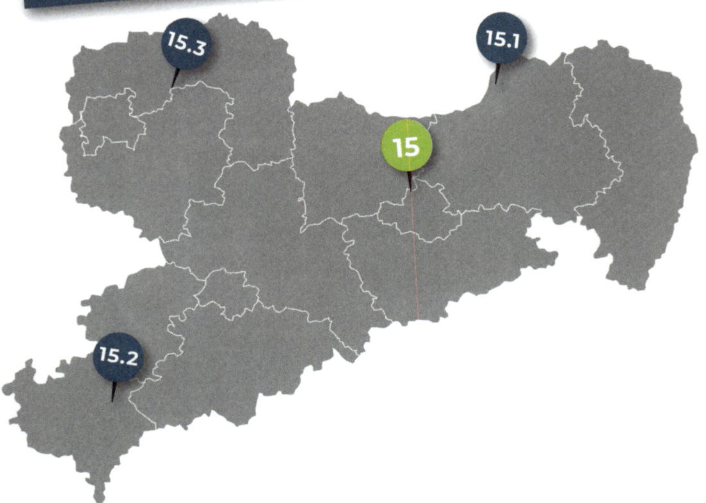

Die Krabat-Mühle in Schwarzkollm

Die Schwarze Mühle mit dem Mühlenturm

1 Krabatmühle

Krabat ist die wohl beliebteste sorbische Sagenfigur. Bekanntheit erlangte sie vor allem durch die Bücher von Otfried Preußler und Jurij Brězan, nicht zuletzt durch die Verfilmung aus dem Jahr 2008. Seine Zauberkunst soll Krabat in der Schwarzen Mühle erlernt haben. Und die soll es tatsächlich gegeben haben. Die Geschichte geht wohl auf das Leben des Oberst Johann von Schadowitz Ende des 17., Anfang des 18. Jahrhunderts zurück. Da von der Mühle nicht viel erhalten war, entschloss man sich 2006, ein neues Ensemble in Anlehnung an die Vorgängerbauten zu erschaffen. Es wurden Scheunen aus anderen Dörfern umgesetzt und neue Anlagen gebaut. So entstand ein weiträumiger Vierseitenhof, wie er typisch für die Lausitz ist. Hauptgebäude ist die sagenumwobene Schwarze Mühle mit dem Mühlenturm.

Verschiedene Ausstellungen rund um Krabat, auch Originalrequisiten aus dem Film, die Mühlentechnik und das sorbische Brauchtum machen den Ort zu einem attraktiven Anlaufpunkt. Für eine Stärkung sorgt das Restaurant im Haus des Müllers mit regionaltypischen Gerichten oder die Bauernstube. Hier sollte man unbedingt die leckeren Buttermilchplinsen probieren. *Koselbruch 22, 02977 Hoyerswerda OT Scharzkollm, www.krabat-muehle.de*

// Noch mehr über Krabat

Wer mehr über Krabat erfahren möchte, kann sich per Rad auf den Krabat-Rundweg begeben. Neben der Krabatmühle sind Hoyerswerda, Bautzen und Kamenz Stationen in der Lausitz.

2 Der vogtländische Moosmann

Berühmte Sagengestalten im Vogtland sind der Moosmann und seine Frau. Zu Hause sind die Moosmänner in den Wäldern von der Göltzsch bis zum Aschberg und von Falkenstein bis nach Schöneck. Eine überlebensgroße Figur steht zur Weihnachtszeit in der Ortsmitte von Grünbach – so kann man sich ein Bild der kleinen Gesellen machen, damit man sie im Wald nicht verpasst. Sie belohnen die Menschen für gute Taten mit Laub, das sich zu Gold wandelt. Aber sie können auch für schlechte Taten bestrafen. So ist es einem Mönch zwischen Grünbach und Falkenberg ergangen. Ein Moosmann bat den Mönch um den letzten Segen für seine Frau, die im Sterben lag. Der Mönch lehnte ab. Mit dem Spruch: »Hart wie ein Stein ist dein Herz, Mönch, so sollst du ganz zu Stein werden und bis in alle Ewigkeit hier an der Stelle stehen bleiben. Allen zur Mahnung, die ebenso hartherzig zu anderen Menschen sind«, verwandelte er ihn in einen Stein. Der Schwarze Stein befindet sich heute noch unweit der Talsperre Falkenstein und kann auf unterschiedlichen Wanderwegen, zum Beispiel auf dem landschaftlich schönen Felsenweg 2, erreicht werden.

Ecke Falkensteiner Straße, Neustädter Straße und Bahnhofstraße.

// Zur Weihnachtszeit

Große Popularität genießen die Moosmänner zur Weihnachtszeit. In zahlreichen Wohnungen stehen sie als Räuchermännchen und aus den Weihnachtsausstellungen im Vogtland sind sie nicht wegzudenken.

Der Moosmann in Grünbach

Die Heinzelmännchen am Springbrunnen auf dem Marktplatz von Eilenburg

3 Die Heinzelmännchen von Eilenburg

Auch wenn man vielerorts glaubt, dass die Heinzelmännchen aus Köln stammen, ist ihre Heimat das kleine Städtchen Eilenburg am Rande der Dübener Heide. Die Eilenburger Sage soll Vorbild für die Kölner Überlieferung sein. Die Sage »Des kleinen Volkes Hochzeitsfest auf der Eilenburg« spielt hier vor Ort, oben auf der Burg. Da die Heinzelmännchen vom Grafen bei der Feier beobachtet worden sind, sollen sie ihn verflucht haben. Erstmals wurde die Sage 1816 von den Gebrüdern Grimm veröffentlicht, zehn Jahre vor der Kölner Variante. Die Burg selbst wurde im 10. Jahrhundert als Illburg erbaut, noch heute ist der Sorbenturm aus dieser Zeit erhalten. Einer anderen Sage nach schenkten die Heinzelmännchen den Grafen einen Ring, der ihr Geschlecht beschützen soll. Angeblich lebten sie damals in den weitverzweigten Burgkellern unter der Stadt.

Auch heute noch geistern sie in unterschiedlicher Form durch die Stadt. Der Springbrunnen auf dem Marktplatz stellt die Heinzelmännchensage dar, am Lauschberg – einem kleinen Hügel aus Metall mit Lauschtrichtern –, kann man die Sagen hören, – und man kann in der Pension Heinzelberge übernachten. Das Stadtmaskottchen übrigens heißt Heinz Elmann – wie könnte es auch anders sein? *Burgruine Eilenburg: Schlossberg, 04838 Eilenburg, www.eilenburg.de*

// Geschichtliches

In Eilenburg liegt nicht nur die Wiege der Heinzelmännchen, sondern auch die von Sachsen. 1089 wurde der wettinische Graf Heinrich I. zu Eilenburg mit der Mark Meißen belehnt und gründete den wettinischen Territorialstaat, aus dem unter anderem Sachsen hervorging.

Militärhistorisches Museum in Dresden

#zeitgenössische Architektur

16 Militärhistorisches Museum in Dresden

Eine der umstrittensten Baumaßnahmen der jüngeren Vergangenheit in Dresden ist der Umbau des Militärhistorischen Museums. Der dekonstruktivistische Entwurf von Daniel Libeskind, der den mächtigen Bau aus den 1870er Jahren förmlich durchdringt, wurde viel diskutiert und ist vielleicht gerade deshalb so berühmt. Für die einen ist es ein Axthieb, für die anderen ein Granatsplitter. Wie ein Keil steht der Neubau im Altbau und teilt ihn mittig. Libeskind nimmt mit der Form des Anbaus Bezug auf die Bombenangriffe von 1945, die pfeilförmig über Dresden geflogen wurden. Im Neubau führt ein Gang bis ganz nach oben und eröffnet einen Blick zur Dresdner Altstadt. *Olbrichtplatz 2, 01099 Dresden, www.mhmbw.de*

// Die Ausstellung

Auch im Inneren teilt der Neubau die Ausstellungsfläche. Die chronologische Dauerausstellung wird durch verschiedene Themenparcours im Neubau durchbrochen.

1 Niemeyer Sphere in Leipzig

Inmitten des traditionsreichen Industrieareals von Kirow, wo heute noch Kräne und Straßenbahnen gebaut werden, befindet sich eines der spektakulärsten Architektur-Highlights von Sachsen. Wer die Spinnereistraße entlangläuft, sieht schon von Weitem den kugelförmigen Anbau, der so wirkt, als hätte ein Riese einen Golfball auf dem Haus platziert. Der Plan zu diesem Erweiterungsbau stammt aus der Feder des Architekten Oscar Niemeyer. Es ist der letzte realisierte Entwurf des Star-Architekten. Niemeyer starb vor Baubeginn, sein langjähriger Assistent Jair Valera leitete zusammen mit Harald Kern aus Leipzig die Bauarbeiten. Mit zwölf Metern Durchmessern scheint die Kugel aus Beton und Glas der Schwerkraft zu trotzen, so locker und leicht schwebt sie an dem Backsteinbau. Im Inneren erwartet die Gäste ein Barbereich sowie eine Lounge mit Restaurant. Die Niemeyer Sphere kann man für Veranstaltungen mieten, und jeweils mittwochs kann man abends in dieser außergewöhnlichen Umgebung ein Menü genießen, das genauso begeistert wie die architektonische Hülle.

TECHNE SPHERE LEIPZIG GmbH, Niemeyerstraße 2–5, 04179 Leipzig, www.technesphere.de

// Kirow Kantine

Montags bis freitags lädt die Kirow Kantine im alten Kesselhaus zum Mittagessen. Hier stehen tägliche wechselnde Speisen aus mehrheitlich regionalen Zutaten auf dem Speiseplan.

Niemeyer Sphere in Leipzig

2 Porsche Leipzig

Architektonischer Mittelpunkt des Porsche-Werkes in Leipzig ist das Porsche Experience Center mit seiner markanten Form, die ihm den Spitznamen »Diamant« einbrachte. Das Gebäude hat einen massiven Sockel aus Sichtbeton, auf dem sich ein kreiselförmiger Aufbau nach oben erhebt. Der mit Metallpaneelen verkleidete 32 Meter hohe Turm scheint mit Leichtigkeit auf dem Sockel zu sitzen. Möglich machen dies 76 Säulen, die jeweils 15 Meter tief in der Erde verankert sind. Der Entwurf stammt von den renommierten Architekten Gerkan, Marg und Partner (gmp). Blickfang im Erdgeschoss ist das Carrera-Café. Hier steht alles im Zeichen des ikonischen Porsche-Klassikers Carrera RS 2.7 und seines signalgelben Farbtons. In der vierten Etage lässt eine Ausstellung mit historischen und aktuellen Modellen die Herzen der Autofans höherschlagen. Eine Etage tiefer befindet sich das Restaurant mit einem 360-Grad-Blick auf das Werksgelände und die Rennstrecke, zu festen Terminen wird hier ein Brunchbuffet ausgerichtet oder es werden Mittags- und Abendmenü serviert.

Porschestraße 1, Tor 1 Besuchereingang, 04158 Leipzig, https://shop.porsche-leipzig.com/

// Werksbesichtigung

Eine Besichtigung des Werkes ist nach Voranmeldung möglich, ebenso wie eines der vielfältigen Fahrprogramme. Außerdem gibt es für Spontanbesucher eine Porsche-Spritztour, die man vor Ort buchen kann.

Porsche Werk in Leipzig

-Kristallpalast in Dresden

3 UFA-Kristallpalast in Dresden

In einer Baulücke zwischen der St. Petersburger Straße und der Prager Straße wurde 1998 eines der wohl eigenwilligsten Kinos Deutschlands eröffnet. Für den Bau aus Beton und Glas beauftragte man das Wiener Architekturbüro Coop Himmelb(l)au. Das Kino besteht aus zwei Teilen: einem Beton- und einem Glaskörper. In der Stahl-Glaskonstruktion befinden sich das Foyer mit dem Aufenthaltsbereich, die Skybar und Treppen, die alle im Betonkubus zu verschwinden scheinen. Hier befinden sich acht Säle, in denen über 2600 Personen Platz finden. Der kristallähnliche transparente Bereich, der dem Kino seinen Namen gab, setzt spektakuläre Akzente nach innen und nach außen. Bei Sonnenschein spiegeln sich in den Glasflächen die Wolken und die Nachbargebäude, ab der Dämmerung dringt das Licht nach außen und gibt gleichzeitig den Blick nach innen frei.

St. Petersburger Straße 24a, 01069 Dresden, www.ufa-dresden.de

// Noch mehr Kino

In unmittelbarer Nachbarschaft zum Kristallpalast steht das legendäre Rundkino, das 1972 eröffnet wurde und ebenfalls von der UFA betrieben wird. Es wurde von den Architekten Manfred Fasold und Winfried Sziegoleit entworfen und zählt ohne Zweifel zu den markantesten Nachkriegsbauten Dresdens.

Semperoper in Dresden

#Kultur-
reiseziele

17 Semperoper

Die heutige Semperoper geht auf den Bau zurück, der in den Jahren 1871 bis 1878 erstellt wurde, nachdem das Vorgängergebäude einem Brand zum Opfer gefallen war. Am 13. Februar 1985, 40 Jahre nach der Zerstörung im Zweiten Weltkrieg, konnte dann die wiedererstandene Oper neu eröffnet werden. Heute gilt die Semperoper, die den Namen ihres berühmten Architekten trägt, als eine der schönsten der Welt und begeistert mit der hervorragenden Akustik allabendlich Kulturbegeisterte. Aber die Semperoper bietet nicht nur Hörgenuss, sondern ist mit der neobarocken Pracht ihrer Architektur und Innenarchitektur auch ein Genuss für die Augen.

Theaterplatz 2, 01067 Dresden, www.semperoper.de

// Hinter den Kulissen

Bei einer Führung durch die Semperoper kann man die prachtvollen Räumlichkeiten besichtigen und man erfährt eine Menge über die Geschichte des berühmten Hauses.

Die Theatertradition in Bad Elster begann im Jahr 1888, damals noch im Alberttheater am Brunnenberg. Infolge großen Publikumsinteresses beauftragte man 1913 die Chemnitzer Architekten Alfred Zapp und Erich Basarke mit dem Entwurf für einen repräsentativen Neubau. Schon 1914 konnte das Theater durch König Friedrich August III. eingeweiht werden. Damit war es das letzte deutsche Hoftheater, das eröffnet wurde. Zugleich ist es sowohl von außen als auch von innen einer der prachtvollsten Theaterbauten Mitteldeutschlands. Seit seinen Anfängen gastieren in Bad Elster immer wieder renommierte Ensembles und Künstler, die eine enorme Vielfalt in allen Genres garantieren. Das breite Programm

reicht von Musiktheater, Konzerten im Bereich Klassik, Pop und Jazz bis hin zu Theater und Comedy. Außerdem ist hier die Chursächsische Philharmonie beheimatet. Der Innenraum wurde im sogenannten Zweiten Dresdner Rokoko gehalten. Bei einer Führung durch das Haus erfährt man Wissenswertes über die Historie, aber auch über die moderne Bühnentechnik.

Theaterplatz 1, 08645 Bad Elster, www.koenig-albert-theater.de

// Unter freiem Himmel

Als zusätzliche Spielstätte in der warmen Jahreszeit entstand 1911 das Naturtheater. Hier kann man mit Blick auf den Wald umfangreiches kulturelles Programm erleben.

König-Albert-Theater in Bad Elster

2 Theater Plauen-Zwickau

Wie zahlreiche andere kleine Bühnen konnten das Theater Plauen und das der Stadt Zwickau ihr wirtschaftliches Überleben nur durch eine Fusion sichern und so weiterhin ein ansprechendes Programm bieten. Das Publikum kann in beiden Häusern aus Aufführungen im Bereich Musiktheater, Konzert, Ballett und Schauspiel wählen. In Plauen ist die Hauptspielstätte das Vogtlandtheater. Der stolze neoklassizistische Bau, der 1898 fertiggestellt wurde, ist einen Besuch wert. Von außen sieht man dem Bau seine eigentliche Größe nicht an, da der Zuschauerraum in den Keller verlegt wurde. Besonders beeindruckend ist der riesige Kronleuchter dort, der mit seiner geschwungenen Außenform an eine Spitzendecke erinnert. Fans historischer Technik können hier einen Wolkenapparat aus den 1920er Jahren bestaunen. In Zwickau wird im traditionsreichen Gewandhaus gespielt. Mit seiner spätgotischen Fassade ist es schon von außen ein Hingucker. Als Zunfthaus der Tuchmacher wurde es in der Mitte des 16. Jahrhunderts erbaut und nach Umbauten seit 1823 als Städtisches Theater genutzt.

Theaterplatz, 08523 Plauen und Hauptmarkt, 08056 Zwickau, www.theater-plauen-zwickau.de

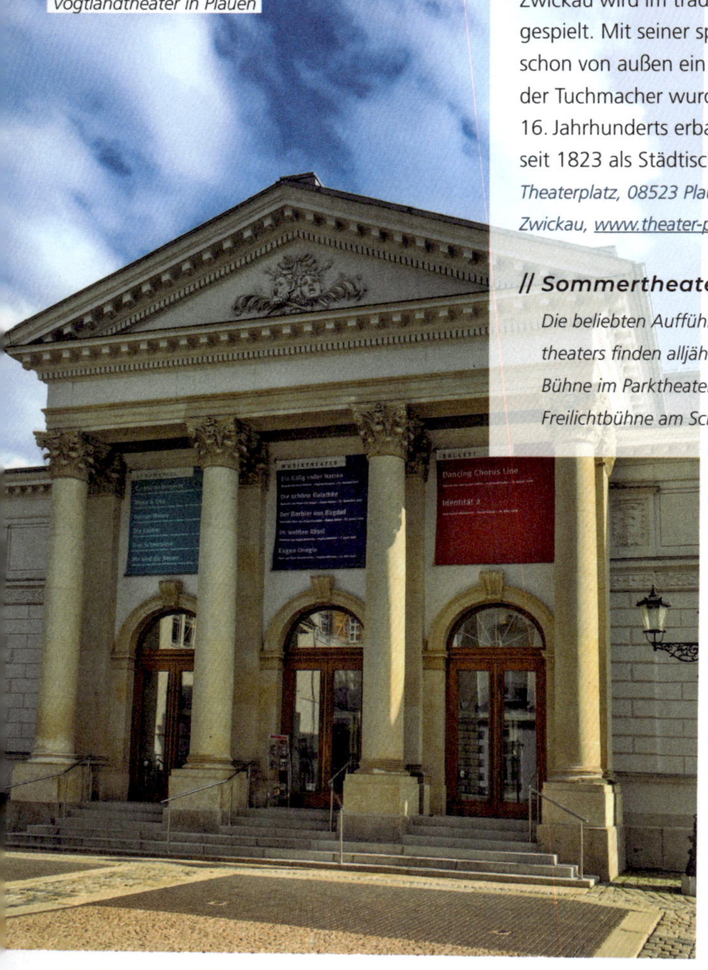

Vogtlandtheater in Plauen

// Sommertheater

Die beliebten Aufführungen des Sommertheaters finden alljährlich in Plauen auf der Bühne im Parktheater und in Zwickau auf der Freilichtbühne am Schwanenteich statt.

Oper in Leipzig

3 Oper und Gewandhaus in Leipzig

Am Augustusplatz in Leipzig, einem der größten innerstädtischen Plätze, stehen vis-à-vis das Gewandhaus und die Oper. Letztere wurde in den Jahren 1954 bis 1960 im neoklassizistischen Stil neu aufgebaut. Im Inneren dominieren die Gestaltungselemente der 1950er Jahre in den Farben Weiß, Gold und Weinrot. Besonders beeindruckend sind die Lampen. Sie sehen aus wie Pusteblumen in unterschiedlichen Blühstadien von Knospen über aufgeblühte Dolden bis hin zu Samenkapseln. Die Oper Leipzig bietet Kultur-Genuss in den Bereichen Oper und Ballett. Sinfonischen Werken kann man im Gewandhaus auf der anderen Seite des Augustusplatzes lauschen. Das Konzertgebäude wurde 1981 eingeweiht und setzt die lange Tradition der Vorgängerbauten als Heimstatt des Gewandhausorchesters fort. Der dreigeschossige Bau verfügt über einen amphitheaterähnlichen, 1900 Plätze umfassenden Konzertsaal mit einer außergewöhnlichen Akustik. Dem damaligen Gewandhauskapellmeister Kurt Masur wird ein großer Einfluss auf Bau und Ausführung zugeschrieben. Aber das Gewandhaus begeistert nicht nur klanglich. Das Deckengemälde von Sighard Gille »Gesang vom Leben« ist mit 711 Quadratmetern das größte Europas. Wenn im Gewandhaus in den Abendstunden das Licht angeht, kann man es in seiner vollen Pracht vom Augustusplatz aus betrachten.

Augustusplatz, 04109 Leipzig, www.oper-leipzig.de, www.gewandhausorchester.de

// Für Operettenfans

Mit der Musikalischen Komödie im Haus Dreilinden im Leipziger Stadtteil Lindenau verfügt die Oper Leipzig – ebenso wie Dresden mit der Staatsoperette – über ein eigenes Haus nur für den Bereich Operette und Musical.

#Kunstmekka

18 Gemäldegalerie Alte Meister in Dresden

Im Semperbau des Zwingers verbirgt sich ein Kunstschatz von Weltrang: die Gemäldegalerie Alte Meister. Seit der Wiedereröffnung 2020 kann man so viele Werke wie noch nie betrachten, denn sie hängen, wie im Barock üblich, in zwei oder sogar drei Reihen übereinander. Die farbige Wandgestaltung und ein durchdachtes Beleuchtungskonzept rücken die Bilder ins rechte Licht. Eine Hauptattraktion ist sicherlich die Sixtinische Madonna von Raffael. Aber auch Meisterwerke von Rembrandt, Rubens, Vermeer oder das berühmte Schokoladenmädchen von Jean-Étienne Liotard sind echte Publikumsmagnete. *Theaterplatz 1, 01067 Dresden, https://gemaeldegalerie.skd.museum*

// Zerbrechliche Kunst

Porzellan erfreute sich am Hof August des Starken besonders großer Beliebtheit. Im Zwinger kann man die schönsten und bedeutendsten Stücke in einer wundervoll komponierten Ausstellung in der Porzellansammlung bewundern.

Gemäldegalerie Alte Meister in Dresden

Die Alternativen

Lichthof im Albertinum

1 Albertinum in Dresden

Noch mehr Kunst bietet Dresden im Albertinum an den Brühlschen Terrassen. Ursprünglich war das Gebäude ein Zeughaus, und zwar eines der größten in Europa. Im 18. Jahrhundert wurde der einstige Renaissancebau nach dem Zeitgeschmack des Barock umgebaut, im ausgehenden 19. Jahrhundert beschloss man, das Gebäude in ein Museum umzuwandeln. Zu Ehren des Königs Albert von Sachsen erhielt das Museum den Namen Albertinum. Heute beherbergt es Meisterwerke des 19., 20. und des 21. Jahrhunderts. Vom bedeutendsten Vertreter der deutschen Romantik, Caspar David Friedrich, über Impressionisten wie Max Liebermann oder Claude Monet bis hin zu den Vertretern der Gegenwartskunst wie Gerhard Richter ist in der Ausstellung alles vertreten, was Rang und

Namen hat. Die Dauerausstellung wird immer wieder durch hochkarätige Sonderausstellungen ergänzt. Außerdem kann man im Albertinum eine vielfältige Skulpturensammlung mit Werken ab 1800 bewundern. *Tzschirnerplatz 2, 01067 Dresden (barrierefreier Zugang über Georg-Treu-Platz), https://albertinum.skd.museum*

// Kunstpause

Mit dem Café Solino befindet sich im Lichthof des Albertinum ein Café, das abseits vom Trubel ein erholsamer Ort der Ruhe ist. Hier kann man bei einem Stück Kuchen Kraft für den nächsten Kunstgenuss sammeln.

MdbK in Leipzig

2 Museum der bildenden Künste in Leipzig

Das Museum der bildenden Künste, kurz MdbK genannt, geht auf die Gründung einer Bürgerstiftung 1837 und den daraus resultierenden Bau eines Museums im Jahr 1858 zurück. Die Schenkungen Leipziger Geschäftsleute, Verleger und Bankiers bilden den Grundstock des Museums. Zahlreiche Mäzene setzen die Tradition fort und bedenken das Museum mit ihren Sammlungen. Ihnen wurde im Eingangsbereich eine Art Familienbild als Stiftermosaik gewidmet. Im Laufe der Jahre ist eine umfangreiche Sammlung mit Werken deutscher und niederländischer Meister wie Cranach oder Rubens, Romantiker wie Caspar David Friedrich, französischer Künstler wie Eugène Delacroix, Leipziger wie Max Liebermann oder Max Klinger und natürlich auch Gegenwartskünstler wie Neo Rauch oder Bernd Heisig entstanden. Das MdbK begeistert seine Besucher nicht nur durch die Exponate, hier wird der Bau selbst zum Kunstwerk. Ein Beton-Kubus mit einer Glasfassade vom Architekturbüro Hufnagel/Pütz/Rafaelian ragt 36 Meter in die Höhe. Nie sieht man ihn ganz. Die Eckbebauungen, die Teil des Architekturkonzeptes sind, geben immer nur einzelne Sichtachsen frei. Einmalig ist der großzügige Bau auch im Inneren. Riesige Treppenhäuser, übermannsgroße Türen und weite Gänge vermitteln Großzügigkeit und geben der Kunst einen angemessenen Raum. *Katharinenstraße 10, 04109 Leipzig, https://mdbk.de*

// Ganz in der Nähe

In einer der Eckbebauungen des MdbK befindet sich das Haus Böttchergäßchen des Stadtgeschichtlichen Museums Leipzig. In mehreren Sonderausstellungen pro Jahr wird die Geschichte der Stadt aus kulturhistorischem Blickwinkel präsentiert.

3 Kunstsammlungen Zwickau

Der vollständige Name des Museums lautet Kunstsammlungen Zwickau – Max Pechstein Museum. Damit ist der Sammlungsschwerpunkt klar: Die Kunstsammlungen Zwickau zeigen die weltweit größte Dauerausstellung, die Max Pechstein, gebürtiger Zwickauer und »Brücke«-Künstler, seinem Wirken und Schaffen gewidmet ist. Neben Gemälden und Arbeiten auf Papier finden sich in den Ausstellungsräumen auch zahlreiche Briefe und Postkarten des Künstlers. Leihgaben aus Privatbesitz ergänzen den eigenen Bestand. Den Grundstein für diese Sammlung legte im Jahr 1925 der damalige Museumsdirektor Hildebrand Gurlitt, der auch zahlreiche weitere Werke der zeitgenössischen Kunst ankaufte. Gurlitt musste 1930 seinen Posten räumen, und Teile seiner Sammlung wurden als »entartete Kunst« vernichtet. Heute erwarten den Besucher neben der Pechstein-Ausstellung Gemälde des 16. bis 21. Jahrhunderts sowie eine spätgotische und frühbarocke Skulpturensammlung. Darunter befinden sich zahlreiche Werke des Zwickauer Bildschnitzers Peter Breuer. Er erlernte sein Handwerk bei Tilman Riemenschneider, dem überragenden Bildhauer und Bildschnitzer aus Würzburg.

Lessingstraße 1, 08058 Zwickau,
www.kunstsammlungen-zwickau.de

// Unter der Erde

Die Kunstsammlungen Zwickau verfügen auch über eine beeindruckende Mineraliensammlung. Zum Teil wird sie noch in den historischen Museumsvitrinen präsentiert. Glitzernde Mineralien, Pflanzenabdrücke und Gesteine zeigen die enge Verbindung Zwickaus zum Bergbau.

Kunstsammlungen Zwickau

Eingangsbereich des Museum Gunzenhauser in Chemnitz

4 Museum Gunzenhauser

Anhänger der klassischen Moderne sind im Museum Gunzenhauser genau richtig, und das gleich zweifach: Sowohl das Haus als auch die Kunst stammen aus dem frühen 20. Jahrhundert. Dr. Alfred Gunzenhauser stiftete 2003 einen Großteil seiner Sammlung von Bildern aus der Zeit des Expressionismus und der Neuen Sachlichkeit den Kunstsammlungen Chemnitz: über 2400 Werke von 270 Künstlern, darunter große Konvolute von Otto Dix und Alexej von Jawlensky, aber auch Werke von Paula Modersohn-Becker oder Ernst Ludwig Kirchner. Die außergewöhnliche Sammlung brauchte natürlich auch einen angemessenen Platz. Man entschied sich, das ehemalige Sparkassengebäude am Falkeplatz umzubauen. Das gestaffelt gebaute Haus, das an seinem höchsten Punkt sieben Stockwerke hat, wurde in den Jahren 1928 bis 1930 als eines der ersten Hochhäuser der Stadt vom Chemnitzer Stadtbaurat Fred Otto im Stil der Neuen Sachlichkeit errichtet. Durch die behutsame Sanierung ist eine einmalige Präsentationsfläche für die Meisterwerke entstanden. Ein Gesamtkunstwerk, das seinesgleichen sucht.

Stollberger Str. 2, 09119 Chemnitz,
www.kunstsammlungen-chemnitz.de

// Nicht verpassen

Der Hauptbau der Kunstsammlungen Chemnitz befindet sich am Theaterplatz. Das Augenmerk liegt auf Gemälden und Skulpturen des 19. und 20. Jahrhunderts. Das Museum besitzt die zweitgrößte Sammlung mit Werken von Karl Schmidt-Rottluff, der seinen zweiten Nachnamen als Reminiszenz an seinen Heimatort Rottluff – heute ein Stadtteil von Chemnitz – annahm.

Das Nymphenbad im Zwinger

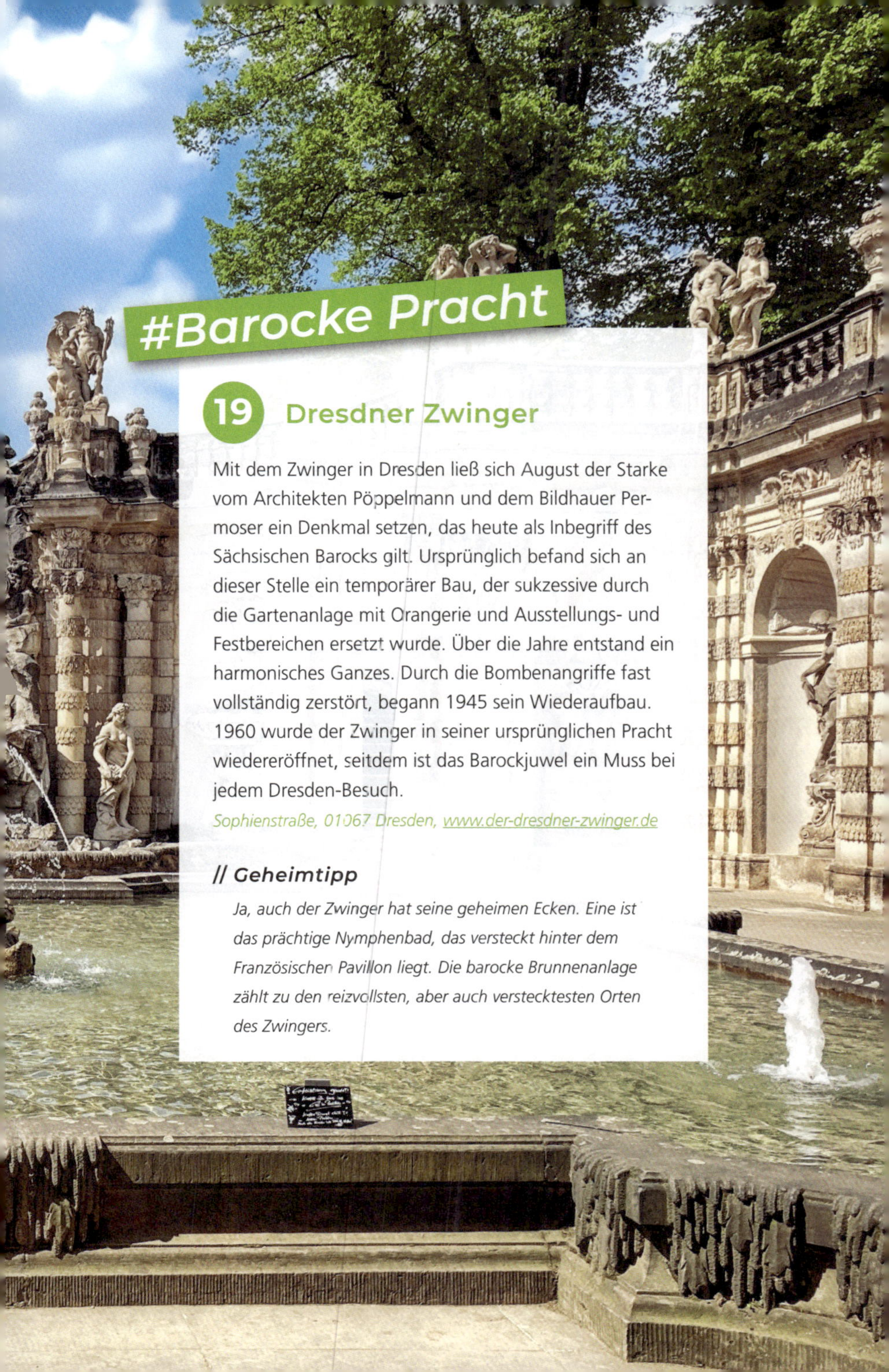

#Barocke Pracht

19 Dresdner Zwinger

Mit dem Zwinger in Dresden ließ sich August der Starke vom Architekten Pöppelmann und dem Bildhauer Permoser ein Denkmal setzen, das heute als Inbegriff des Sächsischen Barocks gilt. Ursprünglich befand sich an dieser Stelle ein temporärer Bau, der sukzessive durch die Gartenanlage mit Orangerie und Ausstellungs- und Festbereichen ersetzt wurde. Über die Jahre entstand ein harmonisches Ganzes. Durch die Bombenangriffe fast vollständig zerstört, begann 1945 sein Wiederaufbau. 1960 wurde der Zwinger in seiner ursprünglichen Pracht wiedereröffnet, seitdem ist das Barockjuwel ein Muss bei jedem Dresden-Besuch.

Sophienstraße, 01067 Dresden, www.der-dresdner-zwinger.de

// Geheimtipp

Ja, auch der Zwinger hat seine geheimen Ecken. Eine ist das prächtige Nymphenbad, das versteckt hinter dem Französischen Pavillon liegt. Die barocke Brunnenanlage zählt zu den reizvollsten, aber auch versteckesten Orten des Zwingers.

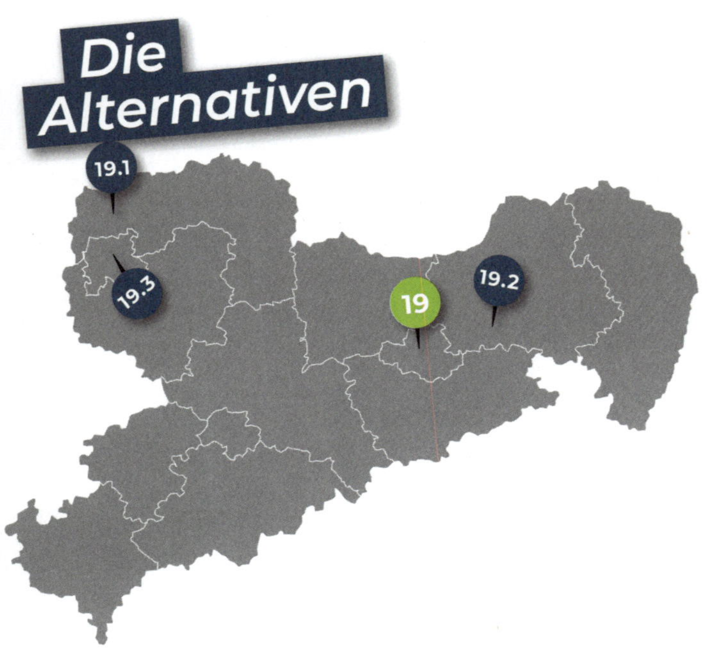

1 Barockschloss Delitzsch

Ende des 17. Jahrhunderts ließ Herzog Christian I. von Sachsen-Merseburg auf den Resten einer mittelalterlichen Wasserburg ein prachtvolles Barockschloss nach französischem Vorbild erbauen. Noch heute ist der Turm mit seiner prägnanten Welschen Haube das Wahrzeichen von Delitzsch. Allerdings erlebte der Herzog die Fertigstellung des Schlosses nicht mehr, es wurde Witwensitz für seine Gemahlin Christina. Mitte des 18. Jahrhunderts lebte die ebenfalls verwitwete Henriette Charlotte von Sachsen-Merseburg hier. Die farbenprächtigen und prunkvollen Gemächer der Herzoginnen sind Highlight der Schlossbesichtigung. Genaues Augenmerk sollte man auf die wundervoll gemusterten italienischen Leinentapeten werfen. Rund um das Schloss begeistert die Nachbildung des Lustgartens vom Ende des 17. Jahrhunderts mit einem Beet, das in seiner Gestaltung an Stickereien erinnert. Nach Nutzung durch das preußische Militär, die Stadtverwaltung oder als Frauenzuchthaus ist das Schloss nun als Museum zugänglich. *Schloßstraße 31, 04509 Delitzsch, https://barockschloss-delitzsch.com*

// Nicht verpassen

Ein Aufstieg auf den 47 Meter hohen Schlossturm lohnt auf jeden Fall. Die Struktur des Barockgartens kann man von oben besonders gut erkennen, und bei schönem Wetter sieht man sogar den Leipziger Panorama Tower und das Völkerschlachtdenkmal.

Barockschloss in Delitzsch

2 Barockschloss Rammenau

In der Westlausitzer Provinz, unweit von Dresden, steht mit dem Barockschloss Rammenau ein pompöses Anwesen, das seinesgleichen sucht. Erbaut wurde es von Johann Christoph Knöffel für Ernst Ferdinand von Knoch. Aus einem ehemaligen Rittergut entstand ein beeindruckendes dreiflügeliges Schloss mit Wirtschaftshof und Parkanlage. Mit dem Bau des Schlosses verfolgte der Kammerherr des Kurfürsten August des Starken ehrgeizige Pläne. Von Knoch war Angehöriger des niederen Adels und wollte mit dem prächtigen Bau sein Ansehen bei Hofe steigern und zur Elite aufsteigen. Doch das Gegenteil ist passiert – er hatte sich mit dem Bau übernommen. Um den Schuldenberg abzutragen, musste er das Schloss veräußern. Allerdings reichte der erzielte Betrag nicht aus. Von Knoch wurde aus dem Adelsstand ausgeschlossen und starb verarmt. Der Schlosskomplex wechselte mehrfach die Besitzer, diese aber änderten nichts am äußeren Erscheinungsbild. Nur im Inneren gab es Anpassungen an den klassizistischen Zeitgeschmack, und die Parkanlage wurde im englischen Stil umgestaltet. Zu den Besonderheiten im Schloss zählen heute das Treppenhaus mit den aufwendigen Malereien und der Spiegelsaal, in dem regelmäßig Konzerte stattfinden. Im rechten Flügel des Schlosses befindet sich ein Restaurant, in dem man in den gediegenen Räumen fürstlich speisen kann.

Am Schloß 4, 01877 Rammenau,
www.barockschloss-rammenau.com

// Dorfspaziergang

Auf den Spuren des in Rammenau geborenen Philosophen Johann Gottlieb Fichte kann man einen Spaziergang unternehmen: Der Fichte-Lehrpfad führt vorbei an den Orten seiner Kindheit.

Barockschloss Rammenau

Gohlisser Schlösschen in Leipzig

3 Gohliser Schlösschen in Leipzig

1755/56, als der heutige Leipziger Stadtteil Gohlis noch ein Dorf vor den Toren der Stadt war, ließ sich der Leipziger Ratsherr Johann Caspar Richter dort ein Sommerpalais bauen. Es ist die letzte noch erhaltene Guts- und Schlossanlage aus der Barockzeit in Leipzig. Die eigentliche Schauseite des Gebäudes war die Gartenseite. Durch das abfallende Gelände konnte hier eine Etage mehr gebaut werden als an der zur Menckestraße liegenden Hofseite. Umrahmt wird die Anlage durch einen Garten im Stil des bürgerlichen Barocks. Zur Zeit des Baus avancierte Gohlis zum beliebten Ausflugsziel der Leipziger. Man spazierte die prächtigen Alleen des Rosenthals entlang und gelangte bequem in die Sommerfrische. Wer heute die Menckestraße oder den Poetenweg entlanggeht, steht plötzlich und unvermittelt vor dem schönen Bau. Neben all den Häusern aus der Gründerzeit erwartet man das Schloss nicht. Dennoch fügt es sich sehr gut in den Straßenzug ein. Kurz nach seinem Bau entwickelte sich das Gohliser Schlösschen zu einem geistigen Zentrum. Friedrich Schiller war hier ebenso zu Gast wie sein Verleger Georg Joachim Göschen und andere Größen der Zeit. Die Liebe zur Kunst ist dem Ort geblieben: Veranstaltungen wie Konzerte, Lesungen und das beliebte Sommertheater ziehen zahlreiche Kulturbegeisterte an.

Menckestraße 23, 04155 Leipzig, https://gohliserschloesschen.de

// Eine Leipziger Institution

Nur wenige Meter vom Gohliser Schlösschen entfernt befindet sich die traditionsreiche Gosenschenke mit einem der schönsten Biergärten der Stadt. Spezialität ist die Gose – ein Bier, das ursprünglich in Goslar gebraut wurde, heute aber nur noch in und um Leipzig getrunken wird.

Frauenkirche in Dresden

#Glaubensorte

20 Frauenkirche in Dresden

Die wohl berühmteste Kirche in Sachsen ist die Frauenkirche. Das liegt an ihrer Geschichte: Wie so viele Gebäude in Dresden wurde sie in den Bombennächten 1945 zerstört. Fast 50 Jahre standen ihre Ruinen als Mahnmal gegen den Krieg. Lange wollten die Dresdner einen Wiederaufbau. Der begann 1993 nach den Plänen des Architekten Georg Bähr aus dem 18. Jahrhundert. Seit 2005 ist die Frauenkirche mit ihrer markanten Kuppel wieder fester Bestandteil des Dresdner Stadtbilds und beliebter Anlaufpunkt für Touristen aus aller Welt. Die Frauenkirche kann außerhalb von Gottesdienstzeiten und Trauungen besichtigt werden.

Neumarkt, 01067 Dresden, www.frauenkirche-dresden.de

// Nicht verpassen

Der Aufstieg auf die Kuppel lohnt sich, denn von oben liegt einem ganz Dresden zu Füßen, und bei schönem Wetter kann man bis in die Sächsische Schweiz schauen.

Die Alternativen

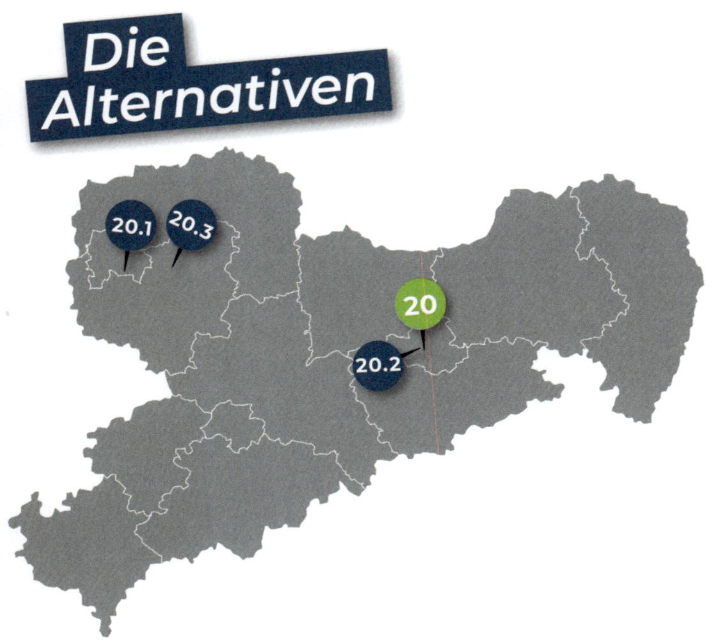

1 Russische Gedächtniskirche in Leipzig

Das 100-jährige Jubiläum der Völkerschlacht warf auch in Russland seine Schatten voraus. Um die Truppen Zar Alexanders I. und vor allem auch die Gefallenen zu ehren, nahm unter Vorsitz des Großfürsten Michael Alexandrowitsch 1910 ein Baukomitee seine Arbeit auf. Unweit des geplanten Völkerschlachtdenkmals sollte eine Gedächtniskirche an den gemeinsamen Kampf gegen Napoleon erinnern. Als Architekt für die 1913 geweihte Kirche verpflichtete man den für seine Sakralbauten berühmten Wladimir Alexandrowitsch Pokrowski. Er baute die Kirche im sogenannten Nowgoroder Stil mit einem 16-seitigen Zeltdach. Vorbild war die Moskauer Auferstehungskirche aus dem Jahr 1532, bei der dieser Stil zum ersten Mal umgesetzt wurde. Der prägnante weiße Bau ist außen mit zahlreichen Verzierungen versehen. Der 55 Meter hohe Turm wird von einer goldenen Zwiebelkuppel gekrönt, die im Sonnenlicht über Leipzig erstrahlt. Heute versammelt sich in der Kirche die orthodoxe Gemeinde Leipzigs, aber das Gebäude steht auch Besuchern offen. Besonders beeindruckend ist die 18 Meter hohe Ikonenwand zur Erinnerung an die Völkerschlacht. Sie ist die einzige Ikonenmalerei in Deutschland, die in der traditionellen russischen Ikonografie im byzantinischen Stil ausgeführt wurde.

Philipp-Rosenthal-Straße 51A, 04103 Leipzig, http://russische-kirche-l.de/de

// Ganz in der Nähe

Nur wenige 100 Meter von der Gedächtniskirche steht das Völkerschlachtdenkmal. Von der Aussichtsplattform des wohl bekanntesten Denkmals Leipzigs hat man einen fantastischen Blick über die Stadt, und ein Museum erinnert an die Völkerschlacht von 1813.

Russische Gedächtniskirche in Leipzig

2 Neue Synagoge in Dresden

Nicht nur die Frauenkirche fiel der Zerstörung zum Opfer. Jahre zuvor wurde in der Reichspogromnacht 1938 die von Gottfried Semper erbaute Synagoge von den Nationalsozialisten abgebrannt. Genau 60 Jahre später erfolgte der Spatenstich für einen Neubau am historischen Standort am Ende der Brühlschen Terrassen. Der vom Architekturbüro Wandel Hoefer Lorch errichtete neue Bau setzt ein ausdrucksstarkes Zeichen für jüdisches Leben in Dresden. Der Kubus der Synagoge ist nach Osten gedreht. Ihm gegenüber steht ein weiterer Kubus, der das Gemeindezentrum beherbergt. Mit der Würfelform knüpfen die Architekten an die ersten Tempel der Israeliten an, nehmen aber auch Sempers ursprünglichen Bau wieder auf, der ebenfalls einen quadratischen Grundriss hatte. Der monumentale Bau der Synagoge kommt gänzlich ohne Dekor und ohne Fenster aus. Im Gegensatz dazu haben die Gemeinderäume eine große Glasfront, die dem Gebäude eine große Transparenz verleiht. Der einzigartige Bau der Synagoge strahlt große Kraft aus und gleichzeitig eine Leichtigkeit, die durch die Stufung und Drehung der Quader erzielt wird.

Hasenberg 1, 01067 Dresden,
www.freundeskreis-synagoge-dresden.de

// Ein Blick nach innen

Eine Besichtigung der Synagoge ist nur im Rahmen einer Führung möglich. Die edle und zurückhaltende Innenausstattung stammt von den renommierten Deutschen Werkstätten Hellerau vor den Toren Dresdens.

Neue Synagoge in Dresden

Blick auf die Bergkirche von Beucha

3 Bergkirche in Beucha

Beucha liegt rund 20 Kilometer von Leipzig entfernt und hat eine ganz besondere Attraktion – die Bergkirche. Wer vom Beuchaer Kirchberg Richtung Kirche läuft, dem wird sie nicht ungewöhnlich vorkommen. Ihr Geheimnis offenbart sie erst bei einem Gang drumherum, denn sie schließt an drei Seiten an einen Steinbruch an. Die Geschichte der Kirche in exponierter Lage reicht bis ins 13. Jahrhundert zurück. Sie wurde auf einem Felssporn errichtet. Wie sich später herausstellen sollte, besteht dieser aus dem begehrten Granitporphyr. Seit dem 15. Jahrhundert trug man Stück für Stück den Berg ab, um an das beliebte Baumaterial zu gelangen. Der Steinbruch rückte so immer näher an die Kirche heran. Aus Platzgründen musste das Kirchenschiff bei seiner Erneuerung untypisch nach Westen ausgerichtet werden, 1847 sollte die Kirche dann ganz weichen, doch der damalige Pfarrer Stephani blieb trotz der enormen Summen, die der Gemeinde geboten wurden, standhaft. Die Kirche blieb stehen und wurde sogar noch vergrößert. Durch den Porphyrabbau entstand die einmalige Lage auf dem fast senkrecht abfallenden Felsen. Mittlerweile hat sich in dem herzförmigen Steinbruch ein See gebildet, der mit der Kirche auf den Steilklippen ein einmalig schönes Bild ergibt.

Kirchberg 11, 04824 Brandis OT Beucha, https://kirchgemeinde-brandis-beucha.de/heilig-geist-kirche/

// Rundherum

Spannende Perspektiven auf die Kirche und den See ergeben sich auf dem Weg rund um den Steinbruch. Die Kirche selbst steht Besuchern zwischen Ostern und Reformationstag jeweils sonntags 14–17 Uhr offen.

Striezelmarkt in Dresden

21 Striezelmarkt in Dresden

Der Dresdner Weihnachtsmarkt, dessen Name sich vom Dresdner Stollen ableitet, ist der älteste Deutschlands. Schon 1434 genehmigte der sächsische Kurfürst Friedrich II. einen Markt, sodass man sich für die bevorstehenden Festtage einen Weihnachtsbraten kaufen konnte. Was als Fleischmarkt begann, wuchs rasch, und mit der Zeit boten auch Handwerker aus der Umgebung ihre Waren feil. Heute ist der Striezelmarkt zum Inbegriff der Weihnachtszeit in Sachsen geworden und zieht jährlich über zwei Millionen Besucher an. Einen besonders schönen Blick über das Geschehen bietet sich vom begehbaren Schwibbogen aus. *Altmarkt, 01099 Dresden, https://striezelmarkt.dresden.de/*

// Noch mehr Weihnachtsstimmung

Parallel zum Striezelmarkt verbreiten in Dresden noch mehr Märkte weihnachtliche Stimmung. Besonders schön sind das Stallhöfische Adventsspektakel im Stallhof des Residenzschlosses, der Advent auf dem Neumarkt rund um die Frauenkirche sowie der Neustädter Advent an der Dreikönigskirche.

Ortspyramide auf dem Marktplatz in Annaberg-Buchholz

1 Ortspyramiden

Wie die Nussknacker sind auch die Pyramiden mit der Weihnachtszeit verbunden. Sie schmücken nicht nur das Heim, sondern vor allem im Erzgebirge und im Vogtland auch ganze Ortschaften. Egal, ob in großen Städten oder Dörfern – sie drehen ihre Runden meistens zwischen dem ersten Advent und Lichtmess. Auf den Drehtellern der mehrstöckigen Pyramiden finden sich Holzfiguren aus dem Alltag – wie zum Beispiel Bergleute oder Jäger –, Märchenfiguren, aber auch biblische oder weihnachtliche Motive. Die Idee der Ortspyramide stammt vom Frohnauer Steiger Traugott Pollmer. Er hatte 1926 die Idee, eine große Pyramide für alle im Freien aufzustellen. Aber erst 1931, drei Jahre nach seinem Tod, begann der Schnitzverein in Frohnau gemeinsam mit Handwerkern der Region mit der Arbeit an der ersten Pyramide. Sie konnte am 17. Dezember 1933 in Betrieb genommen werden. Mit den Jahren folgten auch weitere Orte. Eine der schönsten Pyramiden steht in Annaberg-Buchholz auf dem Marktplatz. Die Figuren zeigen berühmte Personen der Stadtgeschichte sowie Szenen aus dem Silberbergbau und dem Posamentierhandwerk, die beide über lange Zeit die Stadt prägten.

Pyramide Annaberg, Markt, 09456 Annaberg-Buchholz, https://www.annaberg-buchholz.de/weihnachtsmarkt/de/marktpyramide.php

// Nahebei

Unweit des Marktes steht schon weithin sichtbar die beeindruckende St. Annenkirche. Ein Besuch lohnt auf jeden Fall.

Familientradition bei Original Füchtner

2 Original Füchtner-Werkstatt alter Volkskunst in Seiffen

Seiffen, die kleine Stadt im Erzgebirge, verbreitet mit ihren traditionellen Holzkunstwerksstätten das ganze Jahr über Weihnachtsflair. Eine ganz besondere Werkstatt befindet sich etwas außerhalb des Ortskerns. Bei Füchtner steht die Wiege des Nussknackers: Im 19. Jahrhundert hatten die Zimmerleute über den Winter keine Arbeit und wussten nicht, wie sie ihre Familien ernähren sollten. Schnitzmesser, Drechselbank und -eisen waren vorhanden, und so nutzte man sie. Neben dekorativen Schnitzarbeiten für Möbel entstanden Holzfiguren. Auch Wilhelm Füchtner war einer dieser Zimmerleute, die sich so im Winter ein Zubrot verdienten. Schon sein Großvater bot auf dem Striezelmarkt in Dresden geschnitzte Holzfiguren an. Wilhelm setzte die Tradition fort und baute sie aus. 1870 drechselte er den ersten Nussknackerkönig, dem viele weitere folgen sollten. Noch immer entstehen bei Füchtner in hochwertiger Handarbeit Nuss-

In der Werkstatt von Füchtner in Seiffen

knacker in verschiedenen Ausführungen. Viele Arbeitsschritte sind nötig, bis man zum Schluss einen in der Hand halten kann. Der Klassiker aus dem Hause Füchtner ist der rote König mit der schwarz-goldenen Krone und dem markanten Gesicht mit dem eleganten Schnauzbart.

Deutschneudorfer Str. 34, 09548 Seiffen, www.fuechtnerwerkstatt.de

// Zur Einkehr

Mitten in Seiffen kann man sich im Bunten Haus kulinarisch verwöhnen lassen. Und wer etwas mehr Zeit in der Stadt der Holzkunst verbringen möchte, kann sich eines der gemütlichen Zimmer buchen. Wie wäre es mit dem Zimmer »Nussknacker«?

3 Pfefferkuchenstadt Pulsnitz

Neben Stollen sind die leckeren Pfefferkuchen nicht aus der Weihnachtszeit wegzudenken. In Pulsnitz ist immer Pfefferkuchenzeit, und das schon seit dem 16. Jahrhundert. Aktuell backen neun Pfefferküchlereien übers Jahr die schmackhaften Leckereien. Der braune Teig, aus dem Pfefferkuchen entstehen, reift vier bis sechs Wochen in großen Holzfässern, danach kommen Gewürze wie Zimt, Kardamom, Muskat oder Anis hinzu. Dann durchströmt weihnachtlicher Duft die Backstuben. Die genaue Rezeptur ist natürlich geheim und wird innerhalb der Firmen streng gehütet. Jedes Jahr am ersten Novemberwochenende findet auf dem Marktplatz der beliebte Pfefferkuchenmarkt statt. Viele Besucher decken sich hier schon für die Weihnachtszeit mit unterschiedlichen Varianten ein. Pfefferkuchen sind ja ein Dauergebäck und über längere Zeit haltbar. Besonders beliebt sind die Pulsnitzer Spitzen, mit und ohne Füllung, aber immer mit Schokoladenglasur. Alles rund um die Pulsnitzer Tradition der Pfefferkuchen erfährt man im Museum im Haus des Gastes. Historische Maschinen, Dosen, Fotos und vieles mehr erzählen von der langen Geschichte. Man kann auch selbst nach Voranmeldung Lebkuchen backen oder verzieren. Und das das ganze Jahr über.

Museum im Haus des Gastes: Am Markt 3, 01896 Pulsnitz, www.pulsnitz.de

// Noch mehr Handwerk

Mit der Bandweberei hat noch ein anderes Handwerk in der Region große Tradition. Im nahen Großröhrsdorf gibt es ein Museum über die Bandweberei, und im historischen Kulturhaus befindet sich heute das Hotel und Restaurant Zum Bandweber, das mit einer sehr guten Karte aufwartet.

In der Pfefferkuchenstadt Pulsnitz

#Ritterromantik

22 Burg Kriebstein

Hoch oberhalb der Zschopau liegt eindrucksvoll auf einem steilen Felsplateau die Burg Kriebstein. Bis heute hat die Burg ihren spätmittelalterlichen Charakter bewahrt. Trotz ihrer über 600 Jahre ist sie fast vollständig erhalten. Das und ihre malerische Lage brachte ihr den Beinamen »schönste Burg Sachsens« ein. Ein Kleinod ist das Kriebsteinzimmer – eine wunderbar erhaltene, farbig gefasste Bohlenstube aus dem ersten Drittel des 15. Jahrhunderts. Aber es gibt noch mehr zu bewundern, so das gotische Gewölbe mit den Wandmalereien, den alten Festsaal oder den mächtigen Wohnturm.

Kriebsteiner Str. 7, 09648 Kriebstein, www.burg-kriebstein.eu

// Wanderlust

Die Gegend rund um die Burg Kriebstein lässt sich besonders gut auf Wanderungen erkunden. Lauschige Wege führen bis zur Talsperre Kriebstein und entlang der sich malerisch durch das Tal schlängelnden Zschopau.

Burg Kriebstein

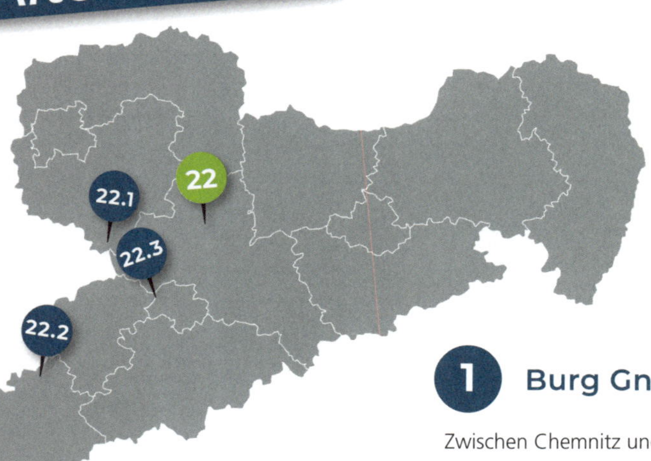

1 Burg Gnandstein

Zwischen Chemnitz und Leipzig liegt an der Grenze zu Thüringen das Kohrener Land. Oberhalb des Flüsschen Wyhra erhebt sich trutzig auf einem Felssporn die Burg Gnandstein im gleichnamigen Ort. Sie gilt als eine der besterhaltenen romanischen Wehranlagen in Sachsen, nicht zuletzt wegen dem viergeschossigen Palas, der zwischen 1220 und 1230 entstand und heute noch das Zentrum der Burg ist. Im Lauf der Jahrhunderte wurde die Burg immer wieder erweitert. Heute zeigt sie sich dem Besucher als geschlossenes Ensemble, das nicht nur das Herz von Mittelalterfans höherschlagen lässt. Im Burgmuseum erhält man einen Einblick in die historischen Wohnräume. Auf keinen Fall sollte man die historische Kapelle verpassen. Sie beeindruckt mit einem dreiflügeligen Altar aus der Werkstatt von Peter Breuer, einem Schüler des berühmten Tilman Riemenschneider. Einen besonders schönen Blick über das grüne Kohrener

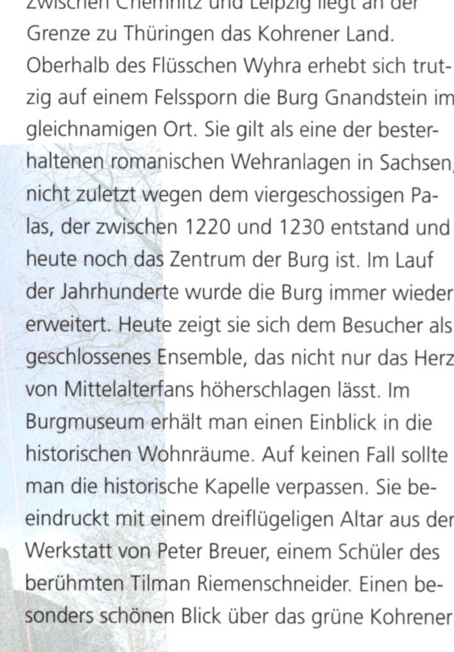
Burg Gnandstein

Land hat man vom Bergfried. Aber davor hat der Erbauer noch 155 Stufen gesetzt. Nach dem Aufstieg hat man sich eine Stärkung im Restaurant in der Burg wahrlich verdient.

Burgstraße 3, 04654 Frohburg OT Gnandstein, www.burg-museum-gnandstein.de

// Getöpfertes

In unmittelbarer Nähe zur Burg liegt die Töpferstadt Kohren-Salis. Der Töpferbrunnen auf dem Markt ist Wahrzeichen der Stadt, und das Töpfermuseum mit Schauwerkstatt informiert über das traditionsreiche Handwerk.

Burg Mylau

Stolz und erhaben steht die Burg Mylau über der gleichnamigen Stadt im sächsischen Vogtland hoch oben auf einem Fels. Ihre Entstehung um 1180 geht auf Kaiser Barbarossa zurück. Im Laufe der Jahrhunderte wechselten die Besitzer häufig. Die neuen Herren gaben ihr immer wieder ein neues Gesicht. Im 16. Jahrhundert wurde sie von einer Wehrburg zur Wohnburg umgebaut und erhielt Anbauten im Stil der Renaissance. Im 19. Jahrhundert wurde in den Räumen der Burg sogar eine Spinnerei und später eine Kattun- und Baumwolldruckerei betrieben. 1892 kam die Burg in städtischen Besitz. Der eigens gegründete Schlossbauverein nahm erneut große Umbaumaßnahmen vor. Die Burg wurde im Stil des Historismus erweitert, hinzu kam der prägnante Bruchsteinbau mit Zierelementen aus Rochlitzer Porphyr. Rathaus, Schlossschenke und Museum fanden hier ihren Platz. Heute ist die Burg Mylau vorrangig Museum mit regional-historischem Schwerpunkt und bietet Schätze wie eine große Vedutensammlung. Sie verfügt über zahlreiche gut erhaltene Räume aus der Zeit um 1900 wie den opulenten holzgetäfelten Ratssaal, der im Stil der Neorenaissance gestaltet wurde. Auch die restaurierte Burgkapelle ist sehenswert.

Burg 1, 08499 Mylau, www.burgmylau.de

// Auf dem Weg zur Burg

Ganz in der Nähe steht ein kleines idyllisches Haus mit einem kleinen verwunschenen Garten, der liebevoll gestaltet ist. Es ist ein 1826 erbautes Fachwerkhaus, das 2006 komplett saniert wurde und nun als Ferienwohnung und Veranstaltungsort genutzt wird.

Blick zur Burg Mylau

Hans Carl
von Carlowitz
1645 - 1714

Burg Rabenstein in Chemnitz

3 Burg Rabenstein

Burg Rabenstein im gleichnamigen Chemnitzer Stadtteil gilt gemeinhin als die kleinste Burg Sachsens. Die Burg entstand in der zweiten Hälfte des 12. Jahrhunderts und thront auf einem Felsen inmitten des landschaftlich schönen Gebietes des Rabensteiner Waldes und der Talsperre Oberrabenstein. Bis zur Reformation gehörte sie zum Benediktinerkloster von Chemnitz. Danach stand sie lange leer und wurde Mitte des 17. Jahrhunderts wieder wachgeküsst. Dieser Zeit entstammt die weithin sichtbare barocke Haube auf dem Rundturm. Im Inneren wurde der Rittersaal im ehemaligen Palas mit Jagdmotiven gestaltet. 100 Jahre später wurde die Unterburg abgerissen, und auf dem nun freigewordenen Gelände entstand rund um die Burg ein Park im englischen Stil. Seit 1959 ist die Burg Rabenstein als Museum der Öffentlichkeit zugänglich. *Oberfrohnaer Straße 149, 09117 Chemnitz, www.burg-rabenstein.info*

// Stilvoll übernachten

Der Chemnitzer Textilkaufmann Siebert erwarb 1774 die Burg und ließ dort kurze Zeit später ein Herrenhaus für seine Tochter errichten. Das sehenswerte Haus im Rokoko-Stil wird auch als Schloss Rabenstein bezeichnet und beherbergt ein idyllisches Hotel mit Inklusionsbetrieb.

Umgebindehaus in Obercunnersdorf

#Drumrumgebaut

23 Obercunnersdorf

Umgebindehäuser prägen die Landschaft der Oberlausitz. In keinem anderen Landstrich Deutschlands sind sie so verbreitet wie hier, und ganz besonders in Obercunnersdorf. Wie auf einer Perlenkette aneinandergereiht stehen dichtgedrängt die Umgebindehäuser mit ihrer einmaligen Verbindung aus Fachwerk und Blockbauweise. Kennzeichnend für diese Bauwerke ist ein hölzernes Stützensystem, das um den Stubenkörper herumgebaut wird, um die Last des Daches und gegebenenfalls des Obergeschosses zu tragen. Mehr als 250 solcher Schmuckstücke besitzt das Dorf. Mal üppig verziert, mal von schlichter Schönheit und meist mit einem blumenreichen Vor- oder Bauerngarten bilden sie ein harmonisches Miteinander. Und damit die Besucher auch wirklich die schönsten Häuser und die idyllischsten Winkel und Gassen entdecken, führt ein Denkmalweg durch den Ort. Man erkennt ihn an dem Symbol eines Umgebindehauses.

www.gemeinde-kottmar.de/de/Obercunnersdorf/

// Nicht verpassen

Das Schunkelhaus ist eines der urigsten Häuser des Ortes. Es ist schief und krumm, und seine erste Etage misst gerade einmal 1,65 Meter in der Höhe. Dennoch war es bis 1990 bewohnt. Heute beherbergt es ein Heimatmuseum.

Die Alternativen

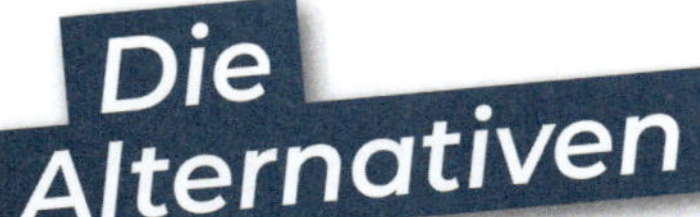

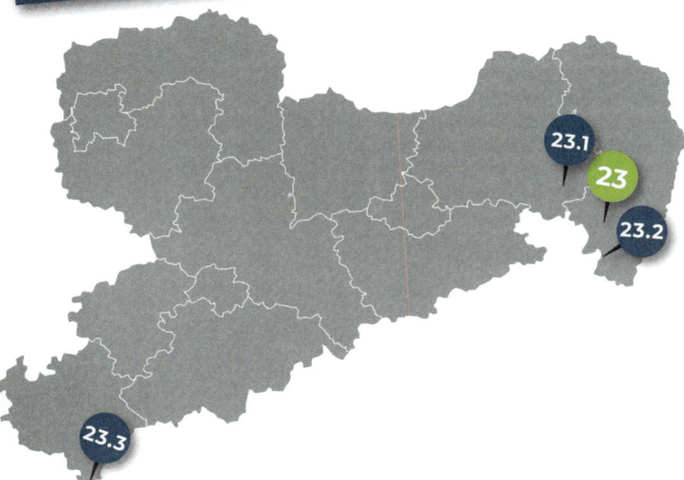

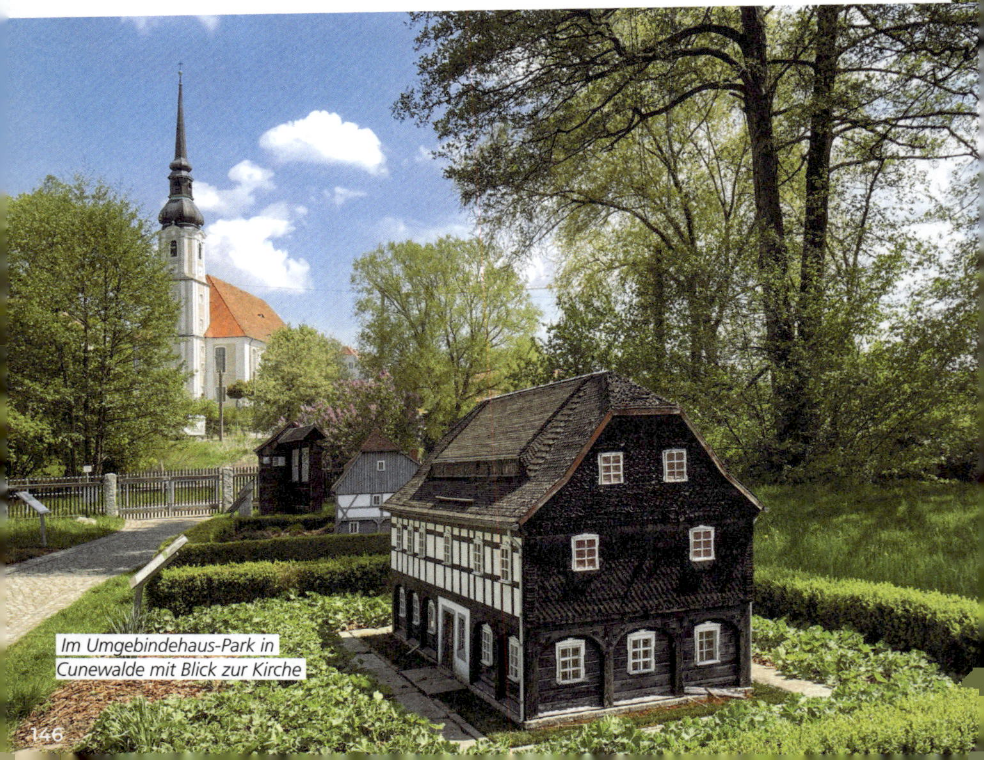

Im Umgebindehaus-Park in Cunewalde mit Blick zur Kirche

·bindehaus in Cunewalde

1 Cunewalde

Zwischen den beiden Bergen Czorneboh und Bieleboh schlängelt sich das Dorf Cunewalde durch das Tal. Schon weithin sichtbar ist die Kirche des kleinen Ortes, kein Wunder, denn immerhin ist sie mit 23 Meter Breite und 53 Meter Länge die größte evangelische Dorfkirche Deutschlands. Der barocke Bau bietet 2632 Menschen Platz. Unterhalb der Kirche geht es etwas kompakter zu, denn hier bilden zahlreiche Miniaturhäuschen den Umgebindehaus-Park. Vorbilder für die originalgetreuen Modelle, die im Maßstab 1:5 errichtet wurden, sind Häuser aus der Oberlausitz. Eine einmalige Gelegenheit, die Umgebindehäuser und ihre spezielle Bauweise genau unter die Lupe zu nehmen. Natürlich stehen in Cunewalde auch unzählige Umgebindehäuser in Originalgröße. In einem besonders schönen ist die Kleene Schänke beheimatet. Der Laden bietet regionaltypische Produkte an, und in dem kleinen Café kann man sich von der Besichtigungstour im Ort ausruhen. www.cunewalde.de

// Parkidylle

Der Polenzpark in Cunewalde lohnt auf jeden Fall einen Abstecher. Geschwungene Wege führen durch den idyllischen Park, der 1880 im Stil eines englischen Gartens angelegt wurde. Benannt ist er nach dem Schriftsteller Wilhelm von Polenz, der 1861 in Cunewalde geboren wurde.

2 Großschönau

In unmittelbarer Nähe zur tschechischen Grenze liegt der kleine Ort Großschönau. Der Ortskern fasziniert mit einem Ensemble schmucker Umgebindehäuser, die entlang der kleinen Flüsschen Mandau und Lausur stehen. Großschönau ist aber nicht nur für seine schicken Häuser bekannt, sondern auch für die lange Textilgeschichte. Nicht umsonst trägt Großschönau den Beinamen Textildorf. Seit 1666 wird hier feinster Damast gewebt, und 1856 wurde der erste Frottierhandwebstuhl Deutschlands in Betrieb genommen. Bald darauf war das kleine Großschönau das Zentrum der deutschen Frotteeindustrie. Trotz der wirtschaftlichen Entwicklung hat sich Großschönau den idyllischen Dorfcharakter bewahrt. Auf einem rund sieben Kilometer langen Textilpfad mit insgesamt 30 Tafeln kann man Zeugnisse der Textilindustrie entdecken, denn in zahlreichen Umgebindehäusern ratterten die Webstühle. Der Weg führt auch vorbei an ehemaligen Fabrikgebäuden, in denen Damast gewebt wurde, und an prächtigen Fabrikantenvillen.

www.grossschoenau.de

// Noch mehr Textilwissen

Im Deutschen Damast- und Frottiermuseum in Großschönau kann man anhand historischer Maschinen noch mehr über die Textilgeschichte lernen.

Umgebindehaus in Großschönau

In Raun

3 Raun

Nicht nur in der Oberlausitz findet man Umgebindehäuser. Besonders hübsche stehen auch in Raun im Vogtland. Der kleine Ort zwischen Bad Elster und Bad Brambach ist eine Dorfschönheit. Man erkennt schon an den Häusern, dass man sich in Raun im Grenzgebiet zu Tschechien befindet. Im Dorf bestimmen Umgebindehäuser, Umschrothäuser, wie sie typisch für das obere Vogtland sind, und Wirtschafts- und Nebengebäude in Holzbauweise das Bild, aber man sieht auch einige Häuser im Egerländer Stil. Kennzeichen für diesen sind die mehrfachen Riegel am Giebel und die zahlreichen Strahlenstreben sowie die rote Bemalung des Holzes, das einen starken Kontrast zu dem weißen Putz bildet. Die Häuser sind Zeugen der engen Verflechtung des oberen Vogtlandes mit dem böhmischen Raum um Cheb. Heute steht das Dorf mit seinen zahlreichen Mehrseitenhöfen unter Denkmalschutz. Wer mit offenen Augen durch den Ort geht, kann zahlreiche historische Details an den wundervollen Häusern entdecken. Sehenswert ist außerdem die Dorfkapelle, die ihren Ursprung im 16. Jahrhundert hat und somit eine der ältesten im Vogtland ist.

www.badbrambach.de/ortsteile

// Eine kleine Stärkung

In dem kleinen Ort gibt es zahlreiche Möglichkeiten, den Hunger zu stillen. Zum Beispiel im Rauner Hof, im Felsenkeller oder in der Unteren Rauner Mühle. Hier kann man nicht nur lecker speisen, sondern auch übernachten.

Innenhof des Kloster St. Marienthal

#Spirituelle Orte

24 Kloster St. Marienthal

Wie ein barockes Märchenschloss liegt das Kloster St. Marienthal im idyllischen Neißetal direkt an der Grenze zu Polen. Die rosa-weiß gehaltenen Gebäude des Klosters und die grünen Kuppeln bestimmen das Bild der Klosteranlage im Böhmischen Barockstil. Hinter den prächtigen Fassaden herrscht ein Leben in Ruhe und Abgeschiedenheit. Seit der Gründung im Jahr 1234 leben hier Zisterzienserinnen, damit ist es das älteste Frauenkloster Deutschlands. In dem hübschen Ensemble laden der Garten der Bibelpflanzen und die Orangerie zu einem Rundgang ein, bei dem man die Stille und Schönheit des Ortes genießen kann. Direkt neben dem Kloster führt ein Weg auf eine Anhöhe mit einem besonders schönen Blick auf das Gelände. *St. Marienthal 1, 02899 Ostritz, www.kloster-marienthal.de*

// Zeit der Besinnung

Wer die wohltuende Einfachheit länger genießen möchte, kann sich in eines der Gästezimmer einmieten. Regelmäßig werden im Kloster Fastenwochen, Wochenendseminare oder Besinnungstage angeboten.

Die Alternativen

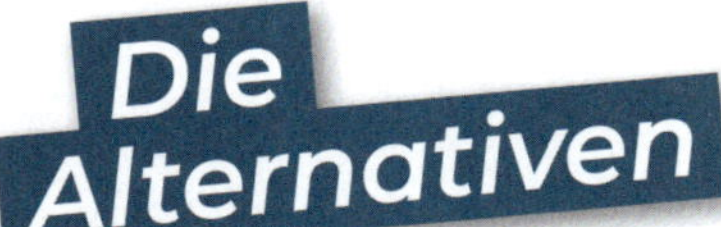

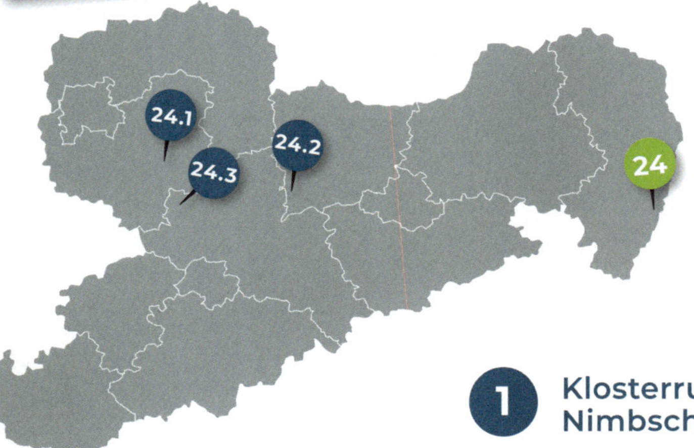

1 Klosterruine Nimbschen

Unweit von Grimma, idyllisch von Buchen und Eichen umgeben, stehen die Reste des Klosters Mariathron, das heute nur noch Kloster Nimbschen genannt wird. Neben der Ruine befindet sich eine kleine Kapelle, die zur Andacht einlädt und auch für Trauungen genutzt wird. Nimbschen wurde 1243 als Kloster der Zisterzienserinnen gegründet und wie viele andere Klöster nach der Reformation säkularisiert. Danach wurde es als Schulgebäude genutzt, mit der Zeit aber verfiel es. Die Reste geben einen guten Eindruck von der einstigen Größe des

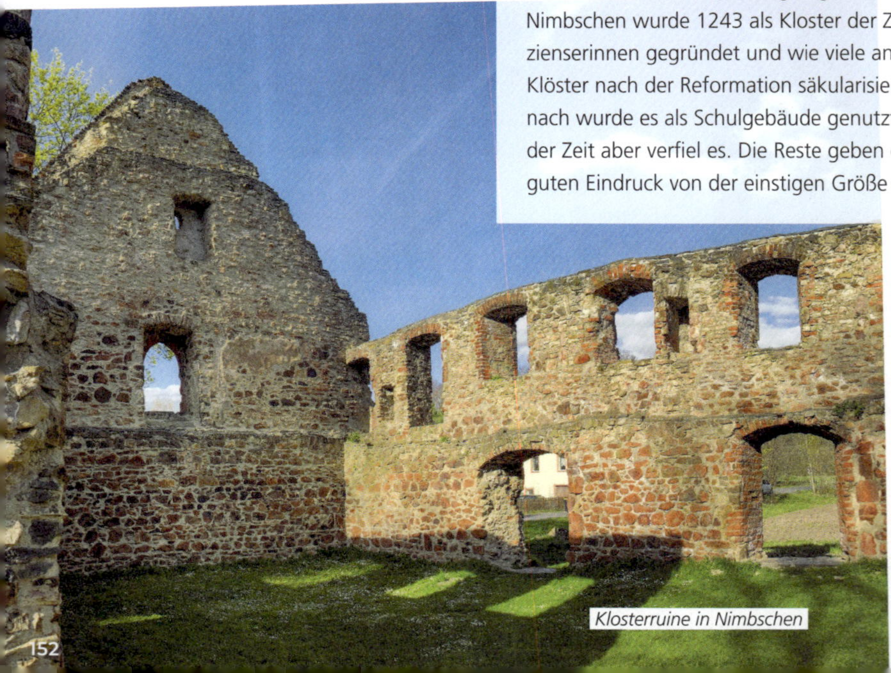

Klosterruine in Nimbschen

Klosters. Vielleicht wäre es schon längst in Vergessenheit geraten, hätte es nicht eine so berühmte Nonne beherbergt: Katharina von Bora, die spätere Ehefrau Martin Luthers, kam 1509 mit gerade einmal zehn Jahren nach Nimbschen. Die Gedanken der Reformation machten aber vor den Klostermauern nicht halt. Beeindruckt von Luthers Kritik am klösterlichen Leben gelang ihr gemeinsam mit anderen Nonnen in der Osternacht 1523 die Flucht.
In unmittelbarer Nähe zur malerischen Ruine befindet sich heute in den ehemaligen Stallgebäuden und Speichern das Hotel Kloster Nimbschen. In der ehemaligen Klosterschmiede kann man in der Klosterschänke typisch sächsische Küche im urigen Ambiente genießen. *Nimbschener Landstraße 1, 04668 Grimma OT Nimbschen, www.kloster-nimbschen.de*

// Auf der anderen Seite der Mulde

Nur wenige Schritte vom Kloster entfernt setzt eine Fähre nach Höfgen über. Ein Abstecher in den idyllischen Ort mit der Wassermühle, der Schiffsmühle, der Denkmalschmiede und dem Jutta-Park mit dem Aussichtsturm lohnt!

Klosterpark Altzella

2 Klosterpark Altzella

Die Gründung des Klosters Altzella (oder Cella, wie es vor Gründung des Tochterklosters Neuzelle bei Guben hieß) geht auf Markgraf Otto von Meißen zurück. Er bekam 1162 von Kaiser Friedrich Barbarossa die Erlaubnis zur Gründung eines Klosters. 1175 zog der erste Abt mit seinem Konvent ein, und der Bau einer Klosterkirche begann. Schon bald wuchs das Gelände auf eine beachtliche Größe an, bot bis zu 250 Mönchen Platz. Es wurde von einer eineinhalb Kilometer langen Mauer umgeben. Einziger Eingang war das romanische Stufenportal, das man auch heute noch bewundern kann. Nach der Säkularisierung verfielen fast alle Gebäue und wurden als Baumaterial für das Schloss im nahen Nossen genutzt. Einzig das Konversenhaus, das als Speicher diente, blieb komplett erhalten. Heute erlebt man im Kloster eine Mischung aus Ruinen und erhaltenen Gebäuden umgeben von

Eingangsbereich im Klosterpark Altzella

einer weitläufigen Parkanlage. Bei einem Spaziergang auf verschlungenen Pfaden fühlt man sich in vergangene Zeiten zurückversetzt. Im Klosterpark finden zahlreiche Veranstaltungen statt: So kann man eine Führung durch den Kräutergarten unternehmen, Konzerte oder einen Gottesdienst unter den alten Buchen im Klosterpark erleben. *Zellaer Str. 10, 01683 Nossen, www.kloster-altzella.de*

// Geschichtliches

Das Kloster wurde bereits ab 1190 als Grablege der Wettiner genutzt. Ende des 17. und im 18. Jahrhundert ließen die Kurfürsten Grabungen nach ihren Vorfahren durchführen. Diese wurden in das Mausoleum, das 1787 im klassizistischen Stil im Park errichtet wurde, umgebettet.

3 Kloster Wechselburg

Die Geschichte des kleinen Ortes Wechselburg ist eng verbunden mit dem Kloster, das bereits 1168 gegründet wurde. Damit ist es eines der ältesten in Sachsen. Ursprünglich als Augustiner-Chorherrenstift gegründet, war hier bis zur Reformation der Deutsche Orden sesshaft. Nach Auflösung des Klosters 1543 fiel es an Herzog Moritz von Sachsen. Er tauschte das Gebiet rund um das Kloster mit den Herren von Schönburg gegen Orte, die sich in deren Besitz befanden. Der Legende nach soll das Kloster, das nun als Schloss genutzt wurde, deshalb den Namen Wechselburg erhalten haben. Seit 1993 füllen Benediktiner aus dem bayerischen Kloster Ettal die ehrwürdigen Gemäuer mit Leben. Entstanden ist unter anderem ein Jugend- und Familienhaus, das ein Ort der Erholung, der Ruhe, aber auch der Bildung ist. Bei einem Spaziergang entlang der Klostergebäude sticht die romanische Basilika mit ihren hellen Wänden und den Verzierungen aus Rochlitzer Porphyr besonders ins Auge. Sie ist ein herausragendes Beispiel für die Architektur in der Mulderegion und kann außerhalb der Gebetszeiten innen besichtigt werden. Das Kloster ist umgeben von einem terrassenartig angelegten Klostergarten, der nach mittelalterlichem Vorbild bewirtschaftet wird. Zahlreiche Kräuter- und Arzneipflanzen, aber auch Pflanzen, die zum Färben geeignet sind, finden sich dort.

Markt 10, 09306 Wechselburg, www.kloster-wechselburg.de

// Der Schlosspark

Der Schlosspark, der Anfang des 19. Jahrhunderts durch die Schönburger angelegt wurde, lädt zu einem erholsamen Spaziergang ein. Besonders schön ist es hier im Frühling, wenn Tausende Buschwindröschen die Wiese überziehen.

Blick auf die Basilika von Kloster Wechselburg

Silberbergwerk in Freiberg

#Unter Tage

25 Silberbergwerk Freiberg

Sachsen ist traditionell eine Bergbauregion, und da gibt es unter Tage einiges zu entdecken – insbesondere in der Montanregion Erzgebirge, die zum UNESCO-Welterbe zählt. Ausgestattet wie ein Bergmann mit Schutzanzug, Helm, Geleucht und Gummistiefeln geht es z. B. im Silberbergwerk Freiberg mit einem Förderkorb 150 Meter tief hinein in den Berg. Der jahrhundertelange Silberabbau hat unterirdische Spuren hinterlassen, denen man auf verschiedenen Führungsrouten in unterschiedlichen Tiefen folgen kann. Das Streckennetz ist über 20 Kilometer lang. Die Touren bringen den anstrengenden Bergmannsalltag näher, und wenn man Abschnitte bewältigt, die nur 1,6 Meter hoch sind, ist man froh, nur als Tourist hier zu sein. Aber auch über Tage gibt es am Silberbergwerk einiges zu entdecken, etwa das Freiberger Berghaus Alte Elisabeth, das auch bei einer Führung besichtigt werden kann.

Fuchsmühlenweg 9, 09596 Freiberg,
www.silberbergwerk-freiberg.de

// Auf in die Stadt

Auch die Stadt Freiberg selbst mit ihrem mittelalterlichen Stadtkern, dem prächtigen Dom St. Marien mit der Goldenen Pforte und dem Schloss Freudenstein mit der »Terra Mineralia«, der größten Mineraliensammlung Deutschlands, ist einen Besuch wert.

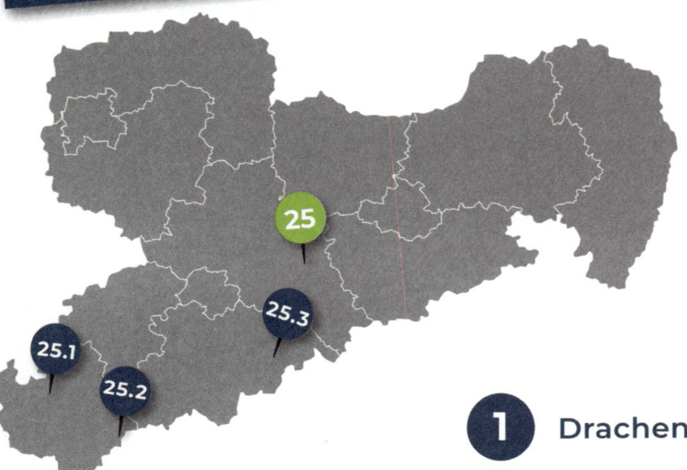

1 Drachenhöhle Syrau

Eher zufällig wurde 1928 Sachsens einzige Tropfsteinhöhle entdeckt. Beim Abbau von Kalkstein rutschte ein Meißel in einen Gesteinsspalt und blieb verschwunden. Auf der Suche nach ihm entdeckte der Bruchmeister Ludwig Undeutsch die Höhle. Schnell war klar, dass man sie für Besucher öffnen wollte. Schon 199 Tage später begrüßte man die ersten neugierigen Gäste. Der Name wurde von einer alten Sage über einen Drachen in der Nähe von Syrau abgeleitet. Der gut ausgebaute Weg durch die Höhle verläuft etwa 16 Meter unter der Erde. Auf den rund 350 Metern sind insgesamt 330 Stufen zu überwinden. Die Höhle kann bei einer 45-minütigen Führung besichtigt werden. Auf dem Weg entdeckt man beeindruckende Tropfsteine und Lehmformationen, aber auch mehrere kristallklare Seen. Am größten See wird das schillernde Blau noch mit Lichteffekten verstärkt. Das Höhlenpanorama bietet in den Sommermonaten auch die einmalige Kulisse für eine Lasershow. *Höhlenberg 10, Paul-Seifert-Straße, 08548 Rosenbach OT Syrau, https://syrau.de/drachenhoehle/*

Der Drache Justus weist den Weg zur Drachenhöhle

Drachenhöhle in Syrau

// Auf Müllers Spuren

Ganz in der Nähe der Höhle befindet sich die Syrauer Mühle. Bei einem geführten Rundgang lernt man die Tätigkeit des Müllers und die Funktionsweise einer Mühle kennen.

2 Grube Tannenberg

Idyllisch liegt mitten im Waldgebiet des Oberen Vogtlands die Grube Tannenberg. Sie befindet sich auf einer Höhe von 835 Metern und ist damit das höchstgelegene Bergwerk Sachsens. Mit einer Temperatur von durchschnittlich drei bis fünf Grad ist es gleichzeitig auch das kälteste. Man sollte sich also warm anziehen, wenn man sich mit einem der versierten Grubenführer in den Stollen begibt. Die Grube Tannenberg ist relativ jung. In den 1920er Jahren begannen erste geologische Untersuchungen, und zwischen 1934 und 1938 wurden der etwa 600 Meter lange Tannenbergstollen vorangetrieben und Untersuchungsstrecken angelegt. 1941 begann der eigentliche Abbau. In den bis zu 1000 Meter tiefen Schächten wurde Erz abgebaut und für eine kurze Zeit Ende der 1940er Jahre auch Uran. Die Vorkommen waren bald erschöpft, sodass die Grube 1964 geschlossen wurde. Nach circa 30 Jahren Stillstand wurde sie 1996 als Besucherbergwerk neu eröffnet. Höhepunkt der Führung ist der unterirdische See, der sich in einem der größten bergmännisch geschaffenen Abbauhohlräume Sachsens gebildet hat. Die Höhle ist so groß, dass hier das Leipziger Völkerschlachtdenkmal oder die Dresdner Frauenkirche Platz finden würden.

Zum Schneckenstein 42, 08262 Muldenhammer, OT Schneckenstein, www.schneckenstein.de

// Ganz in der Nähe

Nur wenige hundert Meter von der Grube Tannenberg entfernt befinden sich das Mineralienzentrum und der einzige überirdische Topasfelsen Europas, den man in der warmen Jahreszeit auch besteigen kann.

Grube Tannenberg in Schneckenstein

Tiefer Molchner Stolln in Pobershau

3 Tiefer Molchner Stolln in Pobershau

Der Molchner Stolln im Marienberger Ortsteil Pobershau zählt zu den ältesten und schönsten Schaubergwerken in Sachsen. Schon seit Ende des 15. Jahrhunderts wurde hier Silber, Zinn, Kupfer und Eisen abgebaut. Seit 1934 ist das Bergwerk für Besucher geöffnet. Eine 45-minütige Führung verdeutlicht die schwere Arbeit unter Tage. Nach Voranmeldung kann man unterirdisch auch eine Speckfettbemme und einen erzgebirgischen Schnaps verzehren. Beides ist in ein Steigertuch eingewickelt, das man als Souvenir mit nach Hause nehmen kann.

Im Molchner Stolln verbirgt sich außerdem ein Schatz: Hier steht ein voll funktionstüchtiges Kunstgezeug. Dabei handelt es sich um eine Erfindung aus dem Jahr 1545. Mithilfe des Kunstgezeugs kann man Wasser mechanisch aus dem Bergwerk nach oben transportieren. Es wird von einem großen hölzernen Wasserrad angetrieben und reicht 24 Meter in die Tiefe.

Zum Schaubergwerk gehört auch eine zünftige Zechenstube. Kleine Snacks und leckerer Kuchen verkürzen die Wartezeit bis zur Führung. Außerdem kann man hier eine Sammlung von Bergwerkslampen anschauen.

Amtsseite-Dorfstraße 67, 09496 Marienberg OT Pobershau, www.molchner-stolln.de/

// Für Kinder

Im Außengelände des Stollens wird Kindern anhand einer Schachtkaue und dem Nachbau eines Förderturms der Bergbau und die Arbeit der Bergleute verdeutlicht, auch Erwachsene können hier noch einiges lernen.

#Auf Schienen

26 Kirnitzschtalbahn

Seit 1898 tuckelt die Kirnitzschtalbahn von Bad Schandau an der Elbe bis zum Lichtenhainer Wasserfall. Die einspurige Straßenbahn bringt Tausende von Gästen direkt in den Nationalpark Sächsische Schweiz. Der Bahnbetrieb war von Anfang an als touristische Attraktion geplant und hat auch heute noch nichts von seiner Beliebtheit eingebüßt. »Die gelbe Dame« schlängelt sich gemütlich auf einer Strecke von acht Kilometern vorbei an alten Mühlen durch das malerische Tal. Dabei hat sie selbst schon viel erlebt: Trotz Erdrutsch, Hochwasser und Brand wurde sie immer wieder instand gesetzt. In den historischen Wagen, die von der Plauener und der Zwickauer Straßenbahn übernommen wurden, wird die Reise selbst zum Erlebnis.

Verkehrt zwischen Bad Schandau – Kurpark bis zum Lichtenhainer Wasserfall und zurück, www.ovps.de/verkehrsmittel/kirnitzschtalbahn/443

// Wenn der Wasserfall zu klein ist

Mitte des 19. Jahrhundert wurde der kleine Lichtenhainer Wasserfall mittels eines Wehrs vergrößert, um seine Attraktivität zu erhöhen und noch mehr Besucher anzulocken. Noch heute zieht ein Wasserfallzieher das Wehr, damit sich der Wasserschwall ergießen kann.

Kirnitzschtalbahn

Die Alternativen

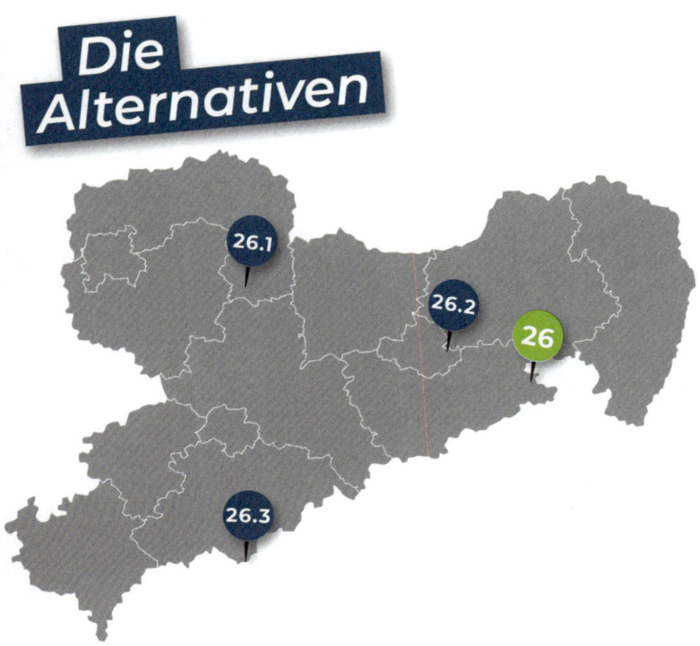

Döllnitzbahn

Mit dem Voranschreiten der Industrialisierung Ende des 19. Jahrhunderts wurde auch die ländliche Umgebung für den Eisenbahnverkehr erschlossen, so auch das Gebiet um Oschatz und Mügeln. Um Kaolin und Zuckerrüben transportieren zu können, aber auch für den Personenverkehr, nahm ab 1884 eine Schmalspurbahn ihren Dienst auf. Der »Wilde Robert«, wie sie liebevoll genannt wird, fährt mit Dampf- und Dieselloks durch die reizvolle Umgebung. Die historischen Bahnen verzaubern mit ihrem Schnaufen und der alten Technik nicht nur Eisenbahnenthusiasten. Besonders beliebt sind die zahlreichen Sonderfahrten, Glühweinfahrten zur Weihnachtszeit oder Gruselfahrten zum Halloweenfest am Mügelner Bahnhof. Die Strecke der Döllnitzbahn führt vom historischen Stadtkern von Oschatz, über den O-Schatz-Park durch die Wiesen- und Auenlandschaft des Döllnitztals bis nach Mügeln.

Von Oschatz Hauptbahnhof, Bahnhofsplatz 1, 04758 Oschatz zum Bahnhof Mügeln, Bahnhofstraße 2, 04769 Mügeln, www.doellnitzbahn.de

// Mit der Postkarte um die Welt

Am Bahnhof Oschatz-Süd wartet auf große und kleine Bahnfans das Eisenbahn-Postkarten-Museum: Hier dreht sich alles um Bahnhöfe, Züge, Brücken und noch viel mehr rund um die Bahn – und das alles im handlichen Kartenformat.

Die Döllnitzbahn

2 Dresdner Schwebebahn

Seit 1901 kann man in Dresden den Höhenunterschied zwischen den Ortsteilen Loschwitz und Oberloschwitz mit der Bahn überwinden. Hier verkehrt die Schwebebahn, die genau genommen eine Einschienenhängebahn ist. Wahrscheinlich hat man den Namen von der Wuppertaler Schwebebahn übernommen, denn Eugen Langner hat beide Bahnen konstruiert. Vorangetrieben hat den Bau ein findiger Geschäftsmann. Er nutzte aus, dass die Wohnlage oberhalb der Elbe zur Wende zum 20. Jahrhundert immer beliebter wurde. Sein Plan ging auf, schon die Idee der Bergbahn ließ die Grundstückspreise steigen. Mit der Inbetriebnahme war die Bahn eine beliebte Attraktion, und natürlich auch bequem, denn immerhin überwindet man einen Höhenunterschied von 84 Metern in weniger als fünf Minuten. Die Talstation befindet sich in der Pillnitzer Landstraße, unweit des Blauen Wunders, einer der bekanntesten Brücken Dresdens, die Ende des 19. Jahrhunderts erbaut wurde. Bei der Fahrt nach oben hat man nicht nur einen wunderbaren Blick über die Landschaft, sondern auch auf diese beeindruckende Konstruktion. An der Bergstation kann man den Blick über Dresden und die Elbe von einer Aussichtsplattform genießen. Außerdem gibt es an der Station ein kleines Museum.

Haltestelle Körnerplatz bis Oberloschwitz, https://www.dvb.de/de-de/entdecken/bergbahnen/schwebebahn

Die Döllnitzbahn

// Kaffee mit Ausblick

Vom Café Schwebebahn an der Bergstation sieht man nicht nur das Tal der Elbe und das Blaue Wunder, sondern man hat auch die Schwebebahn im Blick. Dazu Kaffee und Kuchen oder Bier und Bockwurst, was kann es Schöneres geben?

Die Fichtelbergbahn

3 Fichtelbergbahn

Ende des 19. Jahrhunderts wollte man den Fichtelberg für Touristen noch attraktiver machen und entschloss sich zum Bau einer Schmalspurbahn, die bis hinauf zur höchstgelegenen Stadt Deutschlands – nach Oberwiesenthal – führt. Noch heute verkehrt die Fichtelbergbahn mehrmals täglich auf der 17,3 Kilometer langen Strecke zwischen Cranzahl und Oberwiesenthal. Gemütlich schnauft die Dampflok durch das waldreiche Gebiet und erreicht nach einer Stunde das Ziel. Das beschauliche Tempo der Fichtelbergbahn von 25 Stundenkilometern entschleunigt. Die Fahrt bietet genug Zeit, die Landschaft auf sich wirken zu lassen, und ist zu jeder Jahreszeit ein Erlebnis. Im Winter fühlt man sich angesichts der mit einer dicken Schneedecke überzogenen Bäume wie im Winterwunderland, und im Sommer kann man sogar in einem offenen Wagen fahren und die Natur ganz nah genießen. Auf der Strecke überwindet die Bahn einen Höhenunterschied von 240 Metern. Sie überquert dabei mehrere Brücken und kurz vor der Einfahrt in den Bahnhof das Viadukt Hüttenbachtal mit seinen prägnanten Gerüstpfeilern. *Bahnhof Cranzahl, Bahnhofstraße 4, 09465 Sehmatal bis Bahnhof Oberwiesenthal, Bahnhofstraße 7 09484 Kurort Oberwiesenthal und zurück, www.fichtelbergbahn.de*

// Auf Schusters Rappen

Die Strecke ist perfekt geeignet, um nur ein Teilstück mit der Bahn zu absolvieren und entweder wieder zum Ausgangspunkt zu wandern oder bis zum Zielort. Eine lohnenswerte Strecke führt von Niederschlag nach Oberwiesenthal, mit Blick auf die Schanzen und einen Marmortagebau.

Die Kamelie im Pillnitzer Park

#Blütentraum

27 Die Kamelie in Pillnitz

Jedes Jahr zum Ende des Winters, wenn die Natur noch mit Farben geizt, erwacht die Kamelie im Park des Pillnitzer Schlosses, der ehemaligen Sommerresidenz von August dem Starken, aus ihrem Dornröschenschlaf. Sie gilt als Königin aller Kamelien. Zehntausende glockenförmige, karminrote Blüten begeistern die Pflanzenfans. Die Kamelie wurde 1801 an ihrem jetzigen Standort gepflanzt und beeindruckt mit einer Höhe von fast neun Metern und einem Durchmesser von über elf Metern. Vor Frost wird sie durch ein Glashaus geschützt, das in der warmen Jahreszeit auf Schienen zur Seite gefahren werden kann. Es ermöglicht aber auch, die Kamelie von allen Seiten zu bestaunen, denn es verfügt im Inneren über zwei Etagengänge.

August-Böckstiegel-Straße 2, 01326 Dresden, www.schlosspillnitz.de

// Für Zuhause

Wer ein Stück von der berühmten Kamelie haben möchte, kann in der Alten Wache Ableger der Pflanze erwerben.

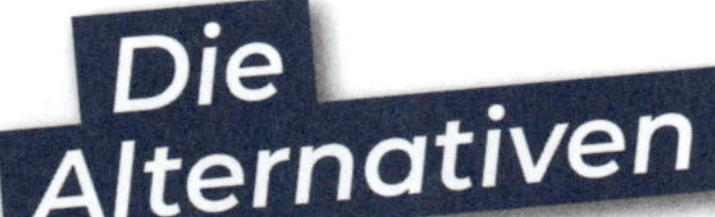

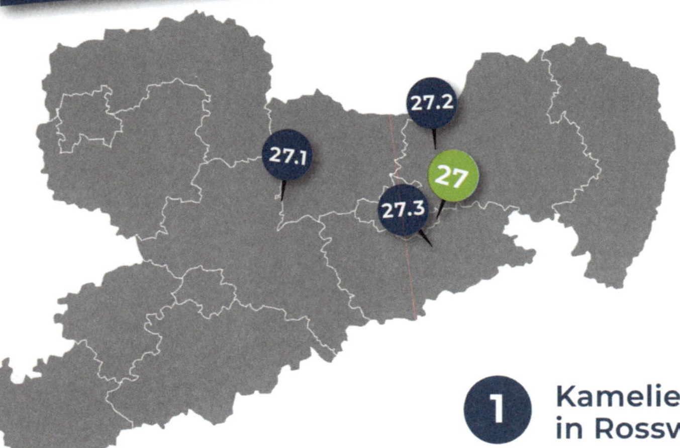

1 Kamelienhaus in Rosswein

Mit ihrem stattlichen Alter von über 200 Jahren ist die Kamelie der Sorte Alba plena in Rosswein das zweitälteste Exemplar nördlich der Alpen. Der Graf von Einsiedel kaufte im 1797 ein Grundstück im idyllischen Wolfstal. Er war ein großer Pflanzenliebhaber und ließ Gewächshäuser errichten, in die er so manche Rarität pflanzte. Schon zu Beginn des 19. Jahrhunderts war die Blüte der Kamelie eine Sensation, die zahlreiche Besucher anlockte.

Das Glashaus, das aktuell die edlen Pflanzen vor der Kälte Nordeuropass schützt, wurde 1961 erbaut. Über all die Jahre fanden und finden sich immer wieder Liebhaber, die sich um die edlen Gewächse, aber auch um die Instandhaltung des Gewächshauses kümmern. Heute stehen die Kamelien unter der Obhut des Heimatvereins Rosswein. Die porzellanweiße Kamelie ist über sechs Meter hoch und zeigt meist ab Ende Januar ihre zahlreichen Blüten. Umrahmt wird sie von weiteren Sorten, die Rosarot blühen oder gesprenkelt sind wie die edle Sorte

Kamelienhaus in Rosswein

Chandler's Elegans, die mit ihren dunkelrosafarbenen Blüten und weißen Flecken begeistert. Diese Pflanze kam 1961 aus Pillnitz nach Rosswein und hat mittlerweile ein stolzes Alter von über 100 Jahren. *Wolfstal 42, 04741 Rosswein, www.rosswein.de/tourismus/kamelie*

// Wanderung

Die Kamelie erreicht man über einen Wanderweg mit 100 Stufen. Man kann den Besuch außerdem mit einer Runde auf dem Bergbaulehrpfad verbinden, der an den historischen Bergbau in der Nähe der Stadt erinnert.

Im Kamelienhaus Königsbrück

2 Kamelienhaus in Königsbrück

Auch in Königsbrück gibt es ab Mitte Januar zahlreiche Kamelien im Gewächshaus am ehemaligen Schloss zu bestaunen. Neben drei fast 200 Jahre alten Kamelienbäumen wachsen im Gewächshaus weitere Kamelienpflanzen, die etwa halb so alt sind. Einige jüngere Spalierkamelien ergänzen die Altpflanzenschau. Die Kamelien haben wechselvolle Zeiten hinter sich und wären letztendlich fast in Vergessenheit geraten. In den 1970er Jahren, als das Schloss als Klinik genutzt wurde, sollten sie aus dem Gewächshaus weichen, da man den Platz für den Gemüseanbau benötigte. Der damalige Gärtner soll sie mit dem Worten »nur über meine Leiche« verteidigt haben. Und nicht immer hatten sie optimale Bedingungen, so auch, als nach 1990 die Heizungsanlage des Schlosses und damit auch des Gewächshauses abgeschaltet wurde. Notdürftig wurden sie mit Stroh ummantelt. Umso erstaunlicher, dass sie seit dem Jahr 2000 alljährlich besichtigt werden können. Der Heimatverein hat die Pflanzen in seine

Obhut genommen und kümmert sich um die Erhaltung des Gewächshauses, damit die Schönheiten die Besucher noch lange erfreuen.
Dresdner Str. 1, 01936 Königsbrück,
http://heimatverein.königsbrück.de

// Duftendes

Kamelien haben nur selten einen Duft. Einige der raren Duftkamelien kann man in Königsbrück erriechen und ihren Duft mit nach Hause nehmen. Aus den Blütenblättern der Duftkamelie »Minato no akebono« werden zwei Parfüms hergestellt und vor Ort verkauft.

Gewächshaus im Schloss Zuschendorf

Kamelien im Schloss Zuschendorf

3 Kamelienschloss Pirna-Zuschendorf

Am Stadtrand von Pirna liegt das kleine Landschloss Zuschendorf. Es ist die Heimstatt der größten Kameliensammlung Deutschlands. Die Seidel'sche Sammlung geht auf Jacob Friedrich und seinen Bruder Traugott Leberecht Seidel zurück. Die Söhne des Dresdner Hofgärtners gründeten 1813 eine Gärtnerei, die die Wiege der sächsischen Kamelienzucht ist. In Pirna kann man in mehreren abwechslungsreich gestalteten Glashäusern die Blütenpracht der zahlreichen historischen Arten bestaunen. Auch im Schloss selbst steht ab März die Kamelie im Mittelpunkt. Im Rahmen der Kamelienblütenschau werden die schönsten Blüten in eleganten Gefäßen präsentiert. Außerdem werden die beeindruckenden Pflanzen in den Festsälen ganz besonders in Szene gesetzt. So treiben im Salon die Blüten auf einem künstlichen Fluss, und in einer historischen Küchenszene erfährt man Wissenswertes über den Einsatz der Kamelie in unterschiedlichen Rezepten. Die Ausstellung wird jedes Jahr gewechselt, sodass es sich immer wieder aufs Neue lohnt, das Landschloss Zuschendorf zu besuchen.

Am Landschloß 6, 01796 Pirna OT Zuschendorf, www.landschloss-zuschendorf.de

// Übers Jahr

Nach der Kamelienausstellung erfreuen den Besucher des Parks die blühenden Azaleen, später im Jahr der Rhododendron und die Hortensien. Um die Weihnachtszeit begeistert die beliebte Weihnachtsausstellung Groß und Klein.

Burg- und Klosterruine Oybin

28 Burg- und Klosterruine Oybin

Eine der romantischsten Ruinen Sachsens thront auf dem Berg Oybin oberhalb des gleichnamigen Ortes im Zittauer Gebirge. Im 14. Jahrhundert wurde die einfache Befestigungsanlage auf dem Berg zu einer wehrhaften Burg und einer beeindruckenden Klosteranlage ausgebaut. Mit der Reformation setzte der Verfall ein, und die große Anlage geriet in Vergessenheit. Aus ihrem Dornröschenschlaf erwachte sie in der Zeit der Romantik. Die Bilder von Johann Alexander Thiele und Caspar David Friedrich machten sie weltberühmt. Vom Ort Oybin erklimmt man die Ruinen über einen knapp 15-minütigen Aufstieg oder man wählt die bequeme Variante mit dem Oybiner Gebirgs-Express. Oben angekommen, begeistert nicht nur die Ruine, sondern auch der fantastische Ausblick über die Landschaft. *Hauptstraße 15, 02797 Oybin, https://burgundkloster-oybin.com*

// Kirche im Fels

Der Aufstieg führt vorbei an der Bergkirche. Hier lohnt ein Blick ins Innere. Die reich verzierte barocke Kirche wurde direkt in den Fels gebaut. Im Innenraum wurde kein Plateau geschaffen, sodass die Sitzbänke wie in einer Arena nach oben ansteigen.

Die Alternativen

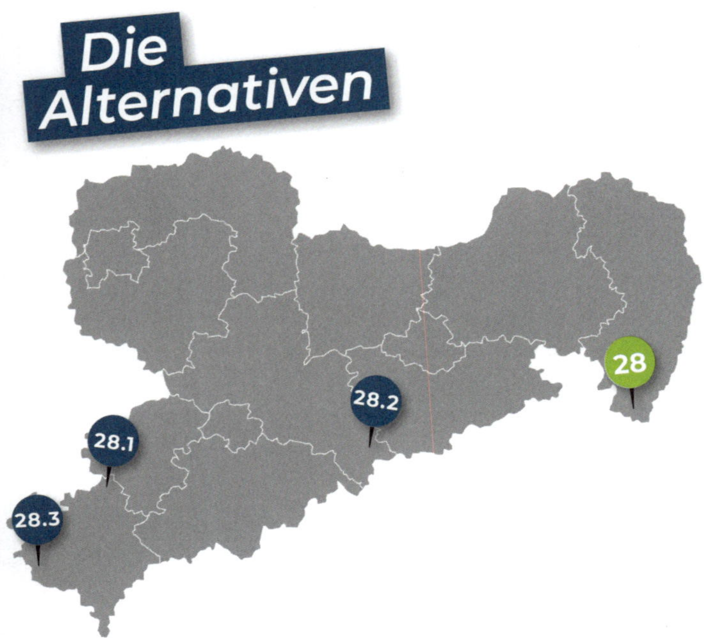

Burgruine Elsterberg

Hoch oberhalb der kleinen Stadt Elsterberg, ganz in der Nähe zur Landesgrenze nach Thüringen, thront majestätisch die gleichnamige Burgruine auf einem Felsplateau. Mit einer Ausdehnung von über 1,5 Hektar ist sie die größte Burgruine im Vogtland. Sie wurde anstelle einer anderen Burg um 1200 errichtet. Nach einer ersten Zerstörung 1354 im Vogtländischen Krieg wurde sie neu aufgebaut und nochmals erweitert. Damit sie nicht wieder eingenommen werden konnte, wurde sie mit einer doppelten Ringmauer und fünf Wehrtürmen ausgestattet. Drei der Türme stehen heute noch. Die Erhaltung der Burg überforderte aufgrund der Größe ihre wechselnden Eigentümer. Seit Beginn des 18. Jahrhunderts war sie unbewohnt und verfiel zusehends. 1909 kam sie in den Besitz der Stadt, die sich um Erhalt und Sicherung kümmerte. In den 1920er Jahren wurden die Kellergewölbe ausgebaut und werden seitdem für Festlichkeiten genutzt. Wenn man die Burg durch das Haupttor betritt, kann man eine Zeitreise ins Mittelalter unternehmen. Mächtige Mauerreste zeugen von der einstigen Größe der wehrhaften Burg.

Karl-Marx-Straße, 07985 Elsterberg,
https://elsterberg.de/ruine.html

// Ganz in der Nähe

Schon von der Burgruine aus sieht man die beeindruckende Laurentiuskirche von Elsterberg. Die Kirche wurde in ihrer jetzigen Form nach dem großen Stadtbrand von 1840 errichtet.

Burgruine Elsterberg

2 Burgruine Frauenstein

Die Anfänge der Burg Frauenstein im Erzgebirge reichen bis ins 12. Jahrhundert zurück. Otto von Wettin ließ hier auf einem Granitporphyrfelsen eine Burg errichten. Ihr Name wandelte sich vom ursprünglichen Vrounsten hin zu Frauenstein. Nach dem Bau des Schlosses Frauenstein in direkter Nachbarschaft zur Burg verlor diese an Bedeutung. Sie verfiel und wurde im 18. Jahrhundert durch einen Stadtbrand stark in Mitleidenschaft gezogen. Heute kann man die malerische Burgruine von Mai bis Oktober besichtigen. Burggeist Vrouwin führt durch die Burg, und ganz nebenbei werden noch ein paar Redewendungen erklärt, die aus dem Mittelalter stammen. Erhalten geblieben sind unter anderem der Wohnturm, der auch »Dicker Merten« genannt wird, die Burgkapelle und mehrere Gewölbe. Man bekommt nicht nur eine gute Vorstellung von der einstigen Größe der Burg, sondern hat immer wieder auch fantastische Ausblicke in die Umgebung. Ein besonders schöner Blick hinauf zur Burg bietet sich vom Parkplatz am Friedhof. *Am Schloss 2, 09623 Frauenstein, https://www.erzgebirge.de/freizeit/burgruine-frauenstein-freizeit2017*

// Burgschanze

An der Außenmauer der Burg kann man Reste einer Schanze entdecken. Mitten in die Burgmauer wurde 1923 die Skischanze gebaut, der Schanzentisch aus Stein ist auch heute noch gut zu erkennen, ebenfalls die Fundamente der Kampfrichtertürme im Auslauf. Bis in die 1970er Jahre fanden hier Wettkämpfe statt.

Blick zur Burgruine Frauenstein

Burgsteinruinen bei Krebes

3 Burgsteinruinen

Zwischen den kleinen vogtländischen Orten Krebes und Kürbitz liegen romantisch auf einem kleinen Hügel von Bäumen umrahmt die Burgsteinruinen. Bei den mittelalterlichen Mauerresten handelt es sich um gotische Kirchen aus dem 15. Jahrhundert. Die mächtigen Gebäude dienten als Wallfahrtskirchen. Zahlreiche Menschen pilgerten zum wundertätigen Marienbild. Aber warum gab es zwei Kirchen? Das Gebiet lag genau an der Grenze zwischen den Bistümern Bamberg und Naumburg. Und jedes Bistum wollte von den Opfergaben profitieren. Nachdem zuerst das Bistum Bamberg, zu dem der Ort Krebes gehörte, eine Wallfahrtskapelle errichtet hatte, zog Naumburg wenige Jahre später nach und errichtete nur zwölf Meter entfernt eine weitere Wallfahrtskirche. Nach der Reformation kamen die Wallfahrten auch im Vogtland zum Erliegen, und man hatte keine Verwendung für die abgelegenen Kirchen. Kurfürst Johann Friedrich von Sachsen beschloss den Abriss. Ihre Steine wurden als Baumaterial für eine neue Kirche in Geilsdorf verwendet, die Reste blieben als Ruinen stehen. Heute führt ein Wanderweg dorthin. Wer an einem Wochenende unterwegs ist, sollte unbedingt einen Stopp im Gasthaus Ruderitz einlegen. Leckere Hausmannskost erwartet dort hungrige Wanderer.

Am Burgstein 2, 08538 Burgstein, https://www.erlebnis-tipps.de/freizeit/burgstein-ruine-krebes.php

// Märchenhaft

Das Burgsteingebiet zog auch Hermann Vogel magisch an. Der spätromantische Künstler, der besonders für seine Illustrationen zu Grimms Märchen bekannt ist, ließ sich in Krebes ein Märchenhaus bauen, das heute ein Museum beherbergt.

Industriemuseum in Chemnitz

#Industrie-geschichte

29 Industriemuseum Chemnitz

Im Industriemuseum in Chemnitz wird die lange Industrietradition Sachsens lebendig. Das Museum befindet sich in der ehemaligen Gießerei der Werkzeugmaschinenfabrik Hermann und Alfred Escher AG. Schon von Weitem fällt der 1907 errichtete Klinkerbau mit seinen prägnanten Rundbogen auf. Das geräumige Gelände bietet viel Platz, um die Industriegeschichte Sachsens würdig zu präsentieren – und zu erzählen gibt es viel. Vom Bergbau, der die Region prägte, über die Fahrzeugindustrie zur Textilindustrie, die im Unterschoss eine eigene Etage bekommen hat. In der riesigen Halle des Industriemuseums läuft der Besucher staunend an einem silbernen Band entlang, das die zahlreichen Erzeugnisse und Erfindungen, die aus Sachsen kamen und kommen, erklärt. *Zwickauer Str. 119, 09112 Chemnitz, www.saechsisches-industriemuseum.com*

// Highlight in Aktion

Schmuckstück im Maschinenraum ist eine riesige Dampfmaschine aus dem Jahr 1896. An manchen Tagen im Jahr wird sie vorgeführt. Die genauen Termine erfährt man über die Homepage des Industriemuseums.

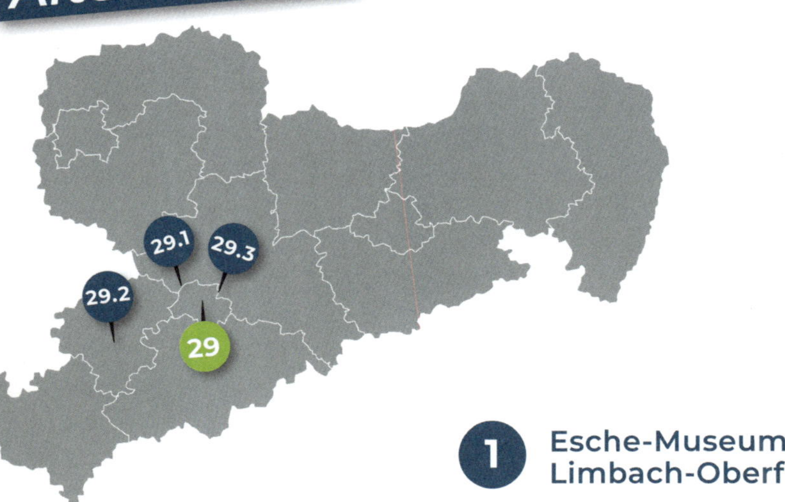

1 Esche-Museum in Limbach-Oberfrohna

Sachsen galt lange Zeit als Zentrum der Textilindustrie, hier wurden feinstes Leinen, edler Damast und kostbare Plauener Spitze hergestellt. Aber auch die Wirkerei war hier zu Hause. Sie prägte ganz besonders die Region um Chemnitz. Im Esche-Museum in Limbach-Oberfrohna kann man sich auf eine Reise in die über 300-jährige Geschichte der Wirkerei begeben. Alles begann mit Johann Esche. Ab 1703 war er als Strumpfwirker tätig. Der handwerklich geschickte Esche fertigte einen modifizierten Nachbau eines französischen Wirkstuhls und legte damit den Grundstock für die heimische Strumpfproduktion. Weitere Wirker siedelten sich an, und Limbach wurde schnell zum Wirkereizentrum. Später fertigte man auch Handschuhe und Unterwäsche. All dies wird in dem sehr anschaulich und modern gestalten Esche-Museum erklärt. Mit einem gelungenen Konzept verknüpft die Ausstellung die Wirkereigeschichte mit der Geschichte der Stadt, denn beide sind eng miteinander verbunden.

Esche-Museum in Limbach-Oberfrohna

Jahrhunderte später schrieb man in Limbach-Oberfrohna wieder Textilgeschichte: Heinrich Mauersberger entwickelte 1949 seine Nähwirktechnologie Malimo (MAauersberger LIMbach-Oberfrohna). Im Untergeschoss der Ausstellung kann man nicht nur eine Malimo-Maschine bewundern, sondern auch zahlreiche andere Wirkmaschinen, die jeweils am zweiten und vierten Sonnabend im Monat vorgeführt werden. *Sachsenstraße 3, 09212 Limbach-Oberfrohna, www.esche-museum.de*

// Für Kinder

Gemeinsam mit Timmy Strumpf sind Kinder im Esche-Museum den Strümpfen auf der Spur. An vielen Stationen, die in Kinderhöhe angebracht sind, gibt es Spannendes zu entdecken und zu ertasten. Textil will schließlich immer auch erfühlt werden. Auf keinen Fall wird den kleinen Spurensuchern hier langweilig.

Im August Horch Museum Zwickau

2 August Horch Museum Zwickau

Was Wolfsburg für Niedersachsen, ist Zwickau für Sachsen. Seit 1904 steht die Stadt für den Automobilbau. In jenem Jahr zog August Horch mit seiner Produktionsstätte von Reichenbach nach Zwickau um. Später benannte er die Horch-Werke aufgrund eines Zerwürfnisses mit seinen Geschäftspartnern in Audi um – Audi ist die lateinische Übersetzung des Imperativs »Horch!« 2004, 100 Jahre nach der Inbetriebnahme der neuen Produktionsstätte in Zwickau, wurde unter Einbeziehung der historischen Hallen das August Horch Museum eröffnet. Blitzblank polierte Autos lassen die Herzen der Autofans höherschlagen, die Autos werden nicht einfach gezeigt, sie werden perfekt präsentiert, beispielsweise in einer Tankstelle oder auf einer nachgebauten Straße, die die Besucher direkt in die 1930er Jahre katapultiert. Auf einer Renntribüne kann man die Geschichte des Rennsports bei Audi in einem Film verfolgen.

Und eine Fertigungsstrecke zeigt, wie der legendäre Trabant gebaut wurde, ebenfalls in Zwickau produziert. Auf jeden Fall sollte man für die Ausstellung genug Zeit einplanen, hier gibt es viel zu entdecken.

Audistraße 7, 08058 Zwickau, www.horch-museum.de

// Wenn der Hunger kommt

Im Neubau des Museums befindet sich ein Restaurant, das mit saisonalen Spezialitäten nicht nur Museumsbesucher zu einer Pause einlädt.

3 Eisenbahnmuseum Chemnitz

Im Zuge der industriellen Entwicklung entstand in Chemnitz-Hilbersdorf in den Jahren 1897 bis 1900 einer der größten Rangierbahnhöfe Deutschlands. Heute ist hier das Eisenbahnmuseum mit dem größten noch funktionstüchtigen Dampflok-Bahnbetriebswerk Europas zu Hause. Auf dem insgesamt 26 Hektar großen Gelände haben große und kleine Eisenbahnfans viel zu tun. Das Gelände hat zwei Teile. Im Eingangsbereich im ehemaligen Güterschuppen zeigt eine Ausstellung Wissenswertes rund um die Eisenbahn und über Richard Hartmann – den bedeutenden Maschinenfabrikant und Eisenbahnpionier. Am anderen Ende der Anlage befinden sich der Lokschuppen und die Werkstatt mit riesigen Dampf-, Diesel- und Elektrolokomotiven. Unter anderem steht hier auch einer der legendären Karlex-Züge. Der Weg zwischen beiden Komplexen beträgt rund einen Kilometer abwechslungsreicher Strecke, man kann an den Wochenenden bequem mit einer kleinen Bahn fahren.

Frankenberger Straße 172, 09131 Chemnitz, www.schauplatz-eisenbahn.de

// Veranstaltungen

Über das Jahr finden im Eisenbahnmuseum zahlreiche Veranstaltungen statt wie das Heizhausfest oder Dampfseminare, und es werden Sonderfahrten wie zum Beispiel die Männertagsfahrt oder die Licht'lfahrten in der Weihnachtszeit organisiert.

Eisenbahnmuseum in Chemnitz-Hilbersdorf

Lokschuppen im Eisenbahnmuseum

30 Schloss Augustusburg

Schon weithin sichtbar thront auf einem Hügel über dem Zschopautal im kleinen Ort Augustusburg das gleichnamige Schloss. Aufgrund seiner Lage bekam es den Beinamen »Krone des Erzgebirges«. Das Schloss strahlt in blendendem Weiß, umrahmt von rostroten Ziegeln und schwarzen Schieferdächern. Das in der zweiten Hälfte des 16. Jahrhunderts für Kurfürst August erbaute Jagd- und Lustschloss zählt zu den schönsten und größten Renaissanceschlössern in Mitteleuropa. Heute beheimatet der Prachtbau mehrere Museen zur Schlossgeschichte und Naturkunde, ein Kutschenmuseum, aber auch eine bedeutende Motorradsammlung. *Schloss, 09573 Augustusburg, https://die-sehenswerten-drei.de/schloss-augustusburg*

// Für Liebhaber historischer Bahnen

Seit 1911 überwindet eine Drahtseilbahn den Höhenunterschied von 168 Metern zwischen Erdmannsdorf und Augustusburg. Von der Bergstation führt ein kurzer Spaziergang durch die Altstadt zum Schloss.

Schloss Augustusburg

Die Alternativen

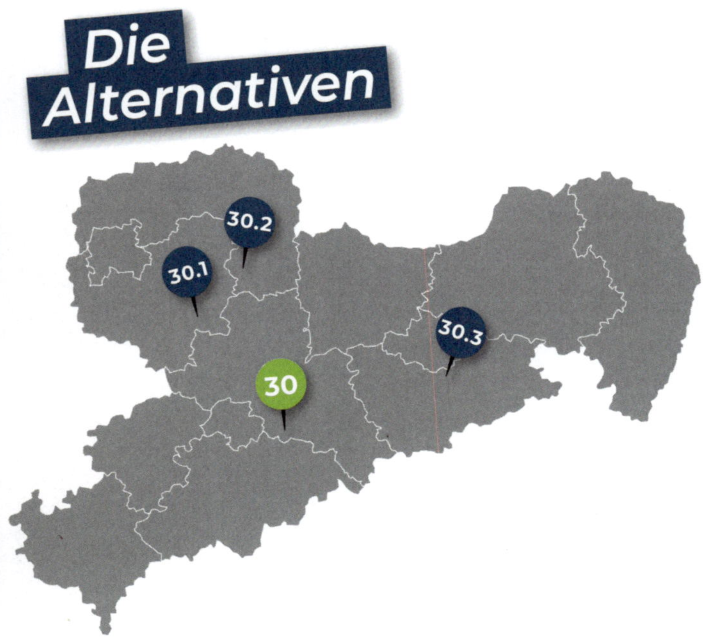

1 Schloss Colditz

Auf die Frage nach dem berühmtesten sächsischen Schloss käme selbst einem Sachsen wohl kaum die Antwort: Schloss Colditz. Anders sieht es aus, wenn man einen Briten dazu befragt. Hier würde das Schloss, dessen Ursprünge im 11. Jahrhundert liegen, einen vorderen Platz belegen. Zahlreiche Bücher, Spielfilme und Dokumentationen beschäftigen sich mit Colditz Castle. Immer wieder geht es dabei um die Zeit zwischen 1939 und 1945, in der das Schloss ein Gefängnis für die Offiziere der alliierten westlichen Armeen war. Britische Offiziere stellten die Mehrheit der Insassen. Das Schloss galt als ausbruchsicher, weswegen besonders die Offiziere hier einsaßen, die woanders schon Ausbruchversuche unternommen hatten. Im Gegensatz zu normalen Soldaten hatten die Offiziere als Gefangene einige Privilegien und auch Zeit, sich über Flucht Gedanken zu machen. Zahlreiche spektakuläre Fluchtversuche wurden hier geplant und teilweise auch verwirklicht. Man baute Tunnel, hatte eine eigene Fälscherwerkstatt und sogar ein Segelflugzeug – der Colditz Glider wurde heimlich unterm Dach gebaut. Auch wenn das Flugzeug nicht zum Einsatz kam, wäre es flugfähig gewesen, wie ein Nachbau später zeigte. Heute kann man im Schlossmuseum alles über die spannenden Fluchtgeschichten erfahren. *Schlossgasse 1, 04680 Colditz, www.schloss-colditz.de*

// Übernachten im Schloss

In einem Teil des beeindruckend großen Schlosses oberhalb der kleinen Stadt Colditz befindet sich eine Jugendherberge, in der man in modernen Zimmern übernachten kann.

Schloss Colditz

2 Schloss Hubertusburg

Auf halben Weg zwischen Leipzig und Dresden steht in Wermsdorf, mitten in der sächsischen Provinz, eines der größten Jagdschlösser Europas. Ein Bau, der allein schon durch seine kolossale Größe beeindruckt. Das Schloss ist der Verschwendungssucht August des Starken zu verdanken, denn eigentlich konnte er in Wermsdorf schon ein Jagdschloss aus der Zeit der Renaissance sein Eigen nennen. Ab 1721 ließ er für sich und seinen Sohn Friedrich August II. Hubertusburg in mehreren Etappen von Johann Christoph Knöffel erbauen. Letztlich wurde das Schloss 1752 vollendet. Jedes Jahr im Herbst kam der Dresdner Hofstaat nach Wermsdorf zur Jagd und feierte rauschende Feste. Doch der fürstliche Prunk in Hubertusburg währt nicht lange. 1756 brach der Siebenjährige Krieg aus, und 1761 wurde das Schloss von den Preußen als Racheakt geplündert. Im Originalzustand erhalten blieb bis heute nur die Schlosskapelle. Der einstige Glanz verblasste, und das Schloss diente in den folgenden Jahrhunderten unter anderem als Steingutfabrik, Lazarett, Strafanstalt und Krankenhaus. Auch wenn das Schloss wieder auf eine neue Nutzung wartet, lohnt sich ein Besuch. Es kann im Rahmen von Führungen besichtigt werden.

Schloßstraße 11, 04779 Wermsdorf, www.hubertusburg-wermsdorf.de

// Kulinarisches

Wermsdorf ist besonders berühmt für seine Fischzucht. Besonders begehrt sind die Wermsdorfer Karpfen. Auch Gänse werden in Wermsdorf gehalten. In der Gänsefarm Eskildsen laden die sommerliche Hofküche und zur Weihnachtszeit der Gänsemarkt zum Besuch ein, und natürlich gibt es auch Gänsebraten gleich vor Ort.

Schloss Hubertusburg in Wermsdorf

3 Schloss Weesenstein

Im idyllischen Tal der Müglitz steht Schloss Weesenstein. Schon zu Beginn des 14. Jahrhunderts wird auf dem Felsvorsprung namens Weesenstein eine Burg erwähnt. Wer heute den namensgebenden Felsen sucht, muss schon genau hinsehen. Im Laufe der Jahre wurde die Burg und später das Schloss immer wieder erweitert. Da man aber schon oben begonnen hatte, wurden die neuen Anlagen etagenweise nach unten um den Felsen herumgebaut. Dadurch ergibt sich eine architektonische Kuriosität. Der Turm befindet sich mit seinem Fundament fünf Etagen über dem Wintergarten, der im Klassizismus errichtet wurde. Der Festsaal befindet sich unter dem Dachboden, in der fünften Etage gab es Pferdeställe, darunter den Keller und noch ein Stockwerk tiefer die herrschaftlichen Wohnräume. Die alten Gemäuer wurden immer wieder umbaut und mit Treppen und Gängen verbunden. Die Repräsentationszimmer sind kulturhistorisch bedeutsam, da sich das originale Mobiliar und die wertvollen Tapeten erhalten haben. Hier bekommt man einen sehr guten Einblick in die fürstliche Wohnkultur des 18. und 19. Jahrhunderts. Sehenswert ist außerdem die Kapelle mit ihrer barocken Pracht. *Am Schloßberg 1, 01809 Müglitztal, www.schloss-weesenstein.de*

Schloss Weesenstein

// Spaziergang durch den Park

Das Schloss wird umrahmt von einem Park, den das Flüsschen Müglitz in zwei unterschiedliche Bereiche teilt. Der schlossnahe Teil ist mit farbenfrohen Blumenrabatten geschmückt, der hintere Teil wird von großen schattenspendenden Bäumen dominiert.

Göltzschtalbrücke

#Brücken

31 Göltzschtalbrücke

Die Göltzschtalbrücke in der Nähe von Netschkau ist nicht nur die größte Ziegelsteinbrücke der Welt, mit ihren zahlreichen Bögen ist sie auch das Wahrzeichen des sächsischen Vogtlandes. Beim Bau der Eisenbahnlinie zwischen Leipzig und Hof stand man vor der schwierigen Aufgabe, das weitgestreckte Tal der Göltzsch zu überwinden. Dies schaffte man mit dem Bau der 574 Meter langen Göltzschtalbrücke. Seit 1851 überspannt die Brücke mit 98 Bögen das Tal. Dabei wurden unglaubliche 26 Millionen Ziegel verbaut. Diese Meisterleistung der Ingenieurskunst begeistert auch heute noch die zahlreichen Besucher. Bei der Fahrt über die Brücke mit dem Zug hat man einen wundervollen Blick. *Brückenstraße 13, 08491 Netzschkau, www.goeltzschtalbruecke.info*

// Der beste Blick

Den sensationellsten Blick auf die Brücke hat man am Rand von Netzschkau. Nahe der Hermann-Löns-Straße führt ein Feldweg zu einem kleinen Rastplatz. Das I-Tüpfelchen ist dort die kleine Schaukel am Baum.

Die Alternativen

Elstertalbrücke

Im sächsischen Vogtland kann man mit der Elstertalbrücke auch die zweitgrößte Brücke, die aus Ziegeln gebaut wurde, bewundern. Sie ist mindestens genauso sehenswert wie ihre große Schwester. Auch sie wurde für die Bahnstrecke von Leipzig nach Hof gebaut. Sie überwindet das Tal der Weißen Elster bei Jocketa. Wie auch bei der Göltzschtalbrücke verkehren hier noch heute Züge auf der Strecke von Zwickau und Plauen. Eine weitere Linie fährt entlang der landschaftlich schönen Strecke von Gera Richtung Plauen immer entlang der Elster. Dieser Weg führt unter der Brücke hindurch. Als Ausflugsziel wird sie besonders von Wanderern geschätzt: Vom Bahnhof in Jocketa oder vom Bahnhof Bartmühle erreicht man die Brücke nach wenigen Hundert Metern. Von hier aus kann man durch das wildromantische Triebtal bis hin zur Staumauer an der Talsperre Pöhl wandern und die Natur genießen.

08543 Plauen, in der Nähe vom Bahnhof Barthmühle

// Nicht verpassen

Kurz vor der Elstertalbrücke führt ein Weg hinauf. Man kann die Brücke auf halber Höhe überqueren und hat von dort einen besonders schönen Blick aufs Elstertal.

Elstertalbrücke

2 Autobahnbrücke Pirk

Mit der Autobahnbrücke Pirk, auch Elstertalbrücke Pirk genannt, steht im sächsischen Teil des Vogtlandes auch die größte Quadersteinbrücke Europas. Im Volksmund hieß sie lange Zeit »Die Unvollendete«. Beim Bau der Autobahn von Chemnitz nach Hof in den 1930er Jahren plante man für die Überquerung des Tals der Weißen Elster die Autobahnbrücke Pirk. Aber 1940 musste der Brückenbau wenige Monate vor der geplanten Fertigstellung eingestellt werden, da der Zweite Weltkrieg zu großem Arbeitskräftemangel führte. Die zwölf Bögen der Brücke waren komplett fertig, es fehlten nur noch die Fahrbahn und die Absicherungen. Auch nach Beendigung des Krieges sah man keinen Anlass für die Fertigstellung, lag sie doch nun in der Nähe des Sperrgebietes. Deshalb blieb die Brücke 50 Jahre unvollendet – ein Bauwerk mit Bögen, das ohne Funktion in Grenznähe stand. Schon 1989 wurde beschlossen, die Fertigstellung alsbald aufzunehmen. 1993 waren beide Richtungen befahrbar. Die Autobahnbrücke Pirk ist sowohl aufgrund ihrer verbindenden Lage zwischen Sachsen und Bayern als auch wegen dem zeitigen Baubeginn und der Zusammenarbeit der beiden Länder für die Region zu einem Einheitsdenkmal geworden. Direkt an der Brücke gibt es einen Wanderparkplatz, und man kann sich mit Blick auf die Brücke in Judiths Brückenstüb'l stärken.

A72 bei Autobahnkilometer 23,7

// Wandertipp

Von hier aus führt ein Wanderweg zur Thermalquelle an der Neumühle und der kleinen romantischen Schafbrücke im Kemnitzbachtal. Die kleine Steinbogenbrücke liegt idyllisch mitten im Wald, umgeben von riesigen, über 300 Jahre alten Eichen.

Autobahnbrücke Pirk

Hetzdorfer Viadukt

3 Hetzdorfer Viadukt

In der Nähe von Oederan begeistert das Hetzdorfer Viadukt Eisenbahn-, Natur- und Wanderfreunde gleichermaßen. Denn weil die Strecke seit 1992 nicht mehr befahren wird, kann sie zu Fuß und per Rad überquert werden! Zahlreiche Wanderwege, unter anderem der Fernwanderweg Ostsee-Saaletalsperre, verlaufen hier. Egal, ob man die Brücke durch- oder überquert – sie bietet zahlreiche eindrucksvolle Sichtachsen ins Flöhatal. Die Brücke wurde als Teil der Bahnstrecke Dresden-Werdau in den Jahren 1866 bis 1868 erbaut. Sie führt mit einer Länge von 328 Metern leicht gekrümmt über das Tal der Flöha. Mit einer Höhe von 43 Metern war sie die höchste ein-etagige Brücke der Deutschen Reichsbahn. Mitte der 1980er Jahre beschloss man, eine neue Strecke zu errichten und den Bahnverkehr über die Brücke stillzulegen. Die Sanierungs- und Modernisierungskosten wären zu hoch gewesen. So fuhr 1992 der letzte Zug über die Brücke. Also nutzte man die einmalige Chance und hat die idyllisch gelegene Brücke in die Wanderwege mit unterschiedlichen Schwierigkeitsgraden, den Flöhatalradweg und den Radwanderweg Sächsische Städteroute, eingebunden. *Hetzdorfer Viadukt, 09569 Flöha, www.oederan.de/tourismus-kultur/attraktionen-museen/hetzdorfer-viadukt*

// In der Nähe

In Oederan zeigt das Klein-Erzgebirge 200 detaillierte Modelle von Schlössern, Burgen und Brücken. Es ist der älteste Miniaturpark der Welt. Außerdem kann man dort das Museum zur Weberei- und Stadtgeschichte besuchen.

#Wintersport

32 Oberwiesenthal

Rund um Oberwiesenthal und den Fichtelberg, dem mit 1215 Meter höchsten Berg in Sachsen, liegt das größte ostdeutsche alpine Skigebiet. Mehrere Abfahrtspisten mit einer Gesamtlänge von 16 Kilometern begeistern Skifahrer von Mitte Dezember bis mindestens in den März hinein. Ein Sessellift, Schlepplifte und die älteste Schwebebahn Deutschlands befördern die Skifahrer nach oben auf den Fichtelberg. Zudem gibt es eine Naturrodelstrecke, die auf 1,8 Kilometern durch den Wald ins Tal führt, sowie eine Kunsteisbahn direkt am Haupthang. Auch Schneeschuhwanderungen durch die verschneite Landschaft werden angeboten.

www.oberwiesenthal.de

// Einkehr

Oberwiesenthal, die höchstgelegene Stadt Deutschlands, bietet zahlreiche Möglichkeiten zu Einkehr und Übernachtung, so das renommierte Café König, das seit 1925 Gäste von nah und fern empfängt.

Am Fichtelberg in Oberwiesenthal

Die Alternativen

1 Schöneck

Die Skiwelt Schöneck ist eines der beliebtesten Skigebiete im Vogtland. Auf zwei Skihängen kann man etwas mehr als drei Kilometer Pisten befahren. Von Anfängerpisten bis hin zu einer schweren Piste ist alles dabei. Bei der Abfahrt ins Tal genießt man den unglaublichen Panoramablick, nicht umsonst trägt Schöneck den Beinamen »Balkon des Vogtlandes«. Wagemutige können ihre Sprünge im Funpark üben. Für die, die es gemütlicher angehen lassen möchten, stehen Langlaufloipen zur Verfügung. Man kann aber auch rodeln oder erholsame Wanderungen durch die verschneiten Wälder unternehmen. Das Skigebiet Schöneck ist besonders kinderfreundlich. Gerade für einen Wochenendausflug ist Schöneck ideal. Man kann bequem mit der Bahn anreisen, die Haltestelle befindet sich in unmittelbarer Nähe zu den Hängen. Dort befindet sich auch der IFA Ferienpark Schöneck, der mit seiner Freizeit- und Erlebniswelt zum Entspannen nach dem Skivergnügen einlädt. In der warmen Jahreszeit wandelt sich die Skiwelt zur Bikewelt, dann kommen die Mountainbiker voll auf ihre Kosten.

www.skiwelt-schoeneck.de

Winter in Schöneck

Die Skiwelt Schöneck

// Noch mehr Skivergnügen

Ganz in der Nähe gibt es weitere Skipisten in Mühlleiten oder in Erlbach, in Klingenthal kann man den Ausblick von der Skisprungschanze genießen.

2 Kammloipe

Zwischen Johanngeorgenstadt und Schöneck begibt man sich mit Langlaufskiern auf eine winterliche Tour und genießt die Schönheit der Natur. Die Strecke, die entlang des Gebirgskamms führt, gilt aufgrund ihrer hohen Lage als sehr schneesicher. Oft wird das Gebiet deswegen auch »sächsisches Sibirien« genannt. Außerdem ist sie mit 36 Kilometern eine der längsten Loipen, und wem das nicht reicht, der kann entlang der Strecke aus zahlreichen Anschlussloipen wählen und kommt so auf mindestens 200 Kilometer Loipenstrecke. Damit ist die Kammloipe, die 1992 das erste Mal gespurt wurde, eines der attraktivsten Skilanglaufgebiete in Deutschland. Auch nur mittelmäßig trainierte Langläufer können diese Loipe an einem Tag schaffen. Rechts und links der Loipe gibt es jedoch zahlreiche Orte und Naturschönheiten zu entdecken, sodass es sich lohnt, die Strecke aufzuteilen. So kann man zum Beispiel am Schneckenstein sehen, wo über Jahrhunderte überirdisch Topas abgebaut wurde, vom Parkplatz Kielfloßgraben einen Abstecher zum idyllischen Sauteich machen, in Mühlleiten einkehren oder einfach nur die Aussicht am Hochmoor Kleiner Kranichsee von der Aussichtskanzel genießen.

www.kammloipe.de

// Superlative

In Johanngeorgenstadt stehen auf dem Platz des Bergmanns eine 26 Meter hohe Pyramide und ein 25 Meter breiter Schwibbogen, die beide mit traditionellen Motiven aus dem Erzgebirge verziert sind.

An der Kammloipe

SachsenEnergie-Eiskanal in Altenberg

3 Altenberg

Mit dem SachsenEnergie-Eiskanal steht eine der bekanntesten Bobbahnen im sächsischen Altenberg. Wo sonst die Weltspitze der Bobfahrer, Rennrodler oder Skeletonfahrer um Medaillen kämpfen, kann man nach Voranmeldung selbst wagemutig den Eiskanal hinunterjagen. In Altenberg ist dies ein Ganzjahresvergnügen, denn es wird zwischen Sommer- und Winterbob unterschieden. Man startet jeweils in einem Original-Vierer-Bob, im Winter auf Kufen und im Sommer auf Rädern. Der Bob wird von einem erfahrenen Piloten gelenkt und geschickt durch die Kurven manövriert. Wenn man mit über 100 Stundenkilometern die Strecke hinunterfährt, ist das ein ordentlicher Adrenalin-Kick! Nicht ganz so rasant ist man beim Ice-Tubing unterwegs, aber immerhin kommt man auch hier auf eine Höchstgeschwindigkeit von 55 Stundenkilometern. Ausgerüstet mit Helm und Armschützern geht es auf Rutschpartie im Eiskanal. Vom Juniorenstart aus erreicht man nach knapp 1000 Metern und elf Kurven das Ziel. Auch wer sich nur die Bahn anschauen möchte, ist herzlich willkommen. Bei einer Führung erfährt man Interessantes über den Eiskanal von Altenberg. *Neuer Kohlgrundweg 1, 01773 Altenberg, www.wia-altenberg.de*

// Noch mehr Wintersport

Aber auch außerhalb des Eiskanals kann man in Altenberg den Winter genießen. Von Langlauf über Ski Alpin, Snowboard oder Wanderungen durch die verschneiten Wälder ist jeder Wintersport möglich.

Kurhaus in Bad Elster

#Kurbäder

33 Bad Elster

Die Entdeckung der Moritzquelle von Bad Elster reicht bis ins Jahr 1531 zurück. Obwohl man schon lange um die heilende Wirkung der Quelle wusste, begann der Aufstieg der Stadt erst 1848. In diesem Jahr erfolgte die Ernennung zum Königlich-Sächsischen Staatsbad. Hier gingen die sächsischen Könige ein und aus, und auch heute noch ist der Name von König Albert allgegenwärtig. Das schlossähnliche Kurhaus thront auf einer kleinen Anhöhe, und nur wenige Meter entfernt steht das repräsentative König Albert Theater. Im mondänen Albert Bad, das in verschwenderischem Prunk zwischen Barock und Jugendstil errichtet wurde, kann man sich verwöhnen lassen und wie ein kleiner König fühlen. Direkt angeschlossen an das Albert Bad ist die Soletherme, in der man aufgrund des natürlich hohen Salzgehaltes im Wasser schweben kann.

https://badelster.de

// Lustwandeln

Die Parkanlage mit dem Gondelteich und die Kurpromenade laden zum Flanieren ein. Direkt an der Kurpromenade befindet sich die Marienquelle mit der goldenen Figur der Wasserträgerin, die in der Sonne glitzert.

Die Alternativen

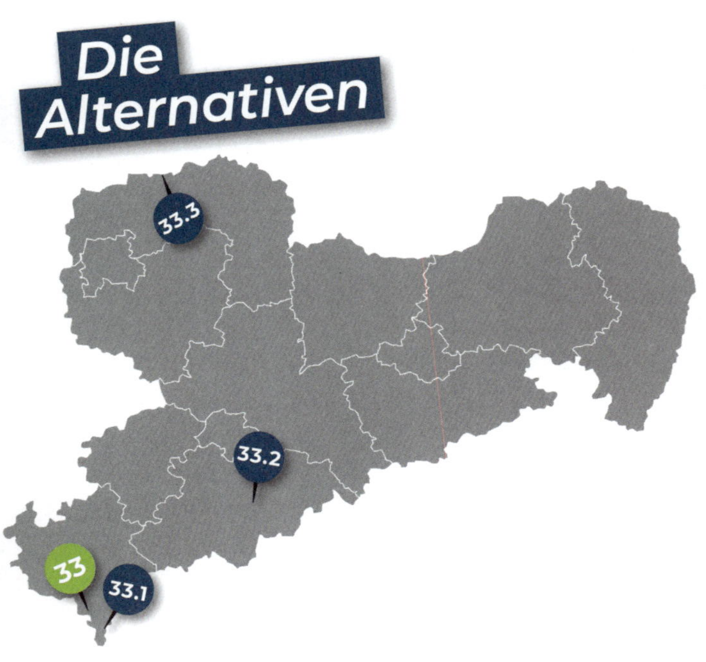

Bad Brambach

Nur wenige Kilometer von Bad Elster entfernt liegt Bad Brambach. 1890 entdeckte man hier die erste Quelle. Aus ihr entstand später die Brambacher Sprudel GmbH, und noch heute ist Mineralwasser aus Bad Brambach sehr beliebt. Die eigentliche Entwicklung zu einem Heilbad setzte zwanzig Jahre später ein. In diesem Jahr wurde die Wettinquelle entdeckt. Sie besaß einen außergewöhnlich hohen Radongehalt, der den aller bis dato bekannter Quellen übertraf. Das Resultat ließ die Fachwelt aufhorchen. Vom Institut Fresenius aus Wiesbaden reiste man persönlich an, um die Richtigkeit der Werte zu prüfen. 1912 konnte der Kurbetrieb beginnen – allerdings erst nach langen Verhandlungen mit dem benachbarten Bad Elster. Hier fürchtete man einen Einbruch der Gästezahlen. Man einigte sich darauf, dass Wasser aus der Quelle nach Bad Elster geliefert wird, um auch dort Radonbehandlungen anbieten zu können. Auch heute kann man in Bad Brambach kuren oder einen Wellnessaufenthalt buchen. Und gegebenenfalls verbringt man ganz ohne Anwendungen hier ebenso eine herrliche Zeit. Der historische Kurpark mit der Festhalle und den idyllischen Wegen lädt zu ausgedehnten Spaziergängen ein. Er umfasst eine Fläche von gut 16 Hektar und reicht quasi bis nach Tschechien. www.badbrambach.de

// Wanderung

Von Bad Brambach kann man also zur südlichsten Spitze Sachsens wandern. Vom Kapellenberg mit dem kleinen Aussichtsturm blickt man weit übers Land, im Anschluss lohnt ein Besuch auf Schloss Schönberg.

Im Kurpark von Bad Brambach

Blick zum Sophienhaus im Thermalbad Wiesenbad

2 Thermalbad Wiesenbad

Im Herzen des Erzgebirges liegt das kleine Thermalbad Wiesenbad. 1501 soll ein Schäfer hier die erste Thermalquelle entdeckt haben. Heute besteht der Kurkomplex aus dem Kurhaus, dem ehemaligen Badehaus, der historischen Wandelhalle aus dem Jahr 1857 und dem Thermalbad Therme Miriquidi. Das älteste erhaltene Gebäude stammt aus dem Jahr 1602. Es wurde als Fürstenhaus für die sächsische Kurfürstin Sophie von Brandenburg errichtet, die Ende des 16. Jahrhunderts mehrfach hier zur Kur weilte. Ihr zu Ehren trägt es den Namen Sophienhaus. Heute macht das Thermalbad seinem idyllischen Namen alle Ehre, denn hier verbindet man die heilende Wirkung des Wassers mit regionaltypischen Kräutern. Am Eingang des Kurparks entstand ein großzügig gestalteter Kräutergarten mit über 200 verschiedenen Heilpflanzen. Auch sonst dreht sich hier alles um die Kraft der Natur. Neben der Thermal-Kräuter-Wellness mit ihren umfangreichen Angeboten kann man Kräuter-Kochkurse buchen oder im Kräuterladen Produkte aus den Wiesenbäder Kräutern erwerben.
www.wiesenbad.de

// Geschichtliches

Vor der Besiedlung des Erzgebirges im 12. Jahrhundert nannte man das Gebiet Miriquidi, was Dunkel- oder Finsterwald bedeutet. Die Bezeichnung geht auf Thietmar von Merseburg zurück, der um 1000 zu den Chronisten seiner Zeit gehörte.

3 Bad Düben

Seinen Status als Kurstadt verdankt Bad Düben den reichhaltigen Moorvorkommen in der Umgebung. Ende des 19. Jahrhunderts begann man, es zu Heilzwecken zu nutzen. Mit der Eröffnung des Moorbades 1915 wurde der Stadt offiziell der Status eines Kurortes verliehen, und seit 1948 trägt die Stadt den Zusatz »Bad«. Auch heute noch sind die Mooranwendungen sehr beliebt. In direkter Nähe zum Kurpark kann man im Heide Spa Hotel & Resort in der Badelandschaft und den verschiedenen Saunen entspannen oder sich bei einer der zahlreichen Wellnessanwendungen verwöhnen lassen. Ohne Anwendungen ist die beschauliche Stadt an der Mulde ebenfalls perfekt für eine Auszeit zwischendurch. Sie liegt idyllisch umrahmt von naturbelassenen Flussauen, dem Naturpark Dübener Heide mit seinen Heide- und Teichlandschaften und den weitläufigen Waldgebieten östlich und nördlich der Stadt. Besonders idyllisch ist es im Museumsdorf Dübener Heide am Stadtrand rund um die Obermühle. Schauwerkstätten präsentieren altes Handwerk. So erinnern eine Schuhwerkstatt und eine Schauweberei an die Handwerkskunst und an die Dübener Einwohner, die sie ausübten. www.bad-dueben.de

// Der Gesundbrunnen

Ein Wanderweg führt von Bad Düben in den Naturpark zum Gesundbrunnen. Der Legende nach bringt die klare frische Quelle dem, der davon trinkt, Schönheit und Lebensmut. Das Wasser ist so eisenhaltig, dass es den Boden drumherum rostrot färbt.

Im Museumsdorf Dübener Heide in Bad Düben

WIR MACHEN EINEN AUSFLUG!

IN SACHSEN

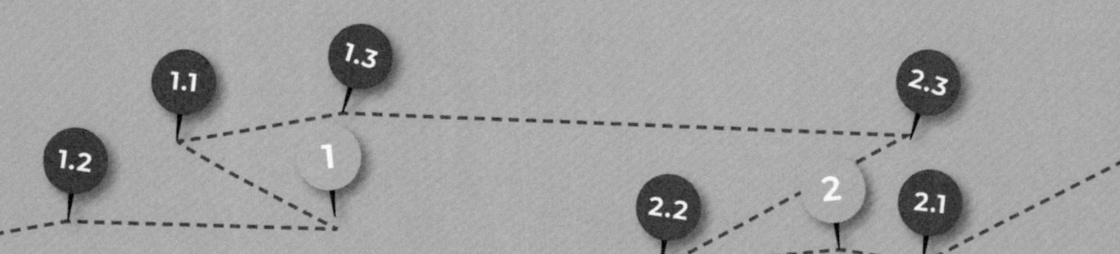

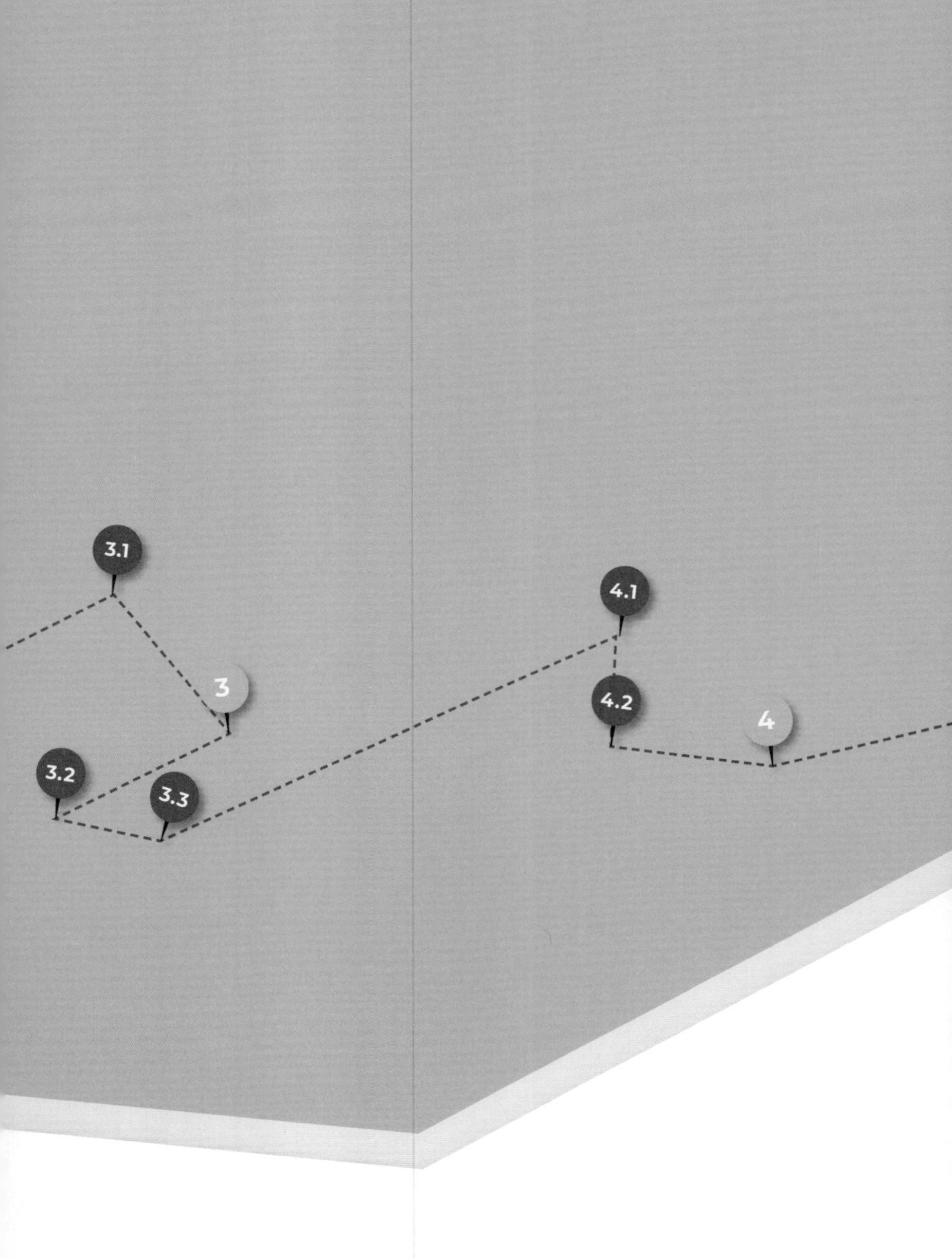
3.1
3
3.2
3.3
4.1
4.2
4

WIR MACHEN EINEN AUSFLUG!

Was tun, wenn nach der Besichtigung des Märchenschlosses noch viel Zeit ist? Ein Blick auf die Karte offenbart: Da ist ja noch einiges in der Nähe! Ein herrlicher Aussichtspunkt zum Beispiel oder ein Mini-Wanderweg.

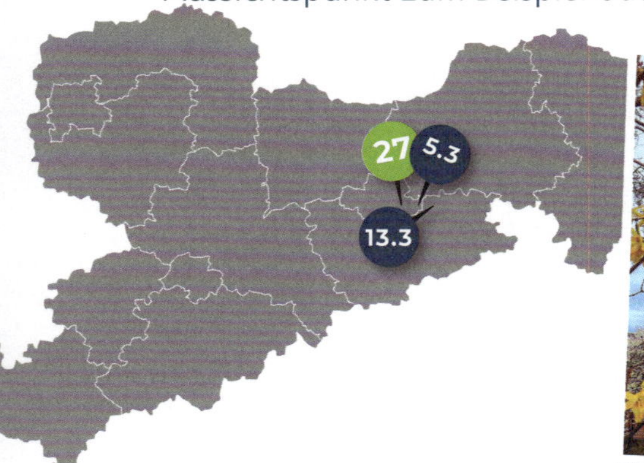

Das Carl-Maria-von-Weber-Museum

Im Weingut Zimmerling

#Blütentraum
#Musikgeschichte(n)
#Weingenuss

// Rund um Pillnitz

Beim Ausflug rund um Pillnitz ist für jeden was dabei. Ein Spaziergang durch die Schloss- und Parkanlage (27) begeistert nicht nur zur Zeit der Kamelienblüte Gartenfreunde, Architekturfans sowieso. Für Musikliebhaber bietet sich ein Ausflug zum Carl-Maria-von-Weber-Museum (5.3) an. Den Tag kann man danach gut bei einem Glas Wein im Weingut Zimmerling (13.3) ausklingen lassen.

Die Kamelie im Pillnitzer Park

#Flussschönheiten

#Spirituelle Orte

#Schlossschönheiten

// Im Tal der Mulde

Nach dem Besuch des Schlosses in Colditz 30.1 ist es nur ein kurzer Weg ins schöne Grimma 10.3. Hier sollte man nicht nur einen Spaziergang durch die Stadt machen, sondern auch die Mulde entlang bis zum Kloster Nimbschen 24.1 mit dem Schiff befahren. Für den Rückweg wählt man entweder wieder das Schiff oder wandert den idyllischen Weg am Fluss entlang zurück.

In Obercunnersdorf

Café Brumme in Obercunnersdorf

Der Friedrich-August-Turm bei Löbau

// In der Lausitz

Nach einem Spaziergang durch den wunderschönen Ort Obercunnersdorf 23 sollte man eine Einkehr im Café Brumme 3.1 in einem der ortstypischen Umgebindehäuser nicht verpassen. Vom leckeren Kuchen ist man gestärkt und kann nach Löbau 6.1 weiterfahren und vom Friedrich-August-Turm den tollen Ausblick übers Land genießen.

// In der Nähe von Chemnitz

Ein Ausflug, der besonders gut für Kinder geeignet ist, führt vor die Tore von Chemnitz. In Limbach-Oberfrohna kann nicht nur der Amerika-Tierpark 2.3, sondern auch das Esche-Museum 29.1 mit seiner kindgerechten Ausstellung besucht werden. Wer dann noch nicht genug hat, macht einen Besuch in der nur wenige Kilometer entfernten Burg Rabenstein 6.1.

Der Amerika-Tierpark in Limbach-Oberfrohna

Das Esche-Museum in Limbach-Oberfrohna

Burg Rabenstein in Chemnitz

REGISTER

A

Albertinum Dresden 116
Altenberg 203
Amerika-Tierpark in Limbach-Oberfrohna 23
Annaberg-Buchholz 135
August Horch Museum Zwickau 183
Augustusburg 186
Autobahnbrücke Pirk 196

B

Bachmuseum Leipzig 37
Bad Brambach 206
Bad Düben 209
Bad Elster 110, 205
Bad Schandau 46, 162
Barockgarten Großsedlitz 16
Barockgarten Zabeltitz 15
Barockschloss Delitzsch 122
Barockschloss Rammenau 124
Barthels Hof Leipzig 34
Bautzen 74
Begehungen Chemnitz 53
Bergheim Lofts Schöneck 56
Bergkirche Beucha 131
Beucha 131
Brandis 131
Burg Gnandstein 140
Burg Kriebstein 138
Burg Mylau 141
Burg Rabenstein Chemnitz 143
Burgruine Elsterberg 176
Burgruine Frauenstein 178
Burg Schönfels 65
Burgstein 179
Burgsteinruinen 179
Burg- und Klosterruine Oybin 175

C

Café Brumme in Obercunnersdorf 26
Café Grundmann in Leipzig 27
Café Sweet Sophie im Schloss Waldenburg 29
Carl-Maria-von-Weber-Museum Dresden 40
Chemnitz 53, 94, 95, 119, 143, 181, 184
Colditz 188
Cunewalde 147

D

Delitzsch 122
Döllnitzbahn 164
Drachenhöhle Syrau, Rosenbach 158
Dresden 40, 89, 103, 107, 109, 114, 116, 121, 127, 130, 133, 166, 169
Dresdner Schwebebahn 166
Dresdner Zwinger 121

E

Ehemaliges Kaufhaus Schocken Chemnitz 94
Eilenburg 101
Eisenbahnmuseum Chemnitz 184
Elsterberg 176
Elstertalbrücke Plauen 194
Esche-Museum Limbach-Oberfrohna 182

F

Fichtelbergbahn 167
Flöha 197
Frauenkirche Dresden 127
Frauenstein 178
Freiberg 157
Frohburg 141

G

Gemäldegalerie Alte Meister in Dresden 114
Gewandhaus Leipzig 113
Glashütte 81
Glückauf-Turm Oelsnitz/Erzgebirge 47
Gnandstein 141
Gohliser Schlösschen Leipzig 125
Göltzschtalbrücke Netzschkau 193
Görlitz 73
Graupa 39
Grimma 70, 152
Großschönau 148
Großsedlitz 16
Grube Tannenberg, Muldenhammer 160
Grünfelder Park 17

H

Hansahaus Leipzig 32
Haus Rabe Zwenkau 92
Haus Schminke Löbau 91
Hetzdorfer Viadukt, Flöha 197
Historischer Personenaufzug Bad Schandau 46
Hochschule für Grafik und Buchkunst Leipzig 52
Hoyerswerda 99

I

ibug 51
Industriemuseum Chemnitz 181

K

Kaffeehaus Riquet 25
Kamelie in Pillnitz, Dresden 169
Kamelienhaus in Königsbrück 171
Kamelienhaus in Rosswein 170
Kamelienschloss Pirna-Zuschendorf 173
Kamenz 75
Kammloipe 202
Karl May Museum Radebeul 97
Kirnitzschtalbahn Bad Schandau 162
Klosterpark Altzella Nossen 153
Klosterruine Nimbschen Grimma 152
Kloster St. Marienthal Ostritz 151
Kloster Wechselburg 154
Kofferhotel Lunzenau 57
König-Albert-Theater Bad Elster 110
König-Friedrich-August-Turm unweit von Löbau 44
Königsbrück 171
Krabatmühle Hoyerswerda 99
Kriebstein 138
Kromlau 14
Kulturinsel Einsiedel Neißeaue 54
Kunstsammlungen Zwickau 118

L

Leipzig 19, 20, 25, 27, 30, 32, 34, 35, 37, 38, 43, 45, 49, 52, 104, 106, 113, 117, 125, 128
Lichtentanne 65
Limbach-Oberfrohna 23, 182
Löbau 44, 76, 91
Lokhotel V180 Wiesenburg 58
Lunzenau 57

M

Mädlerpassage Leipzig 30
Marienberg 161
Markneukirchen 82
Meißen 66, 79, 87
Meissener Porzellan 79
Militärhistorisches Museum Dresden 103
Morgenröthe-Rautenkranz 59
Moritzburg 61
Mügeln 164
Müglitztal 191
Muldenhammer 59, 160
Museum der bildenden Künste Leipzig 117
Museum Gunzenhauser Chemnitz 119
Musikinstrumentenbau 82
Muskau 13
Mylau 141

N

Neißeaue 54
Netzschkau 193
Neue Synagoge Dresden 130
Niemeyer Sphere Leipzig 104
Nossen 154

O

Obercunnersdorf 26, 145
Oberwiesenthal 167, 198
Oelsnitz/Erzgebirge 47
Oper Leipzig 113
Original Füchtner-Werkstatt alter Volkskunst in Seiffen 135
Oschatz 164
Oybin 175

P

Panoramatower Leipzig 43
Pfefferkuchenstadt Pulsnitz 136
Pirna 69
Pirna-Zuschendorf 173
Plauen 80, 112, 194
Plauener Spitze 80
Porsche-Werk Leipzig 106
Pückler-Park in Muskau 13
Pulsnitz 136

R

Radebeul 85, 88, 97
Rammenau 124
Rathausturm Leipzig 45
Raun 149
Reichenbach im Vogtland 93
Rhododendrenpark Kromlau 14
Richard-Wagner-Stätten Graupa 39
Riesa 22
Rochlitz 64
Rosenbach 158
Rosswein 170
Russische Gedächtniskirche Leipzig 128

S

Schloss Augustusburg 186
Schloss Colditz 188
Schloss Hartenfels Torgau 62
Schloss Hubertusburg, Wermsdorf 190
Schloss Moritzburg 61
Schloss Rochlitz 64
Schloss Waldenburg 29
Schloss Weesenstein, Müglitztal 191
Schneckenstein 160
Schöneck 56, 200
Schumannhaus Leipzig 38
Sehmatal 167
Seiffen 135
Semperoper Dresden 109
Silberbergwerk Freiberg 157
Specks Hof Leipzig 32
Spinnerei Leipzig 49
Staatsweingut Schloss Wackerbarth 85
Steibs Hof Leipzig 35
Striezelmarkt Dresden 133

T

Theater Plauen-Zwickau 112
Thermalbad Wiesenbad 208
Tiefer Molchner Stolln in Pobershau, Marienberg 161
Tierpark & Kloster Riesa 22
Torgau 62, 68

U

UFA-Kristallpalast Dresden 107
Uhrenstadt 81

V

Villa Esche Chemnitz 95

W

Waldenburg 17, 29
Wasserturm Reichenbach 93
Wechselburg 154
Weingut Hoflößnitz 87
Weingut Schloss Proschwitz 86
Weingut Zimmerling 89
Weltraumbahnhof Morgenröthe-Rautenkranz 59
Wermsdorf 190
Wildenfels 58
Wildpark Leipzig 20

Z

Zabeltitz 15
Zittau 77
Zoo Leipzig 19
Zwenkau 92
Zwickau 112, 118, 183

In der Mädlerpassage in Leipzig

BILDNACHWEIS

Titelbilder:

// Oben: Obercunnersdorf in der Oberlausitz; Foto: laif/Toma Babovic
// Unten: Raun im Vogtland; Foto: Anja Reinhardt

Innenteil:

// Bilder von Manja und Andreas Reinhardt
mit Ausnahme von:
S. 78/79: laif/Peter Hirth
S. 96/97: Tommy Halfter
S. 132/133: ddpix.de
Grundkarte: shutterstock, Luisrftc

IMPRESSUM

// Konzeption: Monique Sorban nach einer Idee von Antje Zimmermann
// Cover- und Buchgestaltung: Carolin Weidemann, Köln, www.weidemann-design.com
// Lektorat & Produktion: Verlagsbüro Wais & Partner, Stuttgart (Sabine Besenfelder, Rainer Maucher, Natasa Sipka, Kai Wieland; Assistenz: Linus Maucher), www.wais-und-partner.de

Printed in Italy

1. Auflage 2022

ISBN 978-3-616-03160-6

www.dumontreise.de

NOTIZEN

NOTIZEN

MANJA REINHARDT

Manja Reinhardt pendelt zwischen Leipzig und Plauen und schreibt als freie Autorin über die Themen Kultur und Tourismus. Die Soziologin liebt die Mischung aus Tradition und Moderne, aus Natur und Kulinarik. Und dabei muss man nicht immer weit reisen, denn direkt vor der Haustür befinden sich zahlreiche unentdeckte Perlen, die das Potenzial haben, Lieblingsplätze zu werden. Immer dabei auf ihren Ausflügen ist die Kamera, um all ihre Eindrücke einzufangen. Mit Text und Bild begeistert sie ihre Leser für die Schönheit der so oft unterschätzten Heimat. Über Entdeckungen in ihrer Wahlheimat – dem Vogtland – bloggt sie auf www.vogtland-zauber.de.